沖縄《シマ》という窓

クロニクル 2008-2022

沖縄《シマ》という窓

クロニクル 2008-2022

山城紀子
松元 剛
親川志奈子

岩波書店

はじめに　三人が共鳴し、紡いだ同時代史

山城紀子
松元　剛
親川志奈子

山城　二〇〇八年に雑誌『世界』で、当初は松元さんと二人での連載を始めてから一四年が経ちました。二二年五月一五日、沖縄「復帰」五〇周年式典をテレビで見たのですが、予定調和の印象が強く、ふと松元さんが復帰四〇周年の式典について書かれた回（「四〇年前と変わらぬ悔し涙　5・15の雷雨」2012・7）を読み返したのです。登壇した戦後初の沖縄選出国会議員である上原康助《うえはらこうすけ》さんのスピーチ、民主主義は世論を尊重することが基本だ、なぜ日米両政府は県民の切実な声を尊重しないのか、そして「海にも陸にも基地を造ることはおやめ下さい」、その言葉が書き留められていて胸を衝かれる思いでした。一〇年後の今まさに、海にも陸にも基地が造られています。

この一四年、沖縄を取り巻く大状況はあまりにも多くのことが起こりすぎて忘れていることも多いし、また今だからこそ、その意味が理解できることもあります。たとえば、〇九年から一二年と民主党政権は非常に短期間でしたが、あの政権交代がなければ、沖縄返還を巡る密約について、私たちが真実を知ることはできなかったでしょう。リレー連載は、他の人の回を読む楽しみも大きくて、一回一回が重要な記録として、定点観測し続けてきたことの意味を考えさせられました。

松元　私は主に基地問題・安全保障、山城さんは沖縄の市民社会に胎動するさまざまな動き、親川さんは国際的な視点から沖縄が持つ力、そして不条理を俯瞰的に書いた。一人では書けない同時代史を三人で紡いできたんだなと感じます。この間、歴代の首相は「沖縄に寄り添う」「負担軽減」と言ってきましたが、むしろ民意をないがしろにしてやりたい放題やる政府の姿がくっきり浮かび上がってきました。沖縄とヤマトの埋まらない距離感、それは逆に広がっているのではないか。

沖縄戦の継承やトラウマについて、地元紙はかなり紙幅を割いてきたとは思いますが、山城さんのエッセイには、常に現場の人の言葉や場面があり、それが普遍的な問題として位置づけられていて、データも含めて説得力があります。

また、親川さんがご自身の祖父の有銘《ありめ》政夫《まさお》さんが亡くなられたことを書いた回（「有銘政夫のこと」2022・1）は、家族で交わされる日頃の会話や交流がどのようにウチナーンチュの自画像を作り上げていくのか、世代間のバトンが渡されて

いるのかが伝わってきて、ぐっと来ましたね。

親川　私は一三年三月号の「旧正という標」からの参加です。私なんかがメンバー入りしていいのかなと緊張しましたが、この島で暮らし体験させられていることに自分なりのリアクションをしてみようと挑みました。お二人の回を読み、気づかなかったことも多く勉強になりました。毎回テーマに悩むどころか、書きたいことがありすぎて困るくらいでした。山城さんは、女性や子ども、病を抱えた人の視点から日本と沖縄の格差、そして沖縄の中の格差を見据えて、聞かれなかった声を捉えていて、私の知らなかった沖縄社会の歴史が見えてきます。

山城　親川さんの「人類館事件と豊《と》見城《みぐすく》市議会意見書」（2016・6）では、ウチナーンチュ自身が、差別を糾弾する時に新たな差別を作ってしまうことに何とも言えない思いを抱きました。そして、親川さんのタイトルがとても柔らかくユニークだと思います。たとえば、ここ数年で明らかになった米軍基地由来の有機フッ素化合物による水の汚染を書かれた「水は洗って飲めない」多発するPFOS流出事故」（2021・9）や普《ふ》天間《てんま》飛行場近くの保育園に米軍ヘリ部品が落下した事故についての「空を飛ぶのは鳥だけでいい」（2019・3）など、とても引きつけられます。

三人揃ってお茶一つ飲んだこともないまま一四年経ってしまいましたが（笑）、書くものについてもまったく打ち合わせしていないのに、共鳴し合っている部分がありますね。私も親川さんも沖縄戦を歌った『艦砲《かんぽう》ぬ喰《く》ぇー残《ぬく》さー』を取り上げているし（「『艦砲ぬ喰ぇー残さー』歌い継ぐ決意」2012・6、「戦後七〇年「喰い残し」の声」2015・6）、松元さんも幾度もこの歌に触れています。

松元　基地問題は自分の役目と念頭に置くと同時に、スポーツについても書き込んでみたいと意識していました。二〇一〇年、興南高校が春夏甲子園を制覇して、号外を配ったら、おばぁたちが私の首根っこをつかまんばかりにして、四〇〇部があっという間になくなったことを書いた回があります（「甲子園を駆けた守礼の球児たち」2010・10）。

当時普天間移設を巡って、鳩山由紀夫首相が、外務大臣はじめ民主党内の重鎮たちも外務省・防衛省の官僚の軍門に降って誰も彼を支えず孤立無援となり、五月に辺野古新基地建設に回帰したという経緯がありました。「最低でも県外」は挫折して、鳩山首相は退陣。これには、どんなに沖縄が主張しても民意は反映されないんだと、みんな非常に怒りを抱きながらもチルダイ（脱力）するかもしれないという状況でした。そこで興南が春夏連覇したことは、たんによくやっただけではなく、ヤマトに向かって「見てみろよ」と、ウチナーンチュのアイデンティティをかき立てるような優勝だったと思います。

また、二一年の東京五輪で空手の喜友名《きゆな》諒《りょう》選手が沖縄初の金メダリストとなりました。彼の座礼に込めた礼節を尽くすという姿勢、沖縄の人たちの平和を思う心、現状に憤慨するところは多いが、それを乗り越えていこうという思いを、師匠の佐《さ》久《く》本《もと》嗣男《つぐお》監督との絆を軸に書きました（「沖縄空手の奥深さ究める「金」獲得した師弟の絆」２０２１・10）。

　他にも、ちょっと角度を変えて、那覇市桜坂社交街の名物バー「凪《なぎ》」の美奈子ママについて書いたことがあります。保革を超えて労組の幹部と警察官が一緒に選挙の票読みをする空間があったと、自由なエッセイとして書き残せたことは感慨深いです（「社交街の一画から沖縄を見つめて あるバーの閉店」２０１１・11）。

親川　私がぜひ書こうと決めていたのは、しまくとぅば、そして世界のウチナーンチュについてです。沖縄のことを私たち沖縄に住む者だけで考えてしまいがちですが、海外で沖縄を生きる世界のウチナーンチュがいる。彼らはゲストではなく、当事者なんですよね。また「沖縄問題」を日本の国内問題と捉えず、世界的な人権や植民地支配の問題として、斬り込んでいくことを意識しました。

山城　私のテーマの一つが沖縄と精神障害で、まさにこのタイトルで書いた回（「沖縄戦と精神障害」２０１１・１）では、一九六六年の調査で沖縄の精神障害者が全国平均の二倍だったことに触れています。その理由について精神科医の島成郎《しましげお》さんは「戦争です」と言い切りました。事実、戦前に行われた精神医学者の呉秀三《くれしゅうぞう》による調査では本土と沖縄の有病率はほぼ同じでした。

　しかし、沖縄戦と精神障害者についての調査や論議はほとんどなされませんでした。住民の四人に一人が死んだ沖縄で、辛うじて生き残った人に精神障害者の家族をどうしたかという質問はむごすぎて、とてもできなかったのです。

　その上もともと少なかった医師が戦争で死亡するなど、戦後はごく少数の医師が寄生虫やマラリア、多くの感染症の対策に追われ、感染しない病はとても診る余裕がありませんでした。沖縄は戦争による精神障害に苦しみながら、それに触れることができずに、戦後七五年余を過ごしてきたのだと思いました。

　また、重度の認知症の高齢者が、毎年六月の沖縄戦慰霊の日の頃になると「チムワサワサー（心が落ち着かず）」で、どの施設もケアがたいへんになるといいます。地上戦の凄惨な経験が残した心の傷跡はいまだに癒えていないのです。

　現在が沖縄戦や占領と地続きであることは、コロナからも見えてきます。コロナ発生源の一つとして米軍基地が指摘された時、六〇年代の風疹児（先天性風疹症候群による障害を持つ子ども）を連想しました。一九六五年に公式には四〇〇人余、実際は六〇〇人余という風疹児が生まれていますが、実は沖縄での流行の半年前にアメリカで風疹が大流行して二万人の風疹児が生まれ、社会問題になっていたのです（「米軍基地と感染症」2020・11)。

松元　復帰五〇年に際して行われた各社世論調査では、どこも辺野古基地建設反対が五〇%台、容認が三〇%台と数値が接近したことは確かです。この一〇年、選挙や県民投票、県民大会と、民主主義の手法を尽くして声を上げても安倍・菅政権は新基地建設をゴリ押し続けて、各社とも反対してもむだかもしれないという諦念があるとの見立てですが、米軍基地集中について、沖縄では六〇~七〇%の人が不平等だと答えています。

『琉球新報』の記事データベースで、復帰三〇~四〇年と四〇~五〇年の一〇年毎に区切って、「基地　差別」で検索すると、一一七〇件から約三〇〇〇件へと約三倍に増えています。「構造的差別」と捉え、本土の国民の意識を問う民意の地殻変動がある。

この半年、一年ではなく、五〇年の間に変わったこと、変わらないことを見据え、変わらないことの問題性を問わなくてはならないと思います。山城さんの取り上げる沖縄の内なる声を、親川さんの持つ国際的視野の中に置き直し、何も変わらない状況を変えようとする自己決定権が息づいていることを伝えたい。

山城　沖縄県の国税徴収額と国からの沖縄関係予算を比較すると、二〇一五年度から六年連続で国税徴収額が上回った、つまり沖縄が国からもらうより国へ払う税金の方が多かったという報道がありましたが(『琉球新報』22・5・15)、依然県民所得も大学進学率も全国最下位、社会資源に目を向ければ、保育所も学童クラブも圧倒的に不足しています。私たちは「復帰」するまで児童館というものを知りませんでした。学童保育料は全国一高く、指導員の身分は非正規雇用で不安定。米軍統治下での政策の影響で、共働きや単身親が多く、午後の保育に欠けるのに幼稚園に入園させるという、沖縄の女性を取り巻く問題が歴史と深く関わっています。社会資源の格差は根深く続いているのに、もう甘えるなという言説はどれほど妥当なものでしょうか。

親川　沖縄はどうしても基地問題に労力を取られてしまい、他県のように行政や政治が福祉や教育にかける余裕がない。保育所や放課後児童クラブは、いま私自身が直面している課題です。

私たちは日本語を覚え、日本の方を向き続けてきました。でも、沖縄が日本を変えることはできない。日本を変えるのは日本人であるべきです。沖縄の私たちは自らの歴史も文化も現状も、何となく知っているだけで、教育の中にも体系的に身につける仕組みがまだありません。シマに生きている私たち自身が、シマの歴史を勉強し、社会の現状を把握して、ヤマトに追いつけ追い越せではなく、ベクトルを変えること、自分たちの基盤を立て直すことに力を注いでいきたいと思います。

目次

＊雑誌『世界』二〇〇八年四月号から二二年六月号までの連載「沖縄《シマ》という窓」から選出し、各回の登場人物の年齢、所属等は初出のままとした。

装丁：森　裕昌

2008年

自己決定権を求めて
動き出す民意

2月　在沖海兵隊二等軍曹による女子中学生暴行事件が発生
6月　県議選で自公中心の与党が惨敗，定数48中，野党が26議席を獲得
9月　米証券大手リーマン・ブラザーズ経営破綻から世界的金融危機へ
10月　沖縄戦中，座間味・渡嘉敷両島で起きた「集団自決」に軍関与推認の高裁判決
11月　米大統領選でバラク・オバマ氏が初当選
12月　金武町伊芸で車両に銃弾が突き刺さっている状態で発見される

1945年3月26日，米軍が激しい艦砲射撃と空爆を加え，最初に上陸した慶良間列島の座間味島

2008.4

足跡は傷跡に　基地問題空白の八年

松元　剛

G8北海道洞爺湖サミットが開かれる今年、沖縄県内で米軍兵士による女性暴行事件が続発した。二月一〇日に、米海兵隊員に女子中学生が、七日後にはフィリピン人女性が陸軍兵士に襲われた。沖縄県民の憤りが高まる中、八年前の沖縄サミットを思い返さずにはいられない。

沖縄サミット直前にも、深夜に民家に忍び込んだ海兵隊員が女子中学生を襲う準強制わいせつ事件を起こし、県民の反基地感情の火に油を注いでいた。今回中学生の被害者が加害者に声を掛けられた場所も八年前の現場だった民家も、米軍人らと一般住民が日常的に接する沖縄市内にある。

二〇〇〇年七月二一日、サミット開幕に先立ち、クリントン米大統領(当時)が、沖縄戦の激戦地だった糸満《いとまん》市の「平和の礎《いしじ》」で沖縄県民向けに演説した。大統領は米軍基地の過度の集中を、県民が進んで受け入れているわけでないことを認めた上で、二律背反に近い言葉を発した。

「沖縄は日米同盟維持のために、死活的に重要な役割を担ってきた」「沖縄における米軍の足跡を減らすため、引き続きできるだけの努力をする」

平和の礎は、敵味方、国籍を超え、二四万人余の戦没者が刻銘されている鎮魂碑だ。非戦と平和構築に向けた国際社会の不断の努力を促す重い力を宿す。その地を演説の舞台に選んだ演出には、米軍の綱紀粛正や基地整理縮小に積極的に取り組む姿勢を表明することで基地の過重負担と米国に抱く不満を和らげつつ、自国の世界戦略にとって手放せない基地の島の重要性を沖縄の人々にも認識してもらいたい――という思いがにじんでいた。沖縄から見れば、「手前勝手な軍事大国の論理」に映った。

サミットが開幕した翌日の深夜、沖縄本島中部のキャンプ瑞慶覧《ずけらん》に大統領がいた。在沖米軍兵士と家族らの代表約一万五〇〇〇人がまるでロックコンサートのように熱狂的な歓声を上げる中、「この地に平和があるのは、米国の軍隊があるからだ。誇りを持て」と叫ぶ姿は、まぎれもなく前線兵士を鼓舞する最高指揮官だった。居住まいをただして平和の礎に立った時との落差が忘れ難い。

サミット終了から一年後、ある米政府関係者A氏と会った。県内の有識者や基地を抱える市町村長らから大統領訪沖に何を期待するかを聞き取り、「県民に受けのいい演説」の草稿づくりに携わった人だ。「大統領演説はリップサービスだったのではないか」と問うと、彼は本音を明かした。「足跡を減らす」という言葉には、基地整理縮小と軍の綱紀粛正への米国の決意を込めた。だが、事件を根絶するのは無理だ。二万五〇〇〇人以上の兵士の中からばかなことをしでかすやつを一人も出さないなんて、世界中の軍隊ができっこない。米軍基地を抱える地域に付きまとう悩みを解決するのは難しい」

あれから八年。沖縄県警のまとめによると、反基地の大きなうねりを生み、日米安保を揺るがした一九九五年の少女暴行事件以降、米軍関係者によるレイプ事件は、一六件発生し、年一人以上の女性が人権と尊厳を踏みにじられている。沖縄サミットの後だけでも、七件。〇七年以降は四件と多発しており、状況はさらに悪化している。

米大統領はブッシュ氏に交代。9・11事件、アフガン、イラク戦争を通し、米国は国土防衛のためには先制攻撃も辞さない単独主義に傾斜し、軍事優先に拍車を掛けた。在沖米軍基地は北朝鮮から中東までの「不安定の弧」をにらむ「対テロ戦争」の拠点と位置づけられ、機能強化が進む。基地を抱える地域の「負担軽減」がキャッチフレーズの一つとなった在日米軍再編だったが、もう片方の「抑止力維持」が優先し、「負担軽減」はかすむばかりで、沖縄では、基地共同使用を足がかりにした自衛隊と米軍の「軍事融合」の布石が着々と打たれている。最大懸案である普天間《ふてんま》飛行場の返還問題は、代替新基地の形態が変わっただけで、県内に押し込める構図はそのままだ。「再編の果実」と喧伝された嘉手納《かでな》基地より南の大規模基地返還と在沖海兵隊のグアム移転をみても、普天間移設が完了しないと実現しない。まさに「米国の独り勝ち」の様相である。

反基地感情の高まりに慌てた米軍は、在沖三軍の昼夜を問わない外出禁止令を出し、容疑者が基地外に住んでいたため、基地外居住者の通知を検討するなどの再発防止策を詰めている。だがこれは、先のA氏の分析を踏まえるなら、県民世論の反発の一時的鎮静を狙う対処療法でしかない。統計学的に、「暴力装置」である軍隊の兵士が起こす事件がなくせない以上、再発防止の特効薬は、撤退か大幅削減しかない。そこに踏み出さない限り、米軍の「足跡」は沖縄県民の「傷跡」に深化し、米兵事件の新たな被害者を生み続ける悪循環を断ち切れないだろう。

2008.5

心病む人の居場所

山城紀子

沖縄で初めて設立された精神障害者の共同作業所「アトリエ種子」が二〇周年を迎えた。二月末、那覇《なは》市内で利用者や家族、支援者が参加して記念式典・祝賀会が開かれた。二〇〇五年に法人認可を得て、現在は小規模通所授産施設である。理事長の棚原信子《たなはらのぶこ》さんは、「私たちが活動を始めた頃は、精神障害者は入院治療が中心で、地域に出るということは考えられない時代だった」と振り返った。

作業所に関わる以前は精神科病棟に勤務していた。バケツに入れた食事をひしゃくでお椀につぐ光景やトイレの設置もなくセメント剝き出しの床の穴に排便・排尿を垂れ流すだけの保護室にも最初の頃こそ違和感があったものの、いつか慣れてしまった自身がいたと苦笑する。治療と称して電気ショックもまだ行われている時代だった。

精神障害者は退院しても「行き場」がないことを、取材を通して、まざまざと実感したことがあった。名護《なご》市内の山奥で医療法人が運営する精神障害者社会復帰訓練センター名護農園を訪ねた時、農作業を通して社会復帰を目指す患者のうち、受け皿さえあればすぐにも退院できる人が何人もいると聞いた。では、なぜ退院しないのか。私の問いに患者のAさんが答えてくれた。「オフクロから手紙が来てね。父さんが「そろそろお前が退院するのではないかと心配している」というんです。両親には発病してからえらく迷惑をかけた。それに二人ともかなりの年だし、僕のことで心配させるのはかわいそう。だから僕は書いたんですよ。まだまだ退院はできそうにないよって」。病んでいるのは、弱者をはじく社会の側ではないか。テーゲー(いいかげん)だの、ユイマール(相互扶助のこと)などと、いかに沖縄社会がおおらかで助け合いの精神に満ちているかが強調されるが、共同体意識が強いからこそいったんはじかれると、はじかれ方がすさまじいことを痛感した。

その後、家族の立場から精神障害についてのインタビューに応じた池間《いけま》ヨシ子さん(当時伊良部《いらぶ》町精神家族会会長)は、「島では精神病はサニ(種。遺伝のこと)」と言われて差別的な目を向けられていたと述べ、「(心病んだ息子に)殴られて二週間も動けない状態になったというのに、殴られたことよりも息子の病気が精神病であることが恥ずかしくて病院に行けなかった」と語った。

家族が家族会を作り始めたのも二〇年ぐらい前からである。アトリエ種子も那覇市家族会「ふくぎの会」が運営母体である。年老いた母親たちの参加が目立った。古紙や空き缶集めなどで資金づくりを。またツテを頼っては個人の家を提供してもらうなど体当たり的に作業所運営を切り開く姿は必死だった。財政基盤の貧しさは常につきまといながらも、県内各地にアトリエ種子に続く作業所が次々誕生した。棚原さんのように安定した病院勤務から大幅な収入減を覚悟して活動に参加する人たちも出てきた。「薬のせいでろれつがまわらず、何を言っているかわからなかったり落ち着きのなかった人が、周囲の人たちとのゆったりとした人間関係の中で言葉を取り戻し笑顔になっていく様子は何よりの喜び」。貴重な体験をしていると棚原さんは微笑む。

しかし、棚原さんは、これからがアトリエ設立以来の最大の危機との認識を持っている。近々障害者自立支援法に基づく新事業体系に移行するからだ。すでに利用者への説明の段階で激しい動揺と不安が広がり、一気に三、四人が引きこもりやウツになってしまった。サービスを利用する際、今後原則一割の自己負担が生じる経済的負担の不安。家族の資産まで書類提出が求められることにも、病気のためとはいえ、成人した当事者が家族に負担をかける心苦しさも不安を増大させている。

加えて、自立支援法は就労を強調した体制なので、なかなか就労には結び付かない重症の人も気軽に受け入れるこれまでのやり方では運営もおびやかされそうだ。パン作りや販売などの作業訓練を経てアトリエの入所者が就職につながったのは、この二〇年で二十数名。送り出す時は「だめならいつでも戻っていらっしゃい」と言うようにしてきた。これからもそうしたいと考えているが、果たしてそれでやっていけるのか。

国の財源問題からシステムが大きく変わろうとしている福祉や医療。社会的弱者を支援する人たちの間でも、意見はさまざまだが、はっきり言えることは論議の圧倒的不足である。棚原さんたちの悩みや不安が「孤立」している。沖縄では基地被害や沖縄戦への認識をめぐる問題に論議が集約されがちである。事の深刻さから言えば当然だと思う。しかし障害者や高齢者など社会的弱者の抱える生活の問題も社会資源の少なさや貧困を背景に、厳しい実態があるというのに、結果としてはおろそかになる。そのこと自体、ある意味ではもう一つの深刻な「沖縄問題」といえる。

基地問題のある異変

異色総領事の「挑発」

松元 剛

沖縄の基地問題にある異変が起きている。

在沖米総領事のケビン・メア氏の在日米軍再編などをめぐる刺激的な言動がしばしば県民感情を逆撫でしている。臆することなく、日米同盟の重要性と在沖基地の必要性を主張する異色の総領事の姿に、「沖縄に対する米国の向き合い方が変わった」「もう沖縄の言い分は聞かない。日米合意に従えと迫っている」「制服を着た軍人のようだ」などと、警戒感を抱く基地所在市町村長や識者は少なくない。

沖縄で起きた少女暴行、横須賀市で起きたタクシー運転手強盗殺害の二つの米兵事件を機に日米地位協定改定を求める声が高まった。これに対し、メア総領事は四月初めの定例会見で「政治家と団体が政争の具にしている」と切って捨てた。県と市町村、議会が足並みをそろえ、地位協定改定は「オール沖縄」の要求になっている。仲井《なかい》真《ま》弘多《ひろかず》沖縄県知事は「米国と沖縄に摩擦を起こす不可解な発言の多い人だ」と強く反発し、高村正彦外相も国会答弁で「日本人として愉快ではない」と不快感を示し、波紋を広げた。

最大懸案である普天間飛行場の移設を伴う新基地建設問題で、仲井真知事が求める沖合への位置修正の実現性をメア総領事が全面否定し続けていることもあり、日米安保体制を支持する保守系知事との関係は「かつてないほど、とげとげしい間柄になっている」(沖縄県幹部)。

米国の在外公館である領事館は、名古屋と福岡、総領事館は、札幌、大阪・神戸、沖縄にあり、米国のイメージアップを図る広報活動の核になっている。沖縄では、米軍統治下の一九五二年に領事部として開かれ、五六年に総領事館に格上げされた。反基地感情がくすぶる中、地元の動きを素早く本国政府や大使館に報告する役割を担うため、領事館より格上の総領事が任に就く。

メア氏はハワイ大学で近代東アジア史を専攻。国防総省空軍副次官付国際政策課長、在福岡首席領事などを経て、在日米大使館安全保障部長として米軍再編をめぐる日米交渉に携わり、〇六年七月に在沖総領事に就いた。「アジアと安全保障の専門家」だ。過去の総領事が、県民感情を刺激しかねない政治的発言を極力避けてきたのとは対照的に、メア氏は定例記者会見を初めて設けるなど、率直な発言が際立っている。物議を醸したケースを挙げてみよう。

- 沖縄国際大学への普天間基地所属ヘリ墜落事故から満二年のインタビューで「普天間飛行場は特に危険ではない」と発言(〇六年八月)
- 仲井真知事就任後の初面談で「(知事公約の)三年内の普天間基地閉鎖は不可能」と明言(〇六年一二月)
- 町長の反対を押し切り、米海軍の掃海艇二隻を与那国島に寄港させた際、事前に「町長宅での歓迎パーティ」「米軍兵士とのバーベキュー大会への小中学生の参加」を要請、「友好・親善」の押し付けと批判を浴びる(〇七年六月)
- 沖国大ヘリ事故の容疑者の整備兵四人の氏名が開示されないまま、書類送検を余儀なくされた沖縄県警が反発したことに対し、「名前を聞いて、県警は何を調査したいのか」と発言(〇七年八月)

四月中旬、普天間飛行場の離着陸コースの真下にある宜《ぎ》野《の》湾《わん》市の総領事公邸を訪ねた。空中給油機の轟音に何度も寸断されながら、話を聞いた。長身に口ひげをたくわえたメア氏は流暢な日本語で「沖縄の総領事の重要な仕事は、日米安保が日本とこの地域の平和と安定にどれだけ有益で、基地がなぜ必要かを県民に説明することだ。中国の軍事力増強や北朝鮮問題もある。私は米軍再編交渉に参加していたので、日米が合意した計画を早く実行させる役割もある」と強調し、こう続けた。

「基地問題は曖昧にした方がいいと言う外交官は多いが、現実的に解決するには、従来のような本音と建て前でなく、率直に説明しないと理解してもらえない。私に対する批判は何とも思わない。外交官の基本は嘘をつかないことだ」

「反発を買った発言を本国や大使館からたしなめられたことはないか」と問うと、「一度もない。シーファー大使は、積極的に米側の立場を伝える私のやり方を支持してくれている。「政争の具」発言でもそうだ」と表情を緩めた。

戦後の米国と沖縄の関係に詳しい宮里《みやざと》政玄《せいげん》氏(元獨協大学教授、沖縄対外問題研究会代表)はこう分析する。

「過去にないタイプの総領事だ。普天間飛行場の県内移設に象徴されるように、基地問題でさまざまなことを押し付けられている沖縄社会の反発力が弱まっていると見て、日本政府と同様に、米国がその軍事優先政策をすり込む攻勢に出ている。米軍統治下で自治神話論を振りかざし、沖縄の民意を押さえつけたキャラウェイ高等弁務官の強気一辺倒の手法とダブる。こうした総領事の言動になかなか歯止めを掛けることができない沖縄側もまた問われている」

2008.7

「長寿の島」で増え続ける入居型宅老所

山城紀子

二〇〇〇年、厚生労働省が五年ごとに発表する都道府県別の平均寿命で、沖縄の男性が四位から二六位に急落した。「26ショック」と呼び、「長寿」にあぐらをかいてきた反省をさまざまな場で話し合うようになったのはその頃からである。次の五年目に当たる〇五年は全国トップを維持してきた女性も転落するのではないかと地元マスコミは発表前から医療・保険関係者の懸念を繰り返し報道した。辛うじて首位をキープした女性の「長寿」は朗報として大きく報道されたが、高齢者自身やその家族にとってどれほど価値や意味のあるニュースかと考えた時、強い疑問を持った。高齢者を取り巻く状況があまりにも厳しいからである。

近年の沖縄の老いの事情を示すものに宅老所の急増がある。二〇〇〇年にスタートした介護保険導入時には数カ所もなかったはずだが、〇七年時点では二三七カ所(県社会福祉協議会調べ)に。現時点ではさらに増えていると思う。

本来、宅老所というのは、日中行き場のない高齢者を預かることで、住み慣れた家で暮らし続けることを支援する「小さな福祉の場」を指す。使っていない民家の提供を受けるなど、どちらかといえば市民運動的な性格も見られた。

県内初の宅老所である浅茅《あさじ》の里《さと》(名護市)を取材した時も、既存の施設にはない手作り感に共感を持った。近隣の高齢者がひょっこり訪ねてきて、顔なじみの利用者とおしゃべりをして帰っていく。せいぜい一〇人ぐらいの人数だからこそ、その日の気分を大事にしたプログラムが作れる――主催者の座波園子《ざはそのこ》さんの説明に心から納得した。無認可であっても宅老所が地域にあることは大切、と住民が後援会を立ち上げ、応援団を引き受けていたことも強く印象に残った。

ところが今沖縄で増え続けている宅老所は、日中を過ごす通いの場ではなく、二四時間の「住」としての入居型宅老所である。その尋常でない増え方に、関係者も困惑の色を隠せない。数年前に結成された県宅老所連絡会は研修会などを通して、宅老所を地域の社会資源にしていくための今後の方向性などを探っているし、宅老所の基本的な情報の入手が困難であることを懸念する県社会福祉協議会も、去る三月『宅老所ガイドブック』を発行した。けれども同連絡会に加盟しているのはわずかに三九事業所、ガイドブックに掲載された事業所数も七〇カ所に留まっている。顔の見えない宅老所が大半である。

先日、宅老所の天国と地獄を味わったと話す介護職員と会った。現在勤務する宅老所は、家庭的で利用者と納得のいく関わりがもてるため、充実感があって毎日が楽しくてたまらないという。

数日で辞めたという宅老所は、ナースコールもなく、利用者が家から持参した杖や孫の手でバンバン床を叩きながら職員を呼ぶ。オムツの中にパットを何枚も重ね、汚れると一枚ずつ抜くだけの手抜きの排泄ケア。心身のトラブルを抱える利用者を夕方から朝までたった一人で世話をする態勢や最低賃金にも届かない低賃金。訪れる家族もなく、テーブルや室内にも汚れや悪臭が立ちこめていて、とてもケアの場とは思えなかった、と顔をしかめた。経営者は親族も巻き込んで他にも次々事業所を広げているようだ。

増え続ける理由は、高齢者の「行き場」「住む場所」の不足である。高齢者施設の整備率は全国平均の一・七倍とかなり高いのだが、それでも入所・入院は難しいのが現状である。特養ホームを例にとれば、三四〇〇人余の待機者が空き待ちの状態(〇六年六月時点)。この人数は、県内にある特養ホーム四七施設の定員(三八五五人)にほぼ匹敵する。

これまで長期入院できた療養病床(いわゆる老人病院)が、国の方針で大幅に削減されることになったため、退院を余儀なくされた高齢者の多くも行き場がない。預かってもらえるなら質を問わないという家族の事情も、顔の見えない宅老所を増やす一因になっている。

介護という視点から見ると、沖縄は全国の中でも最も脆弱なところではないかと私は常々思っている。所得が低い。失業率や離婚率も全国一高い。大家族のイメージがあるが、実際は核家族化率も全国有数の高さである。そのほかにも持ち家率の低さ、診療所や訪問看護ステーションの少なさなど介護の困難さにつながる状況は挙げればきりがない。

広大な基地を抱える沖縄。基地内ではスポーツクラブやゴルフ場の維持費にも「思いやり予算」が使われていることが国会で明らかになったばかり。一方でリハビリの日数の制限、生活保護における老齢加算の廃止、療養病床の削減、そして後期高齢者医療制度と福祉や医療の抑制政策が追い打ちをかけている実態。思いやりを向ける対象がなぜ、他国の軍隊なのか。顔の見えない宅老所に身を置く長寿県沖縄の高齢者は、ほんの少しでも誰かに思いやりを向けてもらっているのであろうか。

2008.9

沖縄不在の沖縄　変貌する国際通り

山城紀子

九年前の夏、国際通りのちょうど真ん中あたりにあったデパート「沖縄山形屋」が閉店した。最終日の閉店時間が近づくと、続々と市民が駆け付けて驚くほどの人だかりとなった。慣れ親しんだ風景や建物などがいつのまにかじわじわと別物に変わっている、という漠然とした風景の喪失感の中で、閉店のニュースはある種の緊張を促したような気がする。「何だか寂しいね」「残念」という言葉を、長年のなじみ客である年配者ではなく、若い人たちが言い合っていることに意外な感じがした。いよいよ閉店となった時、高齢の女性たちが泣いていることに気がついた。七七年の歴史を閉じる老舗デパートの閉店を、言葉もなくただ静かに涙を流しながら見つめている姿に一つのデパートが閉店するというだけのことではない衝撃を受けた。

あの時の高齢の女性たちの涙を、今国際通りを歩くたびに思い出す。あの時以来、国際通りの風景は、加速度的に変貌し、かつての街並みはそっくり姿を消してしまった。そして沖縄で生活する者にとっては、ほとんど用事がない場所になってしまったのである。にぎわいという意味では変わらずににぎわっている。観光客でいっぱいだ。いうなれば、沖縄観光を終えて、最後に土産物を買うために繰り出す場所という感じである。

国際通りは、那覇市の中心街で、沖縄県庁周辺から安里《あさと》三差路までの、徒歩で約二〇〜三〇分ぐらいの通りである。戦前は湿地が広がる野原の一本道だったと聞く。一九五三年から五四年にかけて改修され、その後発展した。戦争で壊滅的被害を受けながら見事に復興して一大繁華街になった。通りの長さがほぼ一マイルあったことから「奇跡の一マイル」と呼ばれるようになった場所でもある。

私自身にとっても人生の節目の記憶とつながっている。亡くなった父がただ一度連れて行ってくれた映画『炎の人ゴッホ』を観た映画館も、その帰りに寄った当時としては珍らしくおしゃれなレストランも国際通りにあった。高校合格の祝いにもらった五ドルを持って三枚組のレコード・オペラ『カルメン』を買ったのも、大学進学で上京する直前に腕時計を買ってもらったのも国際通りの専門店である。そのすべての店が今はない。

先日思い立って、国際通りの端から端までをじっくり歩いてみた。観光客のための場所に観光客ではない私が歩いているような違和感があった。

四年前、地元紙に掲載された記事が頭に浮かんだ。他県で活動する沖縄県人会に、その土地の沖縄ファンが積極的に参加して活動するようになったことで、「(違和感を抱いた)生粋のウチナーンチュが県人会活動から遠ざかる現象が起きている」という内容であった。年配会員からの不満を受けて県人だけの活動に戻ったところや、ウチナーンチュの正会員と(沖縄ファンの)準会員との調和が保てず、活動が中断した県人会があることなどを伝えていた。

国内旅行先アンケートで「「沖縄好き」が断トツ」のニュースは、昨年電通が魅力的な国内旅行先アンケートをまとめた結果。「日常から開放された気分」「気持ちが癒される」などの期待に合致する地域を選んでもらった結果、沖縄が選ばれたのである。

「沖縄大好き」が高じて、多くの移住者も沖縄に住む。人気の高い八重山《やえやま》など、わずか三年で地価が一〇倍近くに跳ね上がった地域や、生活スタイルの違いなどから地域住民との摩擦が生じるなど、少なくないトラブルが生じているようだが、そういうことも意に介さないように移住ブームは、相変わらず続いている。青い空、青い海、癒しの島だのと、どこまでも楽天的で、開放的な沖縄像はテコでも動かない。そこには見たい沖縄しか見ない、知りたい沖縄だけを知ればいい、という強い意志すら感じてしまう。

この一〇月には「沖縄大好き検定」が始まる。ブームになっている「ご当地検定」の沖縄版である。同検定は、もともと地域の歴史や文化などの知識について検定を行い、地域産業の人材育成や地域を学ぶという目的をもつが、沖縄の場合は「観光客一千万人実現」を謳い、東京、大阪でも実施することから観光誘致により重点が置かれているのは明らかだ。沖縄ブームはさらに広がっていくのであろうか。

最近とても気になったニュースの一つは、県外からの移住者らが投資目的で米軍・自衛隊基地内の民有地を購入しているというものだ。「購入者は(国が支払う)着実な借地料収入が目的のため、返還される予定のない基地ほど人気があり、取引価額も高い」とある。広大な基地を抱える沖縄も「大好き」の一要素となっていることを考える時、国際通りを歩く時の違和感も、「沖縄大好き」の中身や内容も、そしてそれらの行き着く先についても、市民主体の検証が必要だと思う。

2008.10

「不都合な真実」から目を背ける日米政府

松元　剛

七月一八日、沖縄県議会は、普天間飛行場の代替新基地を名護市辺野古沿岸域に建設することに反対する決議・意見書を野党の賛成多数で可決した。六月の県議会議員選挙の与野党逆転を受け、野党側は最初の議会で県政の最大懸案への反対決議をぶつけ、攻勢に転じた。

この決議には、過去にない特徴がある。新たな基地を造らせない意志の土台に、甚大な犠牲を払った沖縄戦の体験を踏まえた平和への志と併せ、「環境保全」を前面に打ち出したことだ。決議は「世界に誇れる自然環境を残し、後世に引き継ぐことは県民の責務である」と謳った。

本土復帰後、沖縄では経済の弱さから、「自然保護か開発による経済発展か」の二者択一の議論が絶えなかったが、大型公共事業による埋立てとリゾート開発を中心に、経済が優先されてきた感は否めない。「環境保護」はどちらかと言えば少数派だったが、「普天間飛行場の辺野古移設は環境に壊滅的打撃を与える」と訴える市民団体への共感も広がり、二〇〇〇年代に入って県民の環境に対する関心は急速に高まっている。今回の県議会決議は、環境面から米軍基地に厳しい目を向ける県民の深層心理と符節を合わせたアクションといえるだろう。

決議を携えた県議会の要請団に対する沖縄県や政府側の対応は予想通りとはいえ、冷淡なものだった。

七月末、県議会の野党五会派でつくる代表団が仲井真弘多県知事や日米両政府に新基地建設を断念するよう要請した。「与党の賛同がない」。辺野古移設撤回を迫る代表らに対し、仲井真知事は全会一致にならなかったことを挙げ、決議の重みを薄める言葉を繰り返した。

政府側はさらに露骨だった。外務省沖縄事務所では、今井正沖縄大使が来客中を理由に面談せず、一事務官に代理で対応させ、要請団から「もはや沖縄大使は必要ない」などの怒りの声が上がった。今井大使は、昨年九月の就任会見で「現状を自分の目で見て、沖縄の人から直接自分の耳で聞き、沖縄の人の考えをしっかり東京に伝えていきたい」と語っていた人である。外務本省の指示には逆らえないということなのだろう。東京の首相官邸、外務省、財務省などで要請団に向き合ったのは課長級か秘書官レベルだった。複数の政府関係者によると、要請団に対する各省庁の冷ややかな対応は示し合わせたもので、官邸の意向も反映したことは間違いない。沖縄の新たな民意を聞き置く程度に留め、無視を決め込んだに等しい。

一方、米国でも似たようなことが起きた。七月末、ハワイの米太平洋軍司令部を訪れた伊波洋一《いはよういち》宜野湾市長が「門前払い」を食らわされた。二〇〇四年の前回訪米時には、幹部らが面談して、普天間飛行場の運用停止の要請を聞いたが、今回は「日米の二国間で交渉すべきだ。大使館など正式ルートでなければならない」として、面談はおろか、要請書の受け取りさえ拒んだ。面談拒否への方針転換を説明する理由にはまったくなっていない。

伊波市長が二度目の訪米の切り札として携えたのは、昨年入手した「普天間飛行場マスタープラン」。米軍自ら定めた安全基準で、滑走路両端から九〇〇m余は建築物が建てられない「クリアゾーン(利用禁止区域)」が設定されている。米本土では建物がないはずの区域に、普天間基地周辺では約三七〇〇人の住民が住んでいる。陳情型ではなく、米軍の基地運用の矛盾を突き、普天間基地の危険性を取り除く実効性ある議論を挑む機会は実現しなかった。

沖縄の基地問題で見えてくるのは、自らに都合のいい情報しか取り込もうとしない日米政府の姿勢だ。特に最近は、異議を唱える動きを黙殺する狭量さが際立つ。その点では、野党主導の県議会決議は最も目を背けたいものだったはずだし、米側にとって伊波市長の基地運用原則違反の主張は痛いところを突かれた「不都合な真実」(我部政明《がべまさあき》琉球大学教授)であったのだろう。普天間移設問題が長期化するにつれ、東京発の「沖縄の声に耳を傾ける」という言葉には空虚さが増し、日米両政府は沖縄を組み敷く姿勢に傾いている。だが、今回の民意軽視を県民はしっかり記憶に留めている。今後、基地問題の重要局面でしっぺ返しに遭うのは政府の側であるような気がしてならない。

九八年五月、当時の大田昌秀《おおたまさひで》沖縄県知事と国防総省で面談したカート・キャンベル副次官補(当時)は、報道陣に〝直接対決〟を全面公開した。「(普天間基地の県内移設を拒否した)あなたが基地問題の解決を遅らせている張本人だ」と挑発するキャンベル氏と、顔を紅潮させつつ、論理的に反駁する大田氏の丁々発止のやりとりは迫力に満ちていた。沖縄の反対意見にも耳を傾け、率直な議論を積み重ねる雰囲気が日米両政府内に乏しくなった今、あの場面を何度も思い起こしている。

2008.11

愛楽園から問い直す沖縄

ハンセン病と市民

山城紀子

愛楽園は、沖縄県内にある二カ所のハンセン病国立療養所の一つで、北部の名護市内にある。以前はあまり知られてなかったが、ハンセン病問題が大きな社会問題になり、回復者が「らい予防法違憲国家賠償訴訟」を起こして勝訴した頃から、入所者との交流や人権学習をしたいという市民や児童生徒、学生などの来園が増えた。

私はかつて県政担当の記者をしていた頃、毎年六月になると県の呼びかける「ハンセン病を正しく理解する週間」の啓発記事を書いたことがある。週間行事としてチャリティー生け花展なども取材したが、療養所の入所者や退所者の体験などを聞いたことはなかった。当時、私は三〇代半ば。ハンセン病に対する知識といえば、映画『ベン・ハー』や『砂の器』で見ただけで、どこか遠い世界で起きている遠いことのような気がしていた。

しかし、書いている本人が理解もできていないまま読み手に理解を求める記事を書いたことや、ハンセン病の理解を促すことと、どうつながっているのかさえわからない生け花展の記事を書いた違和感は残った。

そういうこだわりもあって、その後、愛楽園を訪ねるようになった。九〇年代の前半だったと思う。まだほとんどの入所者が「園名」を使っていたが、沖縄ではなじみのない名前が多かったので、うかつにも他府県の人が多数入所しているのかと思ったほど無知だった。家族や親族に迷惑をかけてはいけないとの配慮から偽名を使っていることを知った時、沖縄社会の誇る地域共同体の結束に強い疑問を持った。助け合いばかりが強調されるが、実は「排除」にもまた結束するのだと。

国賠訴訟後、県内でも証言集や資料集などが相次いで発刊され、ハンセン病問題に関心が向けられつつある。被害に遭った回復者の視点に立つと、これまで言われてきた歴史もまったく別物になる。たとえば「嵐山《あらしやま》事件」。これは昭和の初め、県が秘密裏に進めた療養所建設計画に対して起こった反対運動だが、これまではもっぱら革新運動として、運動した側から記述されてきた。近隣の村の人たちも加わって二万人の住民がムシロ旗を立てて銅鑼《どら》や太鼓を叩きながらデモ行進したという。民意を無視して設置しようという権力に立ち向かったというのが大義名分だが、その「民意」は問われてこなかった。資料集には児童生徒も学校を休んで親たちの反対運動に加わったことを、あたかも美談のように取り上げた当時の新聞記事も載っている。「無らい県沖縄」を目指した時代の空気、そしてその中で明確に打ち出された「民意」とは何かを、これから検証すべきだと思う。

国の過ちを容認し続けた市民の立場から、過ちを繰り返さない社会の実現を目指す「ハンセン病問題ネットワーク沖縄」は今年初め、三回の連続講座で構成するガイド講座を愛楽園自治会と共催で開いた。県内各地から約三〇名が受講し、愛楽園の歴史や隔離政策の内容、強制断種・堕胎をさせられた状況などを学んだ。

多くの受講者から、こんなにも知らなかったのかというような言葉が出た。実際に愛楽園内のガイドができるようになるには講座だけでは不十分だという声も出て、修了後もガイドの実習や勉強会が毎月開かれている。前回は琉球大学のロースクールの学生数人が参加した。退所者でガイド講座を受講したTさんが案内役にまわった。建物跡が残る面会室では、患者と面会者の別々の出入口、無菌地帯と患者地帯の厳然たる区切り、さらに監視する職員の話などを自らの体験を交えながら説明した。「私はまだ九歳で、親に抱きつきたかったが、監視されているからそれもできなかった。規則を守らないと監禁室に入れられる、と思って怖かったし」。学生たちの表情に緊張が走る。

ある学生は「愛楽園に行くことを母に話したら、「行かないでほしい」と言われた。看護畑にいた人なのに……」と、思いがけなく身近なところでいまだに残るハンセン病への偏見を知った驚きを話してくれた。時間をかけてハンセン病問題を学びたいという。

戦後アメリカの施政権下にあった沖縄では一九六〇年頃から「開放治療」に転換され、国内でもきわめて少ない在宅治療が認められていた。それで「被害が少なかった」と誤解する向きがある。しかし退所しても家族にすら打ち明けられない、あるいは愛楽園からの郵便物を長年にわたって知人宅宛てに送らせるなど、在宅であっても「隔離」は続いていたのである。

法律が廃止され、裁判に勝ったとはいえ、九〇年の隔離政策の後遺症はあまりにも大きい。高齢化した入所者が「今さら」と市民との交流を受け入れたがらない実態もある。ようやくやっと「正しく理解する」、そのスタートラインにいるのだと思う。

沖縄法曹人の矜持

松元　剛

今年六月一七日、沖縄の戦後を見つめてきた元裁判官がまた一人逝った。宮城京一《みやぎきょういち》さん。享年七六。「日の丸」が国旗か否かを初めて法廷で問いかけた「日の丸焼き捨て事件」の一審判決を下した裁判長が、宮城さんだった。日の丸に対する複雑な県民感情を照らし出した裁判は、社会部で司法担当をしていた時の忘れ難い取材だ。

一九八七年一〇月に開かれた海邦国体の少年男子ソフトボール競技の開始式で事件は起きた。当時、読谷《よみたん》村商工会副会長だった知花昌一《ちばなしょういち》さん（現読谷村議会議員）が、掲揚台の日の丸を引きずり降ろし、火を付けた。開催県・沖縄が天皇杯を獲得したことよりも、県内外に大きな波紋を広げた事件の方を記憶に留める人が多いだろう。

伏線があった。日の丸・君が代抜きの国体開催を決めていた読谷村に対し、当時の日本ソフトボール協会長が競技開始直前になって「それなら会場を変更する」と通告し、山内徳信《やまうちとくしん》村長（現参院議員）は「断腸の思い」で日の丸掲揚だけを受け入れた。沖縄戦で村民八三人が「集団自決（強制集団死）」を遂げた村は反戦感情が強く、村議会は日の丸・君が代反対を決議していた。

那覇地検が器物損壊罪などの起訴状に「国旗」と記したため、弁護側は「法的根拠はない」と即座に反論し、「国旗論争」が争点に浮上した。知花さん側は「掲揚の強制は村民の思想信条の自由を侵す。焼き捨て行為は正当な抵抗手段」と無罪を主張し、検察側と徹底的に争った。

九三年三月の「宮城判決」は、日の丸について「国旗としての法的根拠はない」とした上で、「多数の国民が日の丸旗を国旗と認識して用いている。起訴状に記された国旗は日の丸旗を指す」との判断を示した。また、国旗に関して「国民一般には何ら義務がない。掲揚は国民各自の自由意思に委ねられている」と明言した。

「訴因（焼かれた旗）を特定しただけではないのか」。夕刊の締め切り間際の出稿現場は難しい判断を迫られた。私は「（文部省の）日の丸掲揚指導を批判した」と解説で指摘したが、本記で「事実上の国旗認定」と書いた。報道の大勢は

「日の丸は国旗　初の司法判断」。多くの法学者から「国旗認定報道はミスリード」との批判が相次いだ。

那覇地裁の仕事始めや仕事納めの夜、書記官室に顔を出した宮城さんと泡盛を酌み交わす機会があった。飄々とした語り口で品のある冗談を当意即妙に繰り出す座談の名手。気さくな人柄は裁判所内でも信望が厚かった。担当案件を話題にしないように聞き耳を立てる書記官をかいくぐり、何度か「国旗認定だったのですか」と単刀直入に聞いてみたが、そのたびに「その話はグソー(後生)でしましょうや」と優しくいなされた。

九五年に退官した後、沖縄国際大学教授を務めていた宮城さんが判決について語ったのは、国旗国歌法案の国会審議が加速していた九九年の夏だった。「焼かれた旗を特定しただけで、国旗は日の丸と認定したのではない。裁判官は弁明せず。釈明はしなかった。真意が誤解され残念な思いはあったが、日本語の難しさでしょう」。さらに「日の丸を掲揚する・しないは国民の自由。法律で拘束してはいけない。国民に定着しているというなら立法化は必要ない。君が代の歌詞は国民主権に合致しない。法律は独り歩きするものだ」と続け、意を決したようにこう言った。「あの事件は私が弁護人でも同じ主張をしたかもしれない」

立法化することで個人の意思が束縛され、掲揚が強制される危険性がある――。「裁判官は弁明せず」のくびきを自ら解き、沖縄の法曹人としての使命感がみなぎった重い言葉だった。「宮城判決」の真意を読み取れなかった不甲斐なさを痛感する一方で、胸のつかえが取れたような気がした。

その後、国旗国歌法はわずか二週間の審議で成立。日の丸掲揚時の起立、君が代斉唱の指示に反した教職員が大量処分されるなど、宮城さんの懸念は現実となった。

宜野湾市生まれの宮城さんは、米軍統治下の琉球政府職員から転身し、裁判官を志した異色の経歴をもつ。パスポートで渡航し、苦学して六四年に司法試験を突破した。

「憲法九条は変える必要がない」が持論だった。九条を語る時、枕詞のように話した。「兵役の義務はなく、長生きしていられるのも憲法九条のおかげだ。戦争で多大な犠牲を出した苦い経験から学び、沖縄の非戦の誓いがしっかり反映されている」。訃報が届き、宜野湾市の普天間基地の近くにある自宅を訪ねた。妻の玲子さんが「頑固者で、家では仕事の話をほとんどしなかった」と言う宮城さんの遺影は、穏やかな表情をたたえつつ、眼光は鋭く前を見据えていた。表現や思想・信条の自由への圧迫感が強まり、憲法に試練の時が訪れる今、宮城さんは何を思うのか。もう一度聞いてみたい。

2009年

民主党へ政権交代
普天間移設転換への希望

8月	第45回衆院選で民主党が圧勝，政権交代．社民党・国民新党と連立政権樹立へ
9月	琉球舞踊が国の重要無形文化財に指定
11月	「辺野古への新基地建設と県内移設に反対する県民大会」開催
〃	オバマ大統領初来日

特別国会の首相指名選挙で第93代首相に選出された民主党の鳩山由紀夫代表(9月16日，共同)

最後の医介輔の引退と県立病院民営化

山城紀子

先日、内容の異なる医療に関する二つの新聞記事が同じ日に掲載されていた。

一つは最後の医介輔である宮里善昌《みやざとぜんしょう》さん(87)の引退である。県内二紙は、使い込んだ診療かばんを手にした宮里さんの写真と共に、「へき地・離島医療支え六〇年」「聴診器置く「充実感でいっぱい」」の見出しで、戦後の沖縄の医療における象徴的存在であった医介輔の歴史の幕引きを伝えた。

医介輔は、終戦直後の極度の医師不足から生まれた沖縄独特の制度である。沖縄戦を経て医師の数が三分の一に激減したため、沖縄の施政権を持っていた米国民政府が一九五一年、医師の診療の介助をしていた「医師助手」や、衛生兵としての経験がある人を対象に講習会を実施し、認定試験を行なって一二六人の医介輔を誕生させたのが始まりだ。

宮里さんも、戦前は地元の医院で助手を、また戦時中はソロモン諸島で衛生兵として従軍した経験の持ち主である。へき地・離島の住民の命の守り手として、住民から厚い信頼を受けてきた医介輔は、強い使命感と責任感でも知られ、地域医療の担い手として、繰り返し新聞記事やテレビの特番などでも取り上げられてきた。

復帰後も特別措置として医介輔の制度は存続した。近年は過疎の地域や、高齢者ばかりが残る人口の少ない離島などで、住民の心身や生活状況をよく知る支え手として診療を続ける様子が伝えられることが多かった。ほとんどが高齢である。引退などで次々と姿を消し、数年前からは医療の現場にいるのは宮里さんを含めて二人だけになっていた。

患者を助けたい一心で昼夜を問わない離島医療などに身を投じた医介輔の活躍は沖縄の公的医療の精神でもある。医師の確保は長い間沖縄の悲願だった。最後の医介輔の引退の報に、私は安心と安全の砦として「医の確保」に情熱を傾けた少し前までの沖縄を鮮やかに思い出した。

琉球政府が日本政府に陳情要請して一九五三年に実現した国費・自費学生制度も医師の養成に重点が置かれていた。

県内で実施される選抜試験に合格すれば本土の国立大学に枠外定員として入学が許可され、学費などの援助もあった。医学生は沖縄への帰還が義務づけられていたが、帰還しない学生も数多くいてたびたび社会問題になった。県当局など関係者が全国各地に出かけ説得して連れ戻す、ということが、そのつどニュースになったものである。国費医学生の「帰還」は県民全体の大きな関心事だった。

「一周遅れのトップランナー」だと、ある医師は現在の沖縄の医療を表現する。「沖縄では患者のたらいまわしは決してない」と多くの医師が言い切るのもその表れだろう。県民にとって、たらいまわしがないということは、空気と同じくらいあたりまえのことで、「起きたことがない」ということを考えたことすらないのではないかと思う。私自身も、県立中部病院を中心とする県立の病院が創立以来、一貫して二四時間三六五日無休の救急医療を継続してきたこと、また搬送された患者の受け入れを決して断らないという患者本位の病院機能を持続していることを実感として理解するようになったのは最近のことである。

他府県からわざわざ県立中部病院で研修を受けるために来県し、研修期間を終えてもそのまま残っている医師たちから「ここでは上の人間が下の人間に教えることはあたりまえだし、各科の壁がない」「「患者がどうすればよくなるか」という目的のためなら、先輩や上司に対しても疑問や批判を自由にすることをほめる価値観がある」などと聞く時、あらためて極度の医師不足から立ち上がったことで得た医の財産の深さに気づかされた。

最後の医介輔の引退が報道されたその日の、もう一つのニュースは、県立病院のあり方検討部会が県立六病院の経営形態を独立行政法人化する方針を示したというものである。

昨年、総務省から「公立病院改革ガイドライン」が出されたことで全国的に経営方法の見直しが進む中、沖縄でも財政負担の抑制などの視点から急ピッチで見直しが進んでいる。県立南部病院が民間譲渡されたのは二〇〇六年。医療の民営化への検証もないまま、現場の納得もないまま、効率化や財政の抑制から経営形態を変えるのは、せっかく築き上げた沖縄の医療の歴史の否定ではないだろうか。多くの離島を抱えた沖縄だったからこそ、いざという時の医療の重要さを認識し、そのことが救急医療に原点をおく県立病院のシステムを作った。

公的医療の問題がイコール財政問題であってはならない。不採算部門であっても、公的医療だからこそやらねばならない医療について、沖縄は全国のどこよりも体感している地域だと思うのだが。

2009.2

被弾事件が照らし出す不適格演習場

松元 剛

沖縄本島北部の金武町伊芸区《きんちょういげいく》は、太平洋に面した緑豊かな集落だ。その裏手にそびえる恩納《おんな》連山を望むと、不規則に緑が薄くなった山肌が目につく。米軍の実弾砲射撃訓練で幾度となく発生した山火事の痛々しい爪痕だ。米海兵隊基地キャンプ・ハンセンの演習区域の実弾射撃場に近い同区は、沖縄の基地被害のシンボルと言っていいほど、さまざまな事件・事故に見舞われてきた。

その伊芸区でまたしても、基地の島・OKINAWAの現実を見せつける事件が起きた。昨年一二月一〇日午後三時半頃、玉城《たまき》ミツさん(70)が自宅駐車場で、植木鉢に水をやっていたところ、突然「バーン」という衝撃音が響いた。驚いたミツさんが振り返ると、孫の陽一さん(25)所有の乗用車の脇から白煙が上がり、山風を受けて横に流れた。ミツさんは「ものすごい音がした。恐ろしかったが、その時は何が何だかわからなかった」と話す。

三日後、陽一さんは車の前部の字が光るナンバープレートに穴が空いていることに気づいた。調べてみると裏側のプレートに銃弾がめり込んでいた。長さ約四・五cm、直径約一cmの銃弾は、約一・五m先のコンクリート路面をえぐって跳ね、ナンバープレートを貫通した。器物損壊などの容疑で捜査に着手した沖縄県警は、①白煙が上がった時に着弾した、②大きな銃弾は米海兵隊の重機関銃弾、とみている。発生当日、恩納連山を隔てた恩納村側にある射撃場で、激しい訓練が実施されていたことが確認されている。射程が四km近くあり、装甲車でも撃ち抜ける重機関銃弾が放物線を描いて山を越えたとの見方が有力だ。

発生から一週間たった日、コンクリート二階建ての一階にある駐車場で、ミツさんに話を聞いた。流弾を受けた時、車が止まっていた場所はふだんとは一台分横にずれていた。車の真後ろにいたミツさんは「車がいつもの場所に止まっていれば、間違いなく私は撃たれていた」と振り返り、「あれ以来、怖くて外も歩けない。基地がある限り、伊芸ではこんなことが起こり続ける。思い出すと震えがくる」と恐怖がさめやらぬ様子で話した。銃弾を受けた車のナンバーは「81-31」。皮肉にも、その語呂は挨拶を交わす時に用いるウチナーグチの「ハイサイ」だった。

キャンプ・ハンセンの面積は約五〇五九ha。二〇を超えるレンジ(射撃場)があり、ライフルや重機関銃、迫撃砲の砲射撃など、殺人能力を鍛える訓練が土、日を除き、ほぼ毎日実施されている。特に伊芸区周辺にはレンジが五つ以上集中し、戦後約二〇件の被弾事件が起きている。

一九六四年には家でくつろいでいた一九歳の女性が太ももを撃ち抜かれる重傷を負った。八二年には泡盛酒造所のタンクに穴が空き、八八年には区内の民家や沖縄自動車道路のパーキングエリアにライフル弾九発が降り注いだ。東西は約一三kmあるが、南北の幅は約四・二kmしかないハンセン基地で、重機関銃弾などが演習場外に飛び出すことを完全に防ぐには、物理的に無理がある。

数多くの基地被害を受けてきた伊芸区だが、元々は保守的な土地柄で、基地撤去を求める声は強くなかった。だが、二〇〇五年夏、米陸軍の特殊部隊・グリーンベレーが、市街戦を想定した一撃必殺の射撃能力を養う「都市型戦闘訓練場」が建設されたのを機に区内の空気は一変する。射撃棟は最も近い住宅から三〇〇m、沖縄自動車道路から二〇〇mしか離れていない。区が建てた監視やぐらから双眼鏡をのぞくと、兵士の表情まではっきりうかがえる。あまりにも住宅地に近く、欧米の米軍基地、本土の自衛隊基地では設置基準に抵触するため、建設できない射撃場だ。我慢の限度を超えた区民は結束し、基地ゲート前で、台風の日も休まずに五〇〇日を超える抗議を続けた。

米海兵隊は同じ施設をグアムの空軍基地内に設けようとしたことがあるが、約一kmの距離に大型商業施設の建設計画があったため、「安全性に難がある」として計画を放棄した。沖縄ではさらに危険度の高い施設を、地元住民や金武町、県、県議会など、「オール沖縄」の反対を押し切って建設した。日本政府は「安全だと言っている米軍を信じるしかない」と米軍側に立ち、住民の懸念に背を向けた。

県民大会まで開かれた沖縄の怒りに驚いた日本政府は一〇億円余を出して、都市型訓練施設を移設することを決めたが、その作業は遅れ、今も同施設で訓練は続いている。伊芸区の登川松栄《のぼりかわしょうえい》行政委員会議長は「自国でできない射撃場を沖縄では「安全だ」と言い張って造り、米軍は実弾を放つ。そして、また区内に弾が飛んだ。米国民と沖縄県民の命の重さは違うのか」と、日米の二重基準に怒りをぶちまけた。

対米追従外交とそれにあぐらをかく米軍。それを改めない限り、不適格な訓練場で実弾が飛び交う日々に終わりはない。

聞けなかった「体験」 不発弾の眠る島

山城紀子

年の明けた一月半ばの日曜日、静かなホテルの喫茶店でJさんと向かい合った。彼女の家と私の家とは家族ぐるみのつきあいがあったので、子どもの頃からよく知ってはいたが、これまであらたまって話し合ったりしたことはなかった。

今では双方とも両親を亡くしている。私は二二年前に母を、一九年前に父を看取った。彼女は九年前に父親、そして昨年末に九二歳の母親を。つまりまだ喪中の彼女に足を運んでもらったわけである。子どもの頃から「おばさん」と呼んでいた彼女の母親に、長年聞きたいと思いながら聞けずにいたことを、Jさんから聞けたら、と思いたってのことであった。

死亡広告で、Jさんが三女と記載されているのを見たことが気持を押した。というのも、私は四男一女の長女と周囲の誰もに思われていて、戸籍上もそうなっているが、実は、戦前に幼くして亡くなった姉がいる。沖縄では戦禍で戸籍が焼失したため、戦後新しく戸籍を作った。その際、改姓改名したりした事例が多々ある。私の両親は戦時中に病死した娘を、届けなかった。それで戦後生まれの私が長女になっている。なぜ、両親は娘の出生と死去を届けなかったのか。今となってはその理由はわからない。

米やしょうゆや味噌など、生活に必要な食料や物資が配給制になっていく中で、まだ二、三歳だった姉は病気になったようだ。むろん栄養状態がいいはずもなく、体力的な問題もあったであろう。さらに「このぐらいの症状なら」と当時きわめて貴重になっていた薬や注射も打ってはもらえなかったと聞く。結局、姉は短い命を閉じた。平常時なら助かったはずの命である。両親が戸籍に記載しなかったのは、苦しい体験を忘れてしまいたいと思ったのかもしれない。それだけに、Jさんが三女となっていたことを私は意外に感じた。彼女の両親は、戦争で失った二人の娘をきちんと戸籍に記載したことになる。「クヮヌバチカンティ(子どもの罰を受けて)、クヮー(子どもは)、ナサンハジィ(産まないはず)」と思っていたけれども、戦後三人の子に恵まれたのだと、おばさんは母に話していたという。

私の最初に記憶しているおばさんは、顔も手足も、爪までもこげ茶色に焼けたような色をしていた。子ども心に尋常でないものを感じ、なぜあのような色をしているのかを母に聞いたことがあった。母は病気のためだと説明し、おばさんはどんな病気になってもおかしくないほど苦しい思いをした人だ、というようなことを言った。

「両親からは亡くなった姉二人のことを聞いたことがない」とJさんは言う。足に弾が当たったおばさんと娘二人は引き離され、その後、一人の姉は栄養失調で、もう一人の姉は病気で死んだと聞いた。「それも(母からではなく)従妹から聞いた話です。二人ともいつ亡くなったかわからないため、届けは(死亡したのが)同じ日になっている」

写真一枚残っていないという。ほんとうはどういうことが幼かった姉二人の身に起きたのか、直接母親に尋ねたい気持はあったが、聞けなかったとも語った。終戦の翌年に生まれたJさんは、中学三年生になる頃まで、母親がほとんど寝たきりだったため、「遠足や運動会の弁当を自分で作った」体験を持つ。皮膚などの色が黒くなっていたのはアジソン病の症状だったことも、この日聞いて初めてわかった。ストレスが引き金になることが多い病のようだ。病苦と闘う親の姿に、「問い」はついに発せられなかったのである。問えなかった多くの家族と、聞き手をもたなかった多くの「体験」を思った。

戦後六〇年余。個々人の心のトラウマはまだまだ解明されていない。かつて、ある考えのもとに白衣を着ない診療をしている精神科医の取材をした時、担当する閉鎖病棟で、歌のうまいという患者を紹介された。

「アレ、歌って」と医師に促されて患者が歌った歌は、復帰運動のシンボル的な歌、『沖縄を返せ』だった。歌う前とは別人のような力強い歌を聞きながら、彼の脳裏に去来しているものに想像を巡らせたことがある。

一月半ば、第二次世界大戦で激戦地となった沖縄南部の糸満《いとまん》市で不発弾の爆発事故が起き、重軽傷者二人を出した。沖縄では不発弾処理が日常的なものになっているのだが、今回のような事故が起きてみると、あらためて大量の不発弾が埋没し、いつ爆発するかもしれない危険の上で暮らしていることを実感する。戦争の負の遺産であることは明らかなことだというのに、また、見えにくい心の問題に比べれば実にわかりやすい被害であるというのに、被害補償や公共、民間工事を問わず国が探査費用を持つということの要請に、何ら具体的な回答をしない(一月二三日現在)国のスタンスはあまりにも理不尽で驚くばかりである。

2009.4

「食い逃げ協定」と問われる小沢民主党

松元　剛

二月の沖縄はほとんど雨が降らず、ダムの水位は低下の一途で水事情に黄信号がともり始めた。汗ばむ好天が続く中、名護《なご》市東部の辺野古《へのこ》沿岸は透明度が一層増し、水深一五mの海底の砂模様やサンゴ礁がくっきりうかがえた。息をのむほど美しい海を埋め立て、巨大な航空基地を建設する日米の計画がごり押しされようとしている。

来日したクリントン米国務長官と中曽根弘文外相は二月一七日、在沖米海兵隊員八〇〇〇人を二〇一四年までにグアムに移転する協定に署名した。日本側が二八億ドル(約二六〇〇億円)を上限として資金を出し、普天間《ふてんま》飛行場の名護市辺野古沿岸部への移設と、嘉手納《かでな》より南にある基地の返還を一括して実施する在日米軍再編の行程表順守を明記した。政府は二四日、協定締結承認案を国会に提出した。

普天間飛行場の移設が実現しなければ、沖縄本島中南部で不要になっている基地さえ返還しないという、合理性に乏しいパッケージを確定し、移設先を県内に固定する国家間合意を国家間の条約に格上げする狙いがある。

さらに日本の巨額の敗政支出などに加え、今回の協定は重大な問題をはらんでいる。県内移設反対が常に多数を占める沖縄の民意がまったく反映されていないのだ。『琉球新報』の緊急アンケート調査によると、県選出国会議員一一人のうち、自民党の一人を含む七人が反対で、賛成は二人だけだ。県議会議員(四八人)に聞くと、少数与党から二人が加わり六割が反対した。市町村長四一人のうち、一五人が反対し、名護市周辺を中心とする賛成の一一人を上回った。「一括実施」への反対は一七人で拒否感の根強さを示した。

「政権交代を見据えた食い逃げ協定そのものだ」。沖縄の近現代史や基地問題を研究する学者らでつくる「沖縄対外問題研究会」の会合では、こうした指摘が相次いだ。米軍再編にかかわる日米両政府の担当者が、①民主党主体の政権が誕生する、②昨年の沖縄県議会議員選挙で野党側が過半数を制し、二〇一〇年秋の沖縄県知事選挙で県政交代の可能性が出てきた――ことを危ぶみ、次期政権まで拘束できる条約化を図り、沖縄の民意を踏みにじることを可能とする装置として用意したとみるのが自然だろう。

符節を合わせるように米軍再編に対する政府の嘘が露呈した。麻生太郎首相は衆院予算委で「抑止力向上になるのなら、歓迎すべきだ」と述べた。米軍再編の目的が「抑止力維持」ではなく「強化」にあると明言し、この点を包み隠さず主張してきた米側と同一歩調に踏み切ったのだ。

金武町のキャンプ・ハンセンでは自衛隊との「軍事融合」が進み、射撃場が続々と新設されている。嘉手納基地には最新鋭のF22ステルス戦闘機が地元の反対を無視して再び一時配備され、騒音がひどさを増している。首相が明かした政府の本音は、米軍再編の看板だった「基地負担軽減」が虚飾にまみれていることを裏付けている。

基地問題が緊迫度を増す中、政権奪取に向け勢いづいている民主党の沖縄政策がふらついている印象が否めない。

民主党が昨年夏に発表した「沖縄ビジョン2008」は、普天間飛行場の移設先について「県外移転を模索すべきで、戦略環境の変化を踏まえ、国外移転を目指す」と明記した。

しかし、日米同盟を重視する議員を抱えるお家事情があり、沖縄ビジョンを次期衆院選の政権公約（マニフェスト）に盛り込むかをめぐり、党内の意見集約は足踏みしたままだ。自民党が協定承認案を「対決法案」（山崎拓元副総裁）と位置づけても、民主党の対応は腰が定まらない。

二月二四日、気になる動きが二つあった。普天間基地がある宜野湾《ぎのわん》市の伊波洋一《いはよういち》市長が、鳩山由紀夫幹事長に、県外・国外移設を政権公約に盛り込むよう求めたが、鳩山氏は「政権交代の後、すぐに直面する問題だ。対米関係も含め、全力を尽くす」と、あいまいな答えに終始した。別の場で、小沢一郎代表は協定承認案について、「個別の話は政権をとってからにしてくれ」とこちらも明言を避けた。

一方で、小沢氏は「軍事戦略的に米国の極東におけるプレゼンス（存在）は第七艦隊だけで十分だ」と述べ、将来的に在日米軍は海軍のみの駐留が望ましいとの考えを初めて打ち出した。それならば、海兵隊の航空基地を沖縄に長期固定化する協定承認案に反対するのが筋のはずだ。矛盾含みのこうした姿勢は、政権樹立後の米国とのあつれきを小さくするため、選挙のたびに主張してきた県内移設反対の旗を降ろすのではないかという疑念を増幅させている。

昨年六月の県議選で過去最多の三議席を獲得した民主党県連の喜納昌吉《きなしょうきち》代表（参院議員）は「難関だが、沖縄の声を代弁し、本部を説得する」と切迫感を漂わせている。民主党が協定承認に舵を切れば、「沖縄切り捨て」との批判が沸くだろう。多くの県民が期待と警戒感を交錯させながら、小沢民主党を見つめている。

2009.5

島成郎さんの遺したもの

山城紀子

那覇《なは》保健所（現南部保健所）の嘱託医であった島成郎《しましげお》さんが「「心の輪を広げるつどい」という催しにつきあってほしい」と取材依頼にみえたのは、一九八五年の初夏だった。当時精神医療に特別な関心を向けていなかった私は、会場の糸満市摩文仁《まぶに》の公園が遠いこともあって、一日がかりの取材になってしまうことが気になったことを覚えている。

当日、会場に行くと市町村役場職員や家族会、医師・保健師など当事者と支援スタッフが白衣もユニフォームもなく同じ軽装をしていて、地域活動というよりはレクリエーション大会のような雰囲気だった。歌ったり、踊ったり、走ったりとプログラムが進む輪の中に歌い、踊る島さんがいた。時間が経つにつれ、私は楽しそうなこの催しの何が精神医療の向上につながるのかを読み取れずに困惑していた。

おそるおそる隣の人にその疑問を向けたところ、彼女は明確に催しの意義を語った。以前と違っていい薬も治療もあるので病気そのものはかなりよくなること。しかし、病院ではよくなっても、家や地域に戻ると社会の偏見を気にして閉じこもりがちになり、そのことによって具合を悪くし、再入院になってしまう現状。だから青空の下、みんなで歌い踊ることは、受け入れてもらえることを実感して励まされるというのである。私は途中からメモをとっていたが、その女性が患者であることを知った時、私の内なる偏見を自覚させられた。医師か保健師か相談員かと話を聞きながら想像を巡らせていたその中に決して当事者は含まれていなかったからである。内心のショックはさらに続いた。なかなか聞く機会のない家族の気持を聞いておこうと、談笑していた年老いた母親たちのそばへ行った時、新聞記者であると名乗った瞬間に表情がこわばり、はっきりと拒否の態度を示された。家族に精神障害者がいるというだけで、世間を恐れ辛い気持を抱えさせられている人から見ると、あっち側に立つ人だと見られていることを知った。

精神医療にこだわる大きなきっかけになった。「六〇年安保の島成郎」であることを知ったのは、かなり後だったが、島さんのカリスマ性、リーダーシップ、大らかで人間関係の輪を作るずば抜けた力は最初の出会いからわかった。

多くの島成郎ファンにも会うようになった。「島先生の勉強会がある」「島先生と飲みに行く」。島さんにとって、新人の保健師や役場職員も含めて精神医療に関わる人はすべて精神障害者を支える仲間であり、同志であったのだと思う。語り、食べ、飲み、歌う島さん流の「学び」の場はいつも活気にあふれていた。看護師・保健師からも絶大な人気があった。「島先生」と呼びながらも軽口を叩く場面など、よくある縦関係ではなく、横並びのしなやかな関係性が見てとれた。私も遠慮なく問いを重ねた。精神病とはどういう病気なのかと聞けば、「対人関係の病」と返ってきた。持論の地域医療についても、熱く語った。「病院では、病気の部分だけを見がちになる。無表情で言葉もなく病状の重い患者さんだと思っていたその人が、地域に戻ったところを訪ねてみたりすると、「いらっしゃい」と挨拶する。お茶をだしてくれたりして「どうぞ」と声も出す。考えてみると病院ではいらっしゃいも必要ない。治そうという意欲や生命力は病院に収容していては引き出せない」と。

内科や外科のない総合病院は存在しないが、精神科のない総合病院はいくらでもある、と精神医療が不当に扱われている日本の医療のありかたに強い怒りを向けたが、現在も実態は変わらない。二〇〇四年につくられた臨床研修制度では研修医のすべてに精神科の研修が義務づけられるようになったというのに、最近出た国の見直し案では、選択とされている。自殺者が年間三万人を超える状況が続き、メンタルヘルスの重要さが強調されているのに、である。

沖縄では〝島学校〟の門下生たちのがんばりなどもあって、精神障害者が「職親」と呼ばれる民間の協力事業所で働きながら仕事の持久力などを養う社会適応訓練事業は職親登録数も実績も全国トップを誇るものの、新年度からは縮小される。訓練生に支給される一日五〇〇〇円の手当も四月から一割カットの四五〇〇円になるという。予算削減という大儀が容赦なくマイノリティにおそいかかっている。

「島先生に叱られる」。心の輪を広げるつどいがなくなったことを嘆く人がいれば、設立一〇周年を迎えたある作業所の集まりでは、設立時の島さんの講演録を参加者全員に配っていた。精神医療に関わる人たちは沖縄の精神科地域医療を開くことに情熱を注いだ島さんの言葉や考え方を亡くなって九年目になる今も反芻している。逆行する状況下でも「ゆっくりと粘り強く、できるだけ長く(地域医療活動を)続けて」という島さんの言葉を励みにしているのだと思う。

2009.8

戦後六四年 続く不発弾の恐怖

松元 剛

小学二年生だった一九七三年の秋、住んでいた那覇市の住宅街で、こんな経験をした。

遊び場だった近くの保育園の建て替え工事で、長さ一・二m、幅が約三五㎝ある赤茶色にさびた物体が見つかり、子どもの背丈の高さまで土のうが積まれた。

工事がない週末、誰もいなかったので友達と一緒に土のうを乗り越え、そばに降りてみた。さびと土がこびり付いた横腹を拳で軽く突くと、金属でないような鈍い音がした。通りかかった人に見つかり、「あれは戦争で落とされた二五〇kgの不発弾だ。近づいたら駄目だ」と叱られたが、「ふはつだん」という言葉がぴんとこなかった。

数日たつと、保育園の庭は全面立ち入り禁止になり、土のうを囲んでロープが二重三重に張り巡らされた。今思えば、建築業者は工事が滞ることが心配で、警察への通報を何日かためらっていたのだろう。何週間かたった日曜日、消防車やパトロールカーが押し寄せ、周辺の住民はかなり離れた公園に避難させられた。あの不発弾は姿を消した。

翌七四年の三月二日の昼前、那覇市内の幼稚園近くの下水道工事現場で、重機での掘削中に二五〇kg爆弾が爆発した。腹まで響くような大きな炸裂音は三㎞以上離れた場所にも届き、下校途中だった私も聞いた。遠くに黒々とした煙がぐんぐん立ち上るのが見え、「怖い」と感じた。

父母も集った楽しいひな祭り会の最中、至近距離から爆風を受けた園児三人を含む四人が亡くなった。翌日の地元二紙はぶち抜きの大見出しで地獄のような惨状を伝えていた。週明けに小学校に行くと、担任の先生が園児の命を奪った理不尽な事故のこと、沖縄の地中には不発弾が無数に埋まっていることを教えてくれ、泣きながら「見かけても絶対に触るな」と言った。「ふはつだん」の怖さと事の重大さを知り、あの保育園の庭で私と友達は木っ端微塵になっていたかもしれないと思い、身震いした覚えがある。

沖縄戦から六四年目の今年一月、糸満市の水道管敷設工事現場で重機が接触した爆弾が爆発した。オペレーターの男性(25)がひどい傷を負い、右目を失明した。これも米国製二五〇kg爆弾だった。五〇m離れた特別養護老人ホームでは一三〇枚の窓ガラスが室内に砕け飛んだ。入所者のほとんどが食堂で食事を取っていたため難を逃れたが、自室にいれば、けが人は一人では済まなかったはずだ。土や石が飛散した範囲は数百mに及び、糸満市がまとめた被害総額は一億円を超えた。

沖縄戦は遠い過去のものではなく、今なお県民の命を脅かす負の遺産として息づいている。この事故はその現実をまざまざと見せつけた。

七一〇人。沖縄で戦後に起きた不発弾の爆発事故による犠牲者の数である。本土復帰前の琉球警察統計書(一九四六〜七一年)と県の統計に基づく。負傷者は一二八一人に上る。「鉄の暴風」と称された米軍の猛烈な艦砲射撃と爆撃はおびただしい不発弾を残した。本土復帰前までに約五五〇〇t、復帰後は約一七八五tが処理されたが、今も約二三〇〇tが地中に残っていると推定され、県は完全撤去まで七〇〜八〇年かかるとみている。

二〇〇八年度に県内で見つかった不発弾は二三・七t。国土の〇・六%の沖縄に、全国で見つかった総量の五六%が集中する。本土では終戦後に国による「終戦処理業務」として処理されたが、米軍施政下の沖縄はかやの外に置かれたことも死傷者を増やした要因だ。

糸満市の事故後の半年で、県内で大小約八〇〇〇発の不発弾が処理された。赤色灯をともして発見現場に急行する陸上自衛隊の「不発弾処理隊」の車の行方を確認するのは、地元メディアの日常業務になっている。

毎日のように見つかる不発弾の処理は、〇九年度から国の交付金などを充てる沖縄特例措置として自治体負担がなくなった。だが、適用されるのは公共工事に限られ、民間は対象外だ。糸満市の事故も民間工事で、磁気探査は実施されていなかった。経費がかさむため、磁気探査を見送る土木業者も多い。県や自治体は約四割の不発弾が民間工事で見つかっているとして、費用の全面負担を求めている。

結局、国は「被害補償」を拒み、県が新設した不発弾等対策安全基金に「沖縄特別振興対策調整費」の一部を振り向ける制度をつくり、大けがを負った男性に見舞金七五〇万円を支給した。調整費には県民の税金が二〇%投じられており、国が起こした戦争に沖縄県も加担した構図である。

六月二三日の慰霊の日を前に、国は磁気探査機の無償貸与を打ち出したが、再発防止に向けた万全の対策にはほど遠い。被害補償については「困難」の一点張りだ。国策の誤りがもたらした戦争のツケをいつまで沖縄が背負わされ続けるのだろうか。

2009.9

「子宝の島」届かない子どものSOS

山城紀子

厚生労働省の調査によると、家庭の事情で児童養護施設に入所したり、里親に預けられた子ども四万一六〇二人(〇八年二月現在)のうち、「虐待を受けた経験がある」と答えた子どもは五割以上いるという。また児童虐待の相談についても、全国の児童相談所が二〇〇八年度に受け付けた虐待相談件数は過去最多の四万二六六二件で、初めて四万件を超え、集計を始めた一九九〇年度から一八年連続で増加したことが七月半ば、明らかになった。

厚労省の発表の少し前、沖縄では父親に虐待され、重傷を負って入院していた三歳児の死亡が報道され、その四日後には小学校二年生の男児に殴るなどの暴力を加えて虐待したとして、男児の母親と内縁関係にある男が逮捕された。

児童虐待という言葉を私が初めて聞いたのは、一九八六年三月に開かれた児童福祉施設等職員研究発表会を取材した時だった。当時児童相談所の心理判定員だった山内優子さんが沖縄で初めて児童虐待の実態を調査し、発表したのである。二年余の期間に一〇八件の虐待があったという数字の多さにも驚いたが、両親にみさかいなく殴られて体中に傷のある子、フライパンやアイロンで手足にやけどを負わされた子、実の親からの性的虐待など、信じられないような虐待の内容に衝撃を受けた。

沖縄は出生率全国一が三五年続いている「子宝の島」である。失業率は全国一でも、所得が全国の七割であっても親は子を大事にするもの——うかつにもそう思い込んでいた私は彼女へのインタビューで、子どもにとって厳しい沖縄の実情を思い知らされた。

一言でいえば、貧困であった。「借金苦や父母の繰り返される転職、失業。それから発生する経済的な問題」。その取材から一年も経たないうちに、わずか一カ月余で四件の赤ちゃん置き去りが立て続けに起こった。今ならネグレクト(児童虐待の一形態。育児放棄)だと捉えることができるが、当時は「最近の母親は母性が欠落」という見方が強く、特殊な事例と思われていた。しかし、どういう事情で赤ちゃんが置き去りにされてしまうのかを追う中で、見えてきたのは、やはり貧困と、貧困のもたらす女性と子どもの生きにくさだった。

入院から退院まで、ただの一人も見舞い客のいない出産があること。お産や入院費の工面ができなくて出産を迎えてしまう女性。中絶費用もないまま時間が過ぎてお産になってしまった、望まない駆け込み出産。また、一九歳以下の若年出産は全国平均の二倍以上で出産・子育ての環境が整っていないまま出産・子育てにつながることも少なくないことがわかった。これらの取材から二十数年も経つが、事態はいよいよ深刻なものになっている。少なくとも当時は虐待によって子どもたちが死に至ることはなかったが、近年は親たちの虐待で子どもが命を失っている。

それも子どもからSOSのメッセージがあったにもかかわらず、である。父親に虐待されて死亡した三歳の男の子は、事件の約一カ月半前、歩道に立っているところを近くに住む女性に保護されていた。男児を連れて家を探したが見つからず、警察署に通報。そこで「家に帰りたくない」と男児は話したというし、顔に傷があることや腹部にたばこを押し当てたような跡があるなど、虐待が疑われた。それなのに保護もせず、家庭に戻したのは「虐待を否定する母親の証言」があったからだという。

〇六年にもうるま市内で保護された米少年が親元に戻された後に父親に殺された。明らかなメッセージがあったという。家出、体にある傷、「お父さんが叩く」という少年の訴え。少年を保護した市民は虐待を疑いコザ児童相談所とうるま署に通報していた。〇五年に那覇市で起きた父親による一歳半女児への虐待死事件では、離婚していた女児の母親が児童相談所だけではなく、自身へのDV（ドメスティックバイオレンス）問題でも女性相談所に足を運んでいたが、救えていない。これはいったいどういうことだろう。

子どもの発するSOSにとてつもなく鈍感な島であるということも、沖縄のまぎれもない実態である。虐待とそのことによる死は、ほんの少しの目に見えた被害で、いつ表面化するかもしれない潜在した子どもの問題が横たわっているとみるべきだろう。今年三月には小学生二人を含む集団飲酒が実に小さく報じられていた。子どもたちが何をしても、ある意味ニュースではなくなっているとも受けとれる。

復帰して三七年。沖縄は短い期間に急激な近代化を遂げたところだが、それは、社会的弱者、とりわけ子どもを置き去りにしてひた走ったのである。児童虐待の事件は、個別の家庭の問題ではない。社会全体で子どものSOSに耳をふさいでいるその結果として起こっていると思う。

「密約」は明かされるのか

新政権の重い責任

松元　剛

八月三〇日の衆議院選挙で民主党が大勝し、本号の発行時には政権が交代しているはずだ。自民党の退場と符節を合わせるように、日米両政府が積み重ねてきた密約外交の闇に光を当てる動きが強まっている。俎上に載せられた沖縄返還、一九六〇年代の核持ち込みをめぐる二つの密約について、これまでの政権は「実はありました、なんていうことはない」(麻生太郎前首相)としらを切り続けている。

基地の島の過重負担を温存する源流となった密約を交わしながら、四〇年近くも国民に嘘をつき続ける「政府の罪」。沖縄からの視線はとりわけ険しい。基地被害が改善されない根っこには、住民の苦しみに背を向けた対米従属外交が横たわる。その呪縛を解き放つ千載一遇のチャンスが到来しただけに、密約の調査と公開を約束していた民主党を中心とする新政権が、歴史を後世に正しく継承する情報開示を確かなものにする責任は重い。密約を認め、情報を国民の手に取り戻す営みは、日本の戦後民主主義の負の遺産を清算し、その成熟度を映し出す鏡となる。米国の顔色をうかがい、開示姿勢を後退させることは許されまい。

衆院選の投開票日が五日後に迫った八月二五日、東京地裁で、沖縄返還時の密約の存在を確認し、その開示を求めた「沖縄返還密約訴訟」の第二回口頭弁論があった。杉原則彦裁判長は、ジャーナリストら二五人でつくる原告の弁護団が証人申請した吉野文六氏(元外務省アメリカ局長)の採用を決めた。吉野氏は一二月一日、法廷に立つ。国側は国内向けの説明用に作成したメモであり、密約ではないと主張したが、沖縄返還交渉に事務方トップとして携わり、佐藤栄作首相が主導した密約の存在を認めている同氏の証言が、政府への痛撃となることは間違いない。新政権は事態をどう受け止めるのか。今もはびこる外務・防衛官僚の横暴に歯止めをかけ、法廷での不誠実な対応を改めることができるだろうか。

この訴訟で焦点となっているのは、軍用地の原状回復費四〇〇万ドルの日本側による肩代わりについての吉野アメリカ局長とスナイダー駐日米公使との討議文書、ボイス・

オブ・アメリカ(VOA、米短波放送中継局)の移転費用の日本側負担についての合意文書などだ。米公文書館ですでに公開されており、「不存在」を証明せねばならない日本政府側の責任を裁判所がどう捉えるかがポイントとなる。

裁判は、第一回口頭弁論から異例の訴訟指揮が展開され、原告ペースとなっている。杉原裁判長は「文書不存在という国側の主張だが、文書がないという事実の合理的説明をしてほしい。米国に文書がある以上、日本側にもそれに対応するか、報告する文書があるはずだとする原告の主張は理解できる」と言明。「秘密交渉も一定期間が過ぎれば公開すべきだ」とする吉野氏の陳述書も採用した。

元『毎日新聞』記者の西山太吉さんが起こした名誉回復訴訟で、司法は密約の有無に立ち入らなかった。国が「専管事項」を振りかざす外交、安保の問題に関しては、真実の立証に腰が引ける裁判官が目立つ中、杉原氏は、吉野氏のイニシャルまで署名された米公文書が証拠申請されている以上、日本政府はその整合性を説明するべきだと核心を衝いたのである。さらに「吉野氏を証人に呼んではどうか」と促し、原告側を喜ばせ、国側を困惑させた。

共同通信が放った、歴代外務事務次官が核持ち込み密約を認めたという特報は、恐るべき外交の官僚支配を白日の下にさらした。特権意識に染まった外務官僚が密約を引き継ぎ、時には外相や首相にも報告しない判断を下していたことに驚愕させられる。一九八七年から八九年まで外務事務次官を務めた村田良平氏が実名で証言するに及んでも、政界、メディアの追及はまだ手ぬるいのではないか。

核持ち込み密約が交わされたのは六〇年の安保改定から七年後。佐藤栄作首相は「核兵器は持たず、作らず、持ち込ませず」の非核三原則を表明したが、「持ち込ませず」は最初から有名無実だった。その後、佐藤氏は沖縄返還を急ぐあまり、米国が支払うべき巨費を裏負担し、沖縄の核兵器撤去を合意する代わりに有事の再持ち込みを認めた。

引退後の一九七四年、世界唯一の被爆国が非核三原則を国是に掲げた功績を評価され、ノーベル平和賞を受けた佐藤氏。二〇〇一年に出版された平和賞創設一〇〇周年記念の本は「(核密約を交わした)佐藤氏を選んだのはノーベル賞の最大の誤り」と授賞を厳しく批判、猛省を促している。

政府の「嘘の上塗り」はもはや「恥の上塗り」の域に達したと言うしかない。虚飾に彩られたノーベル平和賞を返上させることが、平和主義を掲げる民主主義国家としての処し方ではないか。死没した政治家の功績に異をとなえることをためらう政治風土が息づく日本だが、国民をだまして手にした〝偉業〟が顕彰され続けていては汚点の度を増すことになる。

2009.11

アリランの碑　宮古島と慰安所

山城紀子

宮古《みやこ》島に日本軍「慰安婦」の碑を建てる会主催の「日韓共同「日本軍慰安所」宮古島調査報告学習会」が九月八日那覇市内で開かれた。会場には共同代表の尹貞玉《ユンジョンオク》さん、中《なか》原道子《はらみちこ》さん、高里鈴代《たかざとすずよ》さんをはじめ調査や碑の建立に関わった宮古島の女性たちが参加し、宮古島に昨年九月、「慰安婦」とされた女性を追悼するアリランの碑が建った経緯や「慰安所」「慰安婦」を見た人たちの証言をまとめた本の発刊などが報告された。

早稲田大学大学院アジア太平洋研究科博士課程に籍を置く韓国出身の洪玧伸《ホンユンシン》さんが、沖縄戦と朝鮮人との関わりを調査研究するために沖縄本島や離島をまわる中で、「慰安婦を見た」と話す宮古島の与那覇博敏《よなはひろとし》さんに出会う。与那覇さんは昭和八年生まれ。「慰安婦」に出会ったのは小学校五年生だった。綺麗な服を着て、アリランの歌を口ずさんでいた女性たちを不思議な気持で見ていたという。女性たちは井戸に洗濯に行くため、よく与那覇さんの家の近くを通り、大きな石に座って休んでいた。大人になって、兵隊たちが慰安所に並んでいた意味などを知り、石を見るたびに胸を痛めていたことと「石に碑文を入れて、「平和の森」を作りたい」との思いを洪さんに語った。

洪さんは、一九九〇年、日本軍の慰安婦問題を解決するために結成された韓国挺身隊問題対策協議会の初代代表である尹貞玉さんにそのことを伝えた。韓国と日本と沖縄の女性で構成する日韓共同「日本軍慰安所」宮古島調査団が結成され、宮古島にも「宮古島に日本軍「慰安婦」の碑を建てる会」が組織された。

この運動がマスコミに取り上げられると、「証言したい」と名乗りを挙げる人も出るようになった。私も以前、調査団のメンバーに同行し、那覇市内に住む宮古出身の女性の証言を聞いたが、彼女も報道を見て連絡してきた一人だった。当時一七歳。「朝鮮ピー(性器)」と呼ばれる女性たちが叔母の家の近くにある慰安所にいて、叔母の家に出入りしていたと語った。列を作る兵隊たちを見て、叫びたいぐらいの嫌悪感もあったという。彼女の証言で強く印象に残ったのは、明確な加害者意識と差別の自覚だった。「私たちは当時、純潔を守って結婚するまでは大切にするような教育を受けていた」。だから島の女性を守るために、植民地の女性たちが兵隊の慰めものとされたと感じていた、と。さらに彼女の叔母は女性たちに親切に接してはいたが、女性たちが来ると、彼女に用事をいいつけるなど接触させないようにしていたことも鮮明に記憶していた。

発刊された『戦場の宮古島と「慰安所」』(なんよう文庫)には多くの「慰安婦」を見た宮古の住民が登場する。中には「頭のいい慰安婦がいて、孫にその人の名前をつけた」というような住民との親密さを表す証言もあるが、終戦後いつのまにかいなくなっていた女性たちに対して心苦しい思いを抱えてきた証言が少なくない。

当時六歳。言葉の意味も知らないままに「朝鮮ピー」と言ってあざ笑ったことを悔やむ人は「詫びたい」と胸の内を吐露している。「ボーとして何も表情のない顔で土手に座っていた。その無表情さが今も忘れられない」と語る人もいる。また、戦争が終わって日本の兵隊が引き揚げる場面で、要らなくなった乾パンを住民に配っていた時、「慰安婦たちが地面に落ちた乾パンや石を、朝鮮の言葉で大声でわめきながら投げつけていた」という証言もある。胸がしめつけられる思いがする。

強制的に宮古島に連れて来られ、わかっているだけでも一六カ所の慰安所で兵隊の性奴隷にされた女性たちはその後どうなったのか、ほとんど何もわかっていない。

与那覇さんの提供する土地に立てられたアリランの碑には、「日本軍による性暴力被害を受けた一人ひとりの女性の苦しみを記憶し」「二度と戦争のない平和な世界を祈ります」という言葉が一二の言語で刻まれた。中国、台湾、タイなど自ら「慰安婦」であったことを名乗った一一カ国の言葉にベトナム語が加わった。ベトナム戦において韓国軍から性被害を受けたベトナム女性の実態を知った伊共同代表が自国の兵士に対する加害責任を問う運動をしている。軍隊や紛争下で今も続くすべての戦時性暴力をも対象としたのである。

沖縄では激戦地といえば、誰もが南部一帯を思い浮かべる。しかし、「慰安婦」という視点で捉えなおす時、米軍の上陸がなかったとはいえ、三万人余の軍人が送り込まれ、全域に慰安所があった宮古島もまた「激戦地」であった。さらに宮古も含めて沖縄全島で一三〇カ所余の日本軍「慰安所」があった事実は、沖縄が被害の地であっただけではなく、加害の地であったことも認識されなければならないことを示している。

2009.12

恫喝と従属

鳩山政権は試合放棄か

松元　剛

　長く君臨した国内の前王者に圧勝してコマを進めた国際シリーズにチームは臨んだ。前王者がこてんぱんにやられてきた流れを覆し、仕切り直すチャンスが訪れた。第一戦で相手国チームが繰り出した豪腕投手はうなりを上げる剛速球を投げ込んできた。鋭い眼光でにらみつけ、「まさか、打ち返すつもりじゃないだろうな」と威圧しながら。

　「ファウルで粘って何とかする」と公言していた先頭打者は「かすりもしない」と怖じ気づき、打席を外してバットを置いてしまった。ベンチの監督は「気持はよくわかる」と理解を示しながら、「(試合放棄するか、戦い続けるか)最後は俺が判断する」と呟くしかなかった。相手ベンチは「胸元をちょっと厳しく突いただけなのに。奴らはまだまだ格下さ」とほくそ笑んでいる――。一〇月二〇日から二一日にかけて来日したゲーツ米国防長官と向き合った日本政府の対応を野球の試合に置き換えるとこうなるだろうか。

　焦点の米軍普天間飛行場の返還・移設問題でゲーツ長官は、日米合意の名護市辺野古のキャンプ・シュワブ沿岸部への移設計画の履行が唯一の案であり、沖縄県が主張する沖合移動案は許容範囲。普天間移設がなければ海兵隊のグアム移転もなく、中南部の六基地返還、在沖海兵隊員の削減もない。計画はできるだけ早く進展させよ――と迫った。新たな日本の民意を受けて誕生した新政権さえも属国扱いする「恫喝外交」そのものだ。

　長官の帰国後、岡田克也外相は「県外移設は選択肢として考えられない」と述べ、民主党が主張してきた県外・国外移設をあっさり撤回した。県内移設に軸足を移し、辺野古移設案に加え、嘉手納基地への統合案を検討するという。米側の強硬姿勢の前にまともな交渉さえせずに引き下がる「従属外交」というしかない。鳩山由紀夫首相は「最後は自分が判断する」と述べ、なお県外を模索する姿勢を示してはいるが、外相発言を問題視していない。

　民主党は「沖縄ビジョン２００８」で明確に県外・国外移設を打ち出し、八月の衆院選で、鳩山由起夫党首は「最低でも県外」と強調していた。「対米追従から対等な日米関係への転換」を掲げたことも国民の期待感を集めて圧勝した要因であることを顧みず、政権発足からわずか一カ月と一週間で手の平を返したような変節である。誰がどう見ても公約違反のそしりは免れまい。政権交代という好機さえ無にするのであれば、在沖米軍基地の恒久化を招き、深刻な政治不信を増すことにしかならない。

翌二四日の『琉球新報』は二、三面見開きで「県、地元に衝撃走る」「たらい回し再び」、社会面見開きで「願い裏切られた」「広がる落胆、不信」と、いずれも横見出しを据えて報じた。沖縄社会の反応を端的に示している。

既視感にとらわれた。在沖米軍基地問題や在日米軍再編をめぐる米側の交渉術は分かりきっている。まず及第点よりも高い要求水準を突き付け、脅しとはったり、妥協を織り交ぜながら米側ペースに引きずり込み、最終的な妥協案を示して及第点以上の実を取る——。自公政権では奏効してきたが、今回も姿を現した。それは驚くに値しないのだ。

米側は、移設案の沖合移動を求めている仲井真《なかいま》弘多《ひろかず》知事の姿勢を、県内移設容認の「県民世論」であると戦略的に決めつけ、沖合微修正で打開しようと誘い水をかけてきた。「滑走路は一インチも動かさない」とあれだけ突っ張ってきたにもかかわらずだ。当初の強硬姿勢がブラフ(はったり)だったことをさらけ出した米側が鳩山政権下でさらに膠着状態が続くことへの焦りを見せたことは、衆院選の民意を踏まえ「県外移設」を粘り強く働き掛ける環境が整ったということだ。それをみすみすフイにしていいのか。

全国メディアをみると、米政府高官の発言を垂れ流し、結果的にアメリカが望む形の日米関係が最善だと押し付けるかのような報道が続いている。ゲーツ長官の「無礼な恫喝」(山口二郎・北海道大学教授)を問題視する論は皆無だ。普天間飛行場を抱える宜野湾市民が「危ないので早く移してほしい」と訴える姿を報じる際、「しかし辺野古の海を埋め立てる県内移設は反対」と話す後段を省く報道も複数あった。沖縄の民意の深層に迫らず、県内移設やむなしの「落としどころ」に導くような報道が目立ち始めている。

県の対応が政府の県内移設決着の根拠にされることを危惧した仲井真知事は一〇月二六日、「県外ベストが軸足」と強調する方針に転じ、首相に「初心貫徹」を要望した。一九九九年に稲嶺《いなみね》恵一《けいいち》知事が県内移設を容認して以来、各種世論調査で県民の七割以上が反対し続け、「県内移設はいかなる形でもノー」が沖縄の民意だ。大の虫を生かすため、小の虫を殺す旧態依然の沖縄施策が公約を破って繰り返されれば、日本の民主主義に重大な危機が訪れる。鳩山政権が取るべき道は一つしかない。

2010年

迷走する民主党
潰えた「最低でも県外」

1月　名護市長選で稲嶺進氏が初当選
4月　東京地裁が沖縄返還密約を認定，文書開示と損害賠償を国に命令
〃　超党派で開かれた普天間飛行場県内移設反対の県民大会に9万人が結集
5月　民主党政権，普天間飛行場の辺野古移設に回帰
8月　興南高校野球部，春夏甲子園連覇
11月　県知事選で仲井真弘多知事が再選

マウンドに駆け寄り春夏連覇を喜ぶ興南高校野球部(8月21日，阪神甲子園球場，琉球新報)

2010.1

平和講座

非体験者間で記憶を共有するために

山城紀子

一〇月、一一月になると沖縄各地で修学旅行生を見かける。年間約三〇万人の生徒たちが訪れていると聞く。南部の戦跡をまわり、基地を見て歩き、沖縄の自然と文化にふれる、というのが大方の行程のようだ。かつて一般観光客を対象にした南部観光などで、学徒たちの戦争被害を「殉国の美談」と紹介したり、車中で軍歌を歌うというようなことが行われているのを問題視した沖縄の歴史研究者や教育関係者が取り組み、じわじわと広がってきたのが平和ガイドである。沖縄をどう語るか、が常に問われてきた。

戦後六四年余。戦争体験者や「語り部」たちの高齢化によって、その問いはいよいよ重く、大きな課題になっている。終戦時一〇代後半の人でもすでに八〇歳。子どもを連れて戦場を逃げ回った母たちも九〇代を迎える。体調を壊して、ガイドや語り部の引退を余儀なくされることも少なくない。

沖縄戦の実相や基地の実態を伝える活動に取り組んでいる市民団体「沖縄平和ネットワーク」は、〇九年一月から平和講座を開催した。五〇～六〇代の参加者が多数受講した背景には、体験した世代にもたれかかったままでは過ごせないといった危機感もあるように思われた。

講座は、「戦争と女性」「戦争孤児とその後」など一〇回。今年八九歳になる安里要江《あさととしえ》さんも「母と子の沖縄戦」をテーマに講演した。米軍の上陸と同時に中城《なかぐすく》村から首里《しゅり》、那《な》覇《は》へ。戦場を彷徨する中で夫と死別し、長男、長女など家族を失った経緯を布製の大きな地図で示しながら説明した。三〇年近く語り部として活動を続けている安里さんだが、これからも「命ある限り」語っていく決意も述べた。

講座は南部戦跡や中北部の基地巡りなどのフィールドワークをはさんで半年余で終えたのだが、現在も勉強会やポイントごとのフィールドワークは続いている。というのも、受講者から「到底ガイドをするだけの自信がない。説明をする側に回ると、いかに「知らない」かがわかる」という声が出たためである。

ガイドの依頼が多い一〇月になって、ようやく講座修了者から新しくガイドになることを決意する人が出るようになった。宜野湾市《ぎのわん》に住む伊佐悦子《いさえつこ》さん(50)もその一人。おっかなびっくりで、逃げたくなる気持だと話す伊佐さんのガイドに同行させてもらった。

伊佐さんが案内したのは、糸満《いとまん》市の潮平権現洞《しおひらごんげんどう》。沖縄戦で同市潮平区の住民約五六〇人が避難して助かった自然壕(ガマ)である。今年で二一回目の平和学習の旅だという北海道の高校生の前に立った伊佐さんは、専業主婦だと自身を紹介し、少し前まで自分が捉えていた沖縄像から語り始めた。現在大きな政治問題になっている普天間《ふてんま》基地の近くで生まれ育ち、物心ついた時にはすでに基地があり米兵もいて、ヘリはうるさいほど音をたてていたため、(沖縄の状況に)怒りもなければ、親の話す戦争体験も身を入れて聞くこともなかったと告げた。「戦争体験者から「(不衛生で)シラミが体中にワサワサいた」と聞いても、私もシラミを知らない世代なので努力しないとイメージできない」とも語った。想像力をうんと膨らませて一緒に当時の人の気持を考えていこうね、というメッセージに聞こえた。

幸い潮平権現洞は生存者の証言もあり、映像でも記録されている。ガマの中で、伊佐さんはそれらの証言や講座で学んだ沖縄戦の特徴などを織り交ぜて生徒たちに説明した。(壕から)出たら殺される。そういう恐怖の中で三カ月過ごしたことや壕の中にまだ残っている味噌や油を保存した甕や食器の割れた陶片を示しながら、生活の変化にもふれた。「後半の二週間は、外に出ることができなくなって、食事もトイレも寝るのもすべてこの中。ランプをたいているから壕の中の空気も悪くて……」。高さ約一・五m、長さ一七〇mの壕での暮らしの辛さを伝えながらも、沖縄各地の壕で起きた「集団自決」などの悲劇がなぜ、ここでは起きなかったかも伝える。「死者が出なかったのは、日本兵が混じっていなかったからだと言われています」

ガマを出た後、伊佐さんは四日前の一一月八日に宜野湾市で開かれた米軍普天間飛行場の県内移設に反対する「辺野古《へのこ》への新基地建設と県内移設に反対する県民大会」を報道した新聞を広げて見せた。縦七段、横は一面と最終面の三二面までをつなげて編成した見開きいっぱいの大きな写真に拳を振りかざして新基地建設に「ノー」の意思を示す多くの県民が写っている。一時間余りのガイドで、生徒の一人ひとりが何をどう思ったかを知ることはできなかったが、次の場所に移動する車中から、生徒たちが見えなくなるまで、手を振っていたのが印象に残った。

戦争体験のない人が戦争体験のない人に「戦争体験」を伝えていく時代になる。体験者の当事者性を獲得し、それをどう伝えるかが問われている。

日米で違いすぎる「普天間」の重さ

松元　剛

米軍普天間飛行場の移設問題は、日本政府に圧力をかける米政府に追従する国内大手メディアが「日米安保の危機」とあおり立て、前政権時代の日米合意に基づく名護《なご》市辺野古への新基地建設を迫り続けている。だが、「二〇〇九年内決着圧力」をはねのけ、連立与党三党は五月をめどに移設先の結論を得るように協議を続けることを決めた。

政権離脱をにじませ、県外移設の「公約」を貫くよう迫った社民党の対応もあり、のらりくらりとした印象を与えながらも、鳩山由紀夫首相は県内移設の呪縛に決別する意思を鮮明にしつつある。現行案での年内決着に大きく傾いていた岡田克也外相、北澤俊美防衛相を押さえ、三党合意にこぎ着けた後、首相は「沖縄県民の思いがある。辺野古でない地域を模索し、決める状況を何としてもつくり上げたい」ときっぱり語った。

米側にも配慮し、現行案に関する予算措置は継続することでなお辺野古移設の余地を残すが、首相自ら辺野古以外を模索する踏み込んだ発言を連発した以上、「辺野古案は死んだに等しい」(伊波洋一《いはよういち》宜野湾市長)という受け止め方が大勢だ。仲井真弘多《なかいまひろかず》知事と足並みをそろえて県内移設を推進してきた自民党沖縄県連は党本部の制止を振り切って年明けに「県外移設」要求に舵を切る。公明党沖縄県本部も県外移設を主張している。そして、県経済界の中でも沖縄経済同友会が、県外移設要求を初めて組織として掲げた。七割以上の県民が反対し続ける県内世論に従い、県内移設を推進、容認してきた勢力もなだれを打って県外移設に傾いている。

普天間飛行場の返還・移設問題が一三年間も「迷走」し、政府の先送り方針に対して沖縄県民の賛否が割れていることを印象づける報道が目立つが、そのフレームは核心からずれている。「県外移設」を求める沖縄の声が党派を超えて奔流のごとく強さを増し、もはや後戻りできない水準に達している点がほとんど伝えられていないのである。

鳩山首相は、こうした沖縄の民意に目を凝らし、重く受け止めている。過去の政権にはなかった姿勢である。戦後一貫して続いた「対米追従外交」が生み出した沖縄の基地過重負担の連鎖を断ち切り、「対等な日米関係」への道筋を付けることができるか。沖縄社会は、首相の不退転の決意と指導力を、神経を研ぎ澄ませて見守っている。

そんな中、当の米側に焦りともいえる動きが出た。

国民新党の下地《しもじ》幹郎《みきお》政調会長(衆院沖縄一区選出)と一二月一一日にワシントンで会談したキャンベル国務次官補、メア国務省日本部長が、日米合意案で年内に決着した場合、普天間飛行場のヘリ部隊と地上部隊の一部訓練を沖縄から東富士演習場(静岡県)に移し、沖縄県が強く求める日米地位協定の環境条項設置方針を伝えた。少なからず驚きを覚えた。ヘリ部隊の訓練移転は、過去にも浮上したが、米側は飛行場と訓練場が近くにある必要があるとして歯牙にも掛けなかった。懐柔策という側面はあったにせよ、東富士移転の提案は、沖縄に訓練場があるから駐留するという米側の主張の論拠を自ら崩したことに他ならず、なぜ米軍再編では協議されなかったのかという疑問がわく。

防衛省と米軍は二〇〇七年八月、普天間飛行場の安全措置として飛行経路を制限して以来、「最大限の対策」と言ってきた。今回の訓練移転の打診によって、飛行場本体の移設とは別に、危険性除去策が可能となる新たなステージがこしらえられた意味合いがある。この〝変身〟ぶりは何だろうか。いかに米側が手前勝手な論理で基地移設や米軍再編に向き合い、日本政府が基地負担軽減の芽を摘み、唯々諾々と従ってきたかをさらけ出したのではなかろうか。

クリントン政権の国防副次官補だったキャンベル氏は沖縄の基地問題に詳しい。二〇〇一年、戦略国際問題研究センター上級副所長だった同氏にインタビューした際、「日米両政府内にモメンタム(勢い)が失われている」と語り、辺野古移設は行き詰まると予測していた。

〇五年には、「過去には意味があったが、(辺野古案は)暗礁に乗り上げた。県内、日本本土、アジア地域、米国といろいろな選択肢を考える時期だ。沖縄の負担は減らす必要がある」と述べ、県外や国外移転の必要性を説いていた。

オバマ政権入り後、日米合意の履行を促す立場に立ってはいるが、「小さな籠にあまりに多くの卵を詰め過ぎた」沖縄の負担を知るだけに、対日恫喝派と一線を画し、鳩山政権の対応を慎重に見極めているように映る。米国の主張通りに移設が進まなくとも、米軍のアジア太平洋戦略は頓挫せず、オバマ政権を揺るがす問題にはならないが、日本では民主主義の根幹を問う懸案になった。

「普天間」の重さは日米で違い過ぎるのだ。同盟国・日本を窮地に陥れることは米国の国益を損なう。粘り強い交渉を貫けば米国は日本の土俵に降りてくる。

2010.3

女と子どもにとっての安全保障

山城紀子

一九九五年一一月、那覇市内の広場で、女性たちは無言劇を繰り広げていた。見慣れないパフォーマンスに、通行人たちが一人、また一人と足を止め、いつのまにか人の輪ができていた。演し物は『軍隊と女性』。五つの場面から構成される劇は、沖縄の女性たちの過去の、軍隊に尊厳を奪われ続けてきた経験を寸劇にして伝えようと、女性自らが作り、同年九月、北京で開催された第四回世界女性会議に持参し、ワークショップで演じた作品だった。

最初の場面は一八五三年。米国海軍のペリー総督が開国を迫って日本に来た際、その軍隊が実は沖縄にも来ていた。そしてペリーが浦賀に行っていた間に残されていた兵隊が民家に侵入し老女を強姦したことを取り上げていた。自宅に居ながらの被害。女性たちは一四〇年も前から沖縄の地にあった「軍隊の暴力」を描いた。次の場面は、一九四三年から四五年、沖縄に一三〇カ所余が存在したことが確認されている慰安所に並ぶ日本兵。許可証を渡して中に入り、急ぎ「用を済ませる」姿を演じた。

戦時中の「ガマ(壕)の中の女性と兵隊」を描いた場面もあった。当時沖縄の女性と共に平和・女性運動の活動を続けていた宣教師の米女性キャロリン・フランシスさんが迷彩服をまとい、兵士の役を演じた。ガマの中で泣き止まない乳飲み子は米兵に発見されることを恐れた日本兵に殺され、母親は米兵に拉致され強姦される。頭ひとつ分背の高いキャロリンさんの迫真の演技はぞっとするようなリアリティがあった。涙しながら見ている女性もいれば、「女性の性がいかに虐げられてきたか」という声も聞かれた。

一九九五年は、女性たちの基地撤去の活動が質量ともに変わった時だと思う。いうまでもなくその年は沖縄で少女強姦事件が発生し、県民の怒りが八万五〇〇〇人を参加させる県民総決起大会につながった時である。基地の島の島ぐるみの怒りは国内だけにとどまらず、世界の注目を集めた。もちろんそれ以前も平和運動や基地反対運動の中に多くの女性はいたが、どちらかといえば「二度とわが子を戦場に送りたくない」母として、あるいは縁の下の力持ち的な支え手としての立場であったのではないだろうか。

性暴力がタブー視される状況で、被害者をそっとしておくことが配慮のように思われてきた。新聞用語では「強姦」が「暴行」になり、強姦事件などの裁判でも狭い島社会の中で被害者が特定されることを恐れるあまり、ニュースとして表に出すことも少なかった。

しかし五〇年以上の沈黙を破り、一九九一年に「謝罪と賠償」を求めて声を上げた元「日本軍慰安婦」の存在をはじめ、国際婦人年(一九七五年)以来、世界的規模で取り組まれている女性の人権を侵害するさまざまな問題との対峙は、確実に沖縄の女たちもエンパワーしている。

九五年、高里鈴代《たかざとすずよ》さんたちは「基地・軍隊を許さない行動する女たちの会」を発足させ、女・子どもの視点から基地・軍隊とは何かを考える多様な活動や行動を続けている。

元米空軍兵士だった女性の講演もその一つだった。軍隊内の男女平等を求める米最大規模の女性支援団体NOWなどの要求によって米軍は、軍隊に占める女性の比率が世界一多いようだが、元女性兵士の講演は軍隊の持つ構造的な暴力性を如実に示した。彼女は大勢の部下を持つ指揮官であったにもかかわらず、軍隊生活の中で性暴力に遭い、退職。軍隊内部の性暴力を告発する活動に取り組んでいた。私はその少し前に、男でさえ多くが脱落する軍隊の地獄の特訓を耐え抜く女性兵士を描いたハリウッド映画『G・I・ジェーン』を観ていたこともあって、軍隊内フェミニズムの行き着くところを見る思いがした。

沖縄戦からこれまでに起こった事件を新聞記事などから見つけて年表にした冊子『沖縄・米兵による女性への性犯罪』作りも根気のいる地道な活動である。A4サイズで二七頁。そのつど加筆し、現在は第八版となっている。肉親の目の前での強姦、拉致されて強姦され、妊娠、そして出産。自宅や自宅周辺の生活空間の中での一〇代の少女たちの被害などが数多く記録されている。事件の後もこの沖縄で、日常的に基地のフェンスを見ながら本人やその家族がどういう気持で暮らしてきたのだろうかと考えさせられる。

九五年以来、女たちは学び、議論し、語り合い、その中で女・子どもの安心・安全と基地・軍隊はまったく相容れないものであることを繰り返し確認してきた。

一月二四日、米軍普天間基地の移設問題が最大の争点になっていた名護市長選挙で、同市辺野古への移設に反対を訴えた稲嶺進《いなみねすすむ》さんが当選した。名護市民は新たな基地建設に拒否の意思を示したのである。むろんその中に、女・子どもの視点から基地撤去の活動してきた女性たちの強い思いも託されている。

2010.4

沖縄産業復興に尽くしたアメリカ人

松元　剛

沖縄の産業構造が第三次産業に特化して久しい。二〇〇六年度の製造業の割合は四%余に留まり、サービス業などの第三次産業が九〇%超を占め、県外に物を出して「外貨」を稼ぐものづくりの比重が著しく低い。脆弱な沖縄経済の源流は、沖縄戦から一九五〇年代までに、米軍が沖縄本島中南部の平坦で肥沃な優良地をことごとく組み敷き、経済発展の芽を摘んだことに行き着く。

さらに、沖縄の統治機関だった「米国民政府(USCAR、ユースカー)」が極端な輸入奨励策を取り、沖縄で製造業を育てる意識が乏しかったことが大きく影響し、今も尾を引いている。

USCARは、輸入に誘導する極端な為替レートを設けたり、通貨を軍票(B円)からドルに切り替えた。基地関連の商売でドルを稼がせ、ウチナーンチュに海外から入るさまざまな品を競い合うように買わせた。本土から切り離された沖縄経済を基地なしでは成り立たない構造に仕向け、基地固定化の礎にしようとしたのである。「東洋の英国」をイメージして製造業を復興させ、重工業国家づくりを支援した日本本土で取った産業政策とはまったく逆だった。

当時のこうした状況の中で、沖縄の産業復興に尽くした米国人がいた。USCAR経済局次長だったサムエル・オグレスビー氏(一九一一〜六六)がその人だ。一九五〇年に来沖し、戦前からあった製糖業やパイン産業の復興、新たな産業として芽を出そうとしていたセメント、鉄鋼、しょうゆなどの起業家を支援した。南国のビールとして知られるオリオンビールの草創期を支えたのも同氏だ。

「六カ国の博士号をもっていても、あなたの知識は字引と同じで死んでいる」「お前の金庫には悪魔の鍵がかかっているようだな」——。沖縄企業の工場新設資金の融資許可を出さない上司や同僚に対し、オグレスビー氏は顔を真っ赤にしながら容赦なく毒づき、融資を早めさせた。USCARの徹底した軍事優先政策にとらわれなかった同氏は定年退職しても帰国せず、一九六六年に亡くなった。那覇市泊《とまり》にある「外人墓地」でタイス夫人と共に眠っている。

昨年一二月一九日、オグレスビー氏の命日に外人墓地で四三回目の追悼式が開かれた。沖縄県工業連合会はその功績をたたえ、毎年追悼式を開いている。その日は、ニューヨークから長男ジュニア氏(70)が二三年ぶりに駆け付け、沖縄経済界の重鎮が居並ぶ中で、なぜ父親が沖縄に思いを寄せたのかについてスピーチで解き明かした。

オグレスビー氏は、米国東部のバージニア州の孤島・タンジール島生まれ。一六〇〇年頃に英国からの移住者が住み着いたタンジールは、米本土の影響をほとんど受けない独自の文化をはぐくんだ。島民はシェークスピア時代のアクセントで話し、前庭にある親族の共用墓地に自分の墓も用意しておくという珍しい風習が息づき、祖先崇拝が強い沖縄の精神風土とダブる面がある。

タンジール島は貧しく、オグレスビー氏の父は医者だったが、診察代は豚や鶏卵で支払われ、貯蓄さえかなわなかった。高校を出て進学するまで自給自足と物々交換が当たり前の暮らしぶりだった。大学の新入生歓迎パーティに招かれた際、「タキシード着用」の意味がわからず、同級生から「田舎者」とばかにされて涙を流したという。

ジュニア氏は父の足跡をたどった後、こう語った。

「第二次大戦で島全体が荒廃した沖縄は特に貧しい地域となった。貧困差別を理解していた父は沖縄が故郷タンジールと重なって見えたはずだ。父の行動は、軍事優先政策を取った当時のUSCARから賛同を得られなかったが、厳しい状況下でも人生をかけて沖縄の友人たちと奮闘した結果、多くの産業を興せた。今も追悼式があるのは、沖縄の人々が父を大事な友人として忘れていない証だ」

母国が占領下に置いた、基地の島の若き起業家たちと苦楽を分かち合った「沖縄産業復興の恩人」(島袋《しまぶくろ》周仁《しゅうじん》県工業連合会会長、久米島の久米仙社長)への感謝の念は沖縄社会に脈々と受け継がれ、その名を冠した製造業功労者の表彰や工業高校生への奨学金の授与が今も続いている。

当時、オグレスビー一家は、下級将校らの居住区だった基地・牧港《まきみなと》住宅地区に住んでいた。返還跡地が発展を遂げ那覇新都心を巡ったジュニア氏は「基地が沖縄の人たちの手に戻され、繁栄しているのはうれしい。父にも見せたい」と感慨深げに語っていた。

普天間飛行場の返還・移設問題が大詰めを迎える。沖縄県議会は二月二四日、初めて県外・国外移設を求める歴史的な意見書を全会一致で可決した。

軍事優先と一線を画したオグレスビー氏なら今の沖米の間柄をどう取り持つだろうか。沖縄社会と深い絆で結ばれた米国人の良心に思いを馳せながら、日米沖の三者の関係を問い直してみたい。

2010.5

子どもを通して考える「沖縄の貧困」

山城紀子

三月二一日と二二日の両日、那覇市内で「第五五回子どもを守る文化会議・沖縄集会」が開催された。県内外から約五〇〇人が参加。パネルディスカッションや分科会討議などで、子どもが安心して暮らせる社会について討議を深めた。

二日目の分科会では「子どもとメディア」「子どもと地域・環境」など一六の分科会が開かれ、私は昨年から設けられたという「子どもと貧困・格差社会」に参加した。

教師、臨床心理士(スクールカウンセラー)、家庭児童相談員など多様な立場から沖縄の「貧困」によって生じている深刻な実態が次々と語られた。四時間余に及ぶ長時間の討議にもかかわらず、この日会場には終始ピンと張り詰めた緊張感が漂っていた。

報告者の中学教師は就学援助家庭が全体の三分の一強もいて、援助世帯の子どもが手作りの食事をほとんど取っていないこと、副教材や制服が購入できず、欠席したり、授業に参加できない実態を語った。

他の中学教師も貧困家庭の子どもが家庭の中のドメスティックバイオレンスやネグレクト、精神疾患やアルコール依存症など複雑な家族関係の中で翻弄され、深刻な状況にあることを具体的な事例をあげながら説明した。罵声や刃物も飛び交う家庭環境の子どもに対してとうてい学校だけでは支えきれない実情も語られた。

「胸が痛い」。そう言って、フロアからも意見や質問が相次いだ。一つひとつの事例の子どもたちが今どうしているのか。この先どうするのか。報告を聞いているその時も、「子どもが子どもでいること」を奪われている子どもの存在が厳然としてあることの実感が会場の雰囲気を重くしていた。

議論の場にいて、つくづく思ったことは「貧困」について沖縄で語り合うことの意味であった。貧しい県である。失業率は全国一。県民所得は全国最下位で本土の約七割。離婚率も全国一高く、母子世帯の出現率は全国平均の約二倍。一〇代の母親も全国の約二倍で、半数は未婚である。

これらの数字は、統計をとるようになって以来、最初から今も変わらず続いている。繰り返し報道されていることもあって、県民の多くが知っている。母子世帯の大半は月の平均勤労収入が低い(最近のものでは昨年七月、一〇万円未満が三九・八%、一〇万〜一五万円未満が三二・六%、八・九%がなし、で八割超が一五万円未満であることが県の調査でわかった)。そうした母子世帯の経済的な苦しさは、調査のあるたびに報道されるわけだが、ある意味ではニュースでない一面をもつ。繰り返し報道されてきた、驚きのない内容という意味で。貧困の先進地である沖縄では、これまで真正面から貧困に向き合ってはこなかったことをあらためて考えさせられた。

前小泉政権下、生活保護の老齢加算、母子加算が削減・廃止されていく中で、北海道や京都、広島、青森などでは生存権を侵す憲法違反として復活を求める裁判が起きた。なぜ、沖縄ではそういう裁判が起きないのだろう。六五歳以上の就業率が全国で最も低く、かつ無年金者や年金額の低い高齢者の多い県なのに、母子世帯の出現率が全国の二倍だというのに。「貧困」を捉える認識の低さなど、そこには沖縄が抱えるさまざまな問題があるような気がする。

他県からみれば、地縁血縁が色濃く残っているとか、ユイマール(相互扶助の文化)があるからとか思う人がいるかもしれないが、事実は決してそうではない。この日の報告でも子どもの世話もできないほど、困窮している母たちの地域や親族からの孤立が語られたが、核家族率も全国有数の高さである。二世代、三世代が共に過ごす、という大家族の形態は、はるか以前のことである。

貧困を問題にしてこなかった社会背景として、集会初日のパネルディスカッションで、押し付けられた基地問題に取り組まざるを得なかった歴史の中で、教育や福祉に手が回らなかったということが語られた。その通りだと思う。

しかし、それ以外にも貧しい人はいくらでもいる、という「貧しさ」に対する慣れ。さらに言えば、「あの時に比べれば」という思いをずっと引きずっている人が県民の多数を占めていた歴史もあるのではないだろうか。「あの時」とはむろん、沖縄戦をはさむ戦前・戦中、そして戦後の混乱期である。

全国的に貧困問題が関心を集め、論議される中で、沖縄でもやっと昨年あたりから貧困の問題に向きあう社会の空気が出てきた。子どもを守る文化会議は、貧困に対する沈黙がいかに子どもの心と体を侵略し、あらゆる可能性を奪ってきたかの検証であると同時に、子どもを守るには、「沖縄の貧困」との対峙が不可欠であることを確認する場となった。

2010.7

「隠さずに生きる」仁雄さんの愛楽園ガイド

山城紀子

五月のある週末、平良仁雄《たいらじんゆう》さんはいつものように住まいのある那覇市から高速道路に入り、名護市済井出《すむいで》にあるハンセン病国立療養所・沖縄愛楽園に向かった。愛楽園ボランティアガイドをするようになって約二年。多い時にはひと月に一〇回以上通うこともある。時間的に十分余裕を持って行くのが仁雄さんのいつものスタイルだ。

この日も高校生相手にガイドを始めるのは一一時の予定だったが、仁雄さんが高速に入ったのは八時半だった。モットーとしている一時間前には着ける。どれだけガイドをこなしても、そのつど始める前の気持の準備が必要なのである。「(ガイドの)原稿は一応書いたりしているけれど、僕の場合はそれを読んだりはできない。心に突き上げてくるものをしゃべりたいんだ」と仁雄さんは言う。九歳の時に無理やり家族から引き離され故郷の久米島《くめ》から愛楽園に入所させられた六二年前の気持を、今も鮮明に覚えている当事者ならではのこだわりである。

私が仁雄さんに最初に会ったのは数年前だった。「長く新聞記者をしていて、今はフリーのライターだ」と知人が私を紹介した時、仁雄さんの目に明らかに警戒の色が宿った。自分のことを書かないように、間違っても名前を明らかにすることがないようにと、メモをとる私に念押しをするようなこともあった。

「ずっと隠れて生きてきた。ハンセン病になって療養所に送られたために悲観して生きてきたけど、今は違う。堂々と生きている」。そう言い切る仁雄さんのガイドは常に自らの体験を重ねたもので、それが聞き手をハッとさせる。

仁雄さんが最初に高校生を案内したのは、かつて父親と向かい合った「面会室」だった。ブロックの塀を隔てて、職員の宿舎があった右側の「職員地帯」と左側の「患者地帯」がそれぞれ無菌地帯と有菌地帯ともう一つの呼び方で呼ばれていたことから仁雄さんは話し出した。「急に発熱した入所者のために職員に声をかける場合でも、塀のそばに置いてあった拍子木を打って合図をし、要件を伝えたんだよ」。生徒たちは、徐々に六〇年余前の仁雄さんの体験を追い始める。長靴をはき、マスクをし、手袋をした医師が、消毒のためのクレゾール液で靴底をひたし、「有菌地帯」に入り、患者の部屋にも土足で上がって診察したことも説明した。遠いあの日の面会室での父との面会も、同様にいかに非人間的なものであったかも語った。仕切られた壁の四角い穴から父親と顔を合わせた。「僕は長男で、両親にとてもかわいがられた。その親が面会に来てもまだ幼い息子の体にふれることすらできなかった……」

　二〇〇八年、愛楽園自治会とハンセン病問題の全面解決を目指す市民団体「ハンセン病問題ネットワーク沖縄」の共催する第一回愛楽園ボランティア講座が始まった。新聞に掲載された短い記事を読んで応募した。なぜ応募したのか。今振り返ってみても、「突き動かされるような気持」としか答えがみつからない。

　入所している時には知らなかったことを知るようになった。愛楽園ができるまでの、患者に対する一般住民も一緒になっての迫害。追われながらも患者の「安住の地」を求めて園設置の運動を進めた、自らも患者であった伝道師の青木《あおき》恵哉《けいさい》。園発祥の地に建つ青木恵哉の碑も仁雄さんが積極的にガイドをするポイントの一つである。

　一九二七年に沖縄の病者伝道に派遣されてからの青木の苦難の人生をガイドする時、そのつど込み上げてくるものがあって涙ぐんだりしてしまう。学べば学ぶほどに、隠れて生きていることができなくなった。気がついたら、いろんな場に顔も名前も出してハンセン病問題を語るようになった。まだまだ多くの退所者が身を隠してひっそりと生きざるを得ない実態があることを知っているだけに、ガイドの役割と使命が両の肩にずしりとのしかかっているようにも見える。

　来年五月には、ハンセン病問題から学び、交流、検証、提言活動をするハンセン病市民学会が沖縄で開かれる。ガイドの最後に、仁雄さんは「たくさんの手が必要になるから、協力できる人はお願いね」と、高校生たちに呼びかけることを忘れなかった。

「僕の宝物」だという生徒たちの感想文を見せてもらった。ほとんどの生徒がいかにハンセン病のことを知らなかったかを綴っていた。

「私がもし、ハンセン病は恐ろしい病気だと言われていた時代に生まれていたとしたら、ハンセン病の人たちに普通に接することができていただろうかと考えたら、不安になってしまう。だからこそ、今日聞かせていただいたことを、私の周りの人たちにも伝えていきたい」「辛さをこらえて体験を話してくれた平良さん、本当にありがとう」

2010.8

慰霊の日　遺族連合会長の直言

松元　剛

気温三一度。梅雨明け特有の蒸し暑さが強まった慰霊の日の六月二三日、沖縄全戦没者追悼式が糸満市摩文仁《まぶに》の丘で開かれた。島中が鎮魂に包まれるこの日、就任後初めて来沖した菅直人首相に、会場で厳しい言葉が放たれた。

「政府は、普天間基地の移設を国外・県外と公約したが、移設先を(名護市)辺野古崎として日米で合意し、菅直人総理も踏襲を明言した。県議会の決議や県民大会で県民の意思は明確に表明されている。戦争につながるいかなる行為も反対の観点から容認できない」

声の主は、沖縄県遺族連合会長の仲宗根義尚《なかそねよしなお》さん(74)。式辞で菅首相の参列に謝意を示しつつ、米軍普天間飛行場の名護市辺野古移設に大多数の県民が反対している状況を説き、豊かな海をつぶす新基地建設を「戦争につながる行為」と言い切った。追悼式で遺族代表は例年、米軍基地の整理縮小を求めてきたが、普天間基地の県内移設反対に踏み込んだ例はない。日米合意撤回を訴えた予期せぬ発言に、約五〇〇〇人の参列者から大きな拍手が沸いた。

五月二八日、普天間飛行場の辺野古移設を明記した日米共同声明が出た。政権の迷走で支持率を落とした鳩山由紀夫前首相は退陣したが、後継の菅氏も日米合意を踏襲した。

どうしても沖縄に基地を押し付けようとする政府に何を言うか。だが、遺族の立場で普天間問題を盛り込むべきなのか――。仲宗根さんは例年通りの式辞でいいか思い悩んだが、自身の半生を振り返る中で腹をくくった。

「自民党から共産党まで超党派で県内移設を拒否する県議会決議があり、県民大会も開かれた。今の沖縄の世論の高まりを伝える責務があると考えた。危険な普天間基地の周辺住民は針のむしろで寝ているようなものだ。菅総理にも県内移設の痛みに思いをはせてもらいたかった」

六五年前の沖縄戦で、仲宗根さんは父安栄《あんえい》さんと、兄安《あん》盛《せい》さんを失った。防衛隊に召集された安栄さんは、日本軍が追い詰められた沖縄本島南部の野戦病院で米軍の砲撃を受けて戦死した。軍属として那覇市で海軍に従軍した兄の消息は今もわからない。

戦後は母のマヅルさんが残ったきょうだい七人を「筆舌に尽くし難い生活苦」(仲宗根さん)の中で育て上げた。基地を抱えた美里《みさと》村(現沖縄市)で育ち、琉球大学在学中は、銃剣とブルドーザーで農民の土地を組み敷いた米軍に抗議し、週一回のデモ行進に身を置いた。復帰後は保守系の沖縄市議会議員を四期務め、安保容認の立場から、米軍基地の返還加速を求める革新市政を追及したこともある。

仲宗根さんは「米軍統治下で私が参加した強制接収への抗議は、保守革新を超えて沖縄住民の思いが一つになった行動だった。基地経済のアメで揺さぶられたりもしたが、米国に魂は売らないという思いは今も胸にある」と話す。

沖縄の基地の重圧感は、沖縄戦を原点にした戦後史で積み重ねられた被害の連鎖を縦軸に、現在の基地運用から日々再生産される被害を横軸にした重層的な構造がある。遺族として平和への強い思い入れがある仲宗根さんにとって、普天間基地の辺野古移設は許し難いものだった。

菅首相はこの日の式辞で、沖縄の基地負担に対し、「全国民を代表しておわびする」と陳謝した。一方で「沖縄の負担がアジア太平洋地域の平和と安定につながってきた。率直にお礼の気持を表する」と謝意を示した。

他人の足を踏みつけている足をどけようとはせずに「痛い思いをさせてすまない」と言うに等しい響きがある。詫びながら礼を言う無神経さに潜む「今後も基地負担をお願いしたい」という真意を沖縄社会は見抜いている。

菅首相による謝意と符節を合わせるように、米下院は六月二四日、沖縄への感謝決議を四一二対二の圧倒的賛成多数で可決した。改定日米安保条約が奇しくも慰霊の日の二三日に発効五〇年を迎えた中で、沖縄に基地を置き続ける〝効用〟を強調し、「日本、特に沖縄の人々が米軍を継続して受け入れていることに感謝する」と表明した。住民感情の無視を決め込んだ独善的で軽いメッセージだ。

日米合意直後に『琉球新報』と『毎日新聞』が実施した県民世論調査で、辺野古移設反対は過去最高の八四%に上った。現行日米安保条約の評価を問うと、「維持すべきだ」は七%で、昨年一一月の一六%から急落した。どんなに訴えても沖縄の民意が無視され続けるならば、基地負担の土台にある日米安保体制自体を掘り崩すしかない。この数字にはそんな決意や諦念が入り交じる。日米安保への支持が総じて七割を超える本土との落差をどう受け止めるかがこの国に問われている。

沖縄への「構造的差別」が続く中、在沖米軍基地は敵意に囲まれた基地と化した。日米合意は実現せず、沖縄に新たな基地は造れない。沖縄社会のマグマが臨界点を維持する今、確信めいた思いを強めている。

隔ての海を結びの海に　四〇年の竹婦連

山城紀子

一泊二日で開かれた竹富《たけとみ》町婦人連合会（竹婦連）の結成四〇年及び三二回大会に参加するため、那覇空港を発った。石垣《いしがき》空港で飛行機を降りた後は、離島航路のある石垣港まで行き、そこから西表島上原《いりおもてじまうえはら》航路の船に乗った。教えてもらっていた通りに行動しながら、船の切符を買う時も船に乗る時にも何かしら不安で、東京や大阪などの他県に行くほうが感覚的にはよっぽど慣れがあるような気がした。

空港から港まではタクシーに乗り、九一〇円支払った。船のチケットは往復三八〇〇円。客として訪ねて行く立場から言えば、高い料金ではない。しかし日常的に使わねばならない住民の身になるとさぞ負担感があるのではないだろうかという思いが頭をよぎった。

島チャビ。沖縄の方言で孤立した離島における住民生活の悲惨さを指す言葉で、以前はしばしば使われた。医師のいないことを指して。また台風で、飛行機や船などが出ず、食料などが届かないことを指して。

今なお解決されていない問題は多々あるはずだし、さらに廃校や遠距離介護など新たなシマチャビも抱えているのではないか。そういうことを考えながら西表島に向かった。

会場の中野わいわいホールは、フリーマーケットで賑わっていた。マンゴーやジーマーミ（落花生）豆腐、手作りの石鹸やTシャツなどを売り買いする楽しそうなやりとりの中に「久しぶり！」「元気だった？」のはじけた声が飛び交っていた。キャリーバッグを手に、女性たちはこの日、黒島や小浜《こはま》島、波照間《はてるま》などの島々から集った。どこの婦人会も高齢化に悩んでいるというのに、小さな子どもを連れた女性が目立って多かった。ところが大久ひろみ会長によると、今年は子どもたちのミニバスケット大会とかちあったため、預かり保育は一二人に留まったとのこと。昨年は三二、三人の預かり保育があったそうだ。子育て中の女性たちも婦人会活動に積極的に関わっていることが窺えた。

竹富町は沖縄最南端の地方自治体。一六の島々、うち九つの有人島に四一〇〇人余が住んでいる。式典や大会では、海に隔てられた女性たちのこれまでの活動の困難とがんばりが伝わってきた。結成された四〇年前といえば、県婦連をはじめ沖縄のほぼ全市町村で婦人会活動が活発に展開されていた時期である。OB会員で八一歳の仲村貞子さんは、結成に至るまでの焦燥感をリアルに伝えた。

「私たちも学びたい、知りたい。でも会を作ろうという相談一つするにも船に乗らなければ始まらない。お金もかかるし、時間もかかる。それでも負けたくない、という気持だった」「私たちはたくさんの島を抱えて、海で隔てられている。会活動に際して、隔ての海を結びの海にできないかと考えた」

会長をはじめ役員も大会の開催地も島々を持ち回りにし、必ず民宿を使った宿泊にすることなどを慣例にしているようだ。さらにもう一つ。資金集めにと始めた四年に一度の芸能大会は竹婦連の目玉事業として成長し今も続いている。

同じ祭の踊りも島によってまるで違うことの発見は、隔ての海に対するネガティブな考えを変え、自信につながった。「海に隔てられているから島の文化が簡単に渡っていかなかったし、持っていかれなかった。海によって伝統の芸能が守られたと思いました」と仲村さんは笑顔を見せた。

夕食を終えた後も、女性たちは再度集って「ゆんたく(おしゃべり)タイム」を始めた。各島々から交代で話し手が立つ。黒島の女性は二年前に亡くなった母親のことを泣きながら語った。子どもを産み育てながら畑で野菜を作り、海にも出る。やれることはなんでもして困難な島での人生を行きぬいた母の人生を誇らしげに披露した。西表に住む三人の子を持つ女性は、臨月になるといつ生まれてもいいように(病院のある)石垣市に移り住まねばならないこと、その間夫の両親に上の子どもたちをみてもらうのだが、出産時の二重所帯は経済的にも精神的にも負担が大きいと訴えた。

途中でいきなり停電になった。クーラーも切れとんでもない暑さになったが、ゆんたくはとぎれることなく続いた。漂流ごみ、地産地消への取り組みなど生活に密着した離島の暮らしの問題ばかりだった。

昨年は女性の町政への積極参加を目的に初の「女性議会」を開催。選出された女性たちが船賃の補助、波照間航路の安定運行、ゼロ歳児保育などで町当局に質問、追及したという。いうまでもなく子育てや教育、食、介護、医療、どの問題をとっても島の生活の過酷さに直面する当事者は女性。しかし、竹富町ではいまだかつて女性議員を出していない。隣接する石垣市や与那国《よなぐに》町で女性議員を出していることに対する羨望と、竹富でもぜひ誕生させたいとの声を多々聞いた。大会で見たパワーを女性議員獲得にも生かしてほしい。心からそう願った。

2010.10

甲子園を駆けた守礼の球児たち

松元　剛

一九七五年の春の選抜高校野球大会。沖縄の高校野球のレベルを引き上げた名将・栽弘義《さいひろよし》さん率いる豊見城《とみしろ》高校が八強入りし、東海大相模（神奈川県）と対戦した。後に巨人入りした赤嶺賢勇《あかみねけんゆう》投手が一二個の三振を奪う快投を見せ、スター球児だった原辰徳選手（現巨人監督）らを押さえ込み、九回裏になるまで一対〇で勝っていた。だが、二死走者なしから守りのミスや不運な当たりが続いて、あっという間に二点を奪われ、豊見城は逆転サヨナラ負けを喫した。

一緒にテレビで試合を見ていた父はリンゴをむいてくれると言っていたが、ナイフを持ったまま、リンゴをほったらかして応援に熱中していた。豊見城が負けた瞬間、悔しさのあまり、父はそばのたんすの横腹を拳で突いて壊してしまった。「本土に追いつき、追い越せ」という時代。高校野球はその象徴となり、県民は球児に夢を託してきた。

今年の夏の甲子園。沖縄代表の興南高校は、三五年前に豊見城が惜敗した東海大相模と決勝で対戦した。猛打が爆発して初優勝を果たし、春夏連覇を達成した。県勢悲願の夏の深紅の大旗が海を渡った。インタビューで主将の我如古盛次《がねこもりつぐ》君が「優勝は沖縄県民みんなで勝ち取ったものです」と語るのを聞いて、多くの県民が目頭を熱くした。

志願して、春夏連覇の快挙を伝える『琉球新報』の号外を那覇市の栄町《さかえまち》市場で配った。通常紙面の倍の大きさにしつらえた特別版を手に路地を巡ると、旧盆入りを翌日に控えて賑わう精肉店や鮮魚店のおかみさんたちは「いらっしゃい」の代わりに「おめでとう」と言って客を迎えていた。客も「おめでとう」と返し、喜びと笑顔が輪唱のように広がる。どれほど、沖縄社会がこの日を待ち望んでいたかを肌で感じた。

「仏壇に供えて、親類にも配るから五部ちょうだい」という人もいて、四〇〇部の号外は瞬く間になくなった。

一九五八年の首里高校の初出場から五二年。二〇一〇年八月二一日は、沖縄の戦後史に永遠に刻まれる日となった。

興南の我喜屋優《がきやまさる》監督（60）は帰沖後、「他府県にはない高校野球への熱狂的な思いがあり、空に向かって「やったぞ」と叫ぶような（県民の）吹っ切れたものを感じた」と語った。北海道に渡り、社会人野球の選手、監督として全国制覇を経験した名将は、県民の心根を的確に言い表した。

エース島袋洋奨《しまぶくろようすけ》君を擁し、春の選抜を制した後、全国の強豪が「打倒興南」を目指し、追われる立場になった。

我喜屋監督は言う。「沖縄の子の運動能力は高い。本土の子は高校二年が、体の成長は総じて中学で止まる。本土の子は高校二年から三年で体が相当大きくなり、技術も伸びる。精神力を強くしない限り、本土のチームの威圧感に負けてしまう」

毎朝の散歩で気づいたことを選手たちに一分間スピーチで発表させ、小さな変化に気づく感性を磨き上げた。我喜屋監督は「ごみがあれば、捨てた人の心にミスがある。それを拾わずに見過ごすと、次の人に迷惑を掛ける。一人の失敗は仕方ないが、周りがそれを食い止めることが野球のカバーリング、会社の危機管理につながる」と強調する。

春夏の全期間、チームに帯同し、道具の手入れを担った石嶺剛《いしみねつよし》さん（47）は「この子たちは上手にプレーしようという意識がない。ミスが出るのは当たり前、ミスが出たらどう挽回するかを考え、すぐに行動に移せる」。九州産業大学の投手として大学選手権にも出場した野球人は「グラウンドの外での鍛錬で選手が自立、自律している」と評した。

逆境を克服する精神力と先を読む力を身につけた選手たちは、甲子園でも冷静さを失わなかった。準決勝の報徳学園戦で印象深い場面があった。五対〇の劣勢から六点目を挙げて逆転しても、興南ナインは弾けるような喜び方をしなかった。島袋投手はベンチの奥に座ったまま、後頭部を氷で冷やし体を休めていた。次になすべきことを優先して自然にこなせるチームの洗練された姿に舌をまいた。

対戦相手を慮り、興南の選手は長打を放っても派手なガッツポーズをほとんどしない。我喜屋監督は「喜ぶぐらいなら、次のプレーを考えろと指導しただけ」と控えめに話すが、相手選手への敬意と応援してくれた人たちへの感謝を忘れない選手たちは、甲子園にすがすがしい守礼の邦の風を吹かせたように思う。

夏が終わるまではと、封印していた話を書きたい。実は島袋投手は二〇〇四年八月に米海兵隊ヘリが墜落した沖縄国際大の近くに住む。普天間基地撤去を求めた宜野湾市民大会で、地元小学校の児童会長として立派な挨拶をしたのが彼だった。一方、三番を打つ我如古君と五番打者の銘苅《めがる》圭介《けいすけ》君は、日米政府が普天間基地の移設先に決めた名護市東部の久志《くし》に実家がある。

過度に「本土」を意識せず、自分たちのプレーを究めて頂点に立った興南ナインに自己決定権を発揮する沖縄のあるべき姿を重ねている。

2010.12

沖縄はチルダイしない

松元 剛

一九九六年四月一二日夜、当時の橋本龍太郎首相とモンデール駐日米国大使の共同会見で、米軍普天間飛行場の全面返還が電撃的に発表された。嘉手納《かでな》基地の門前町の沖縄市にある中部支社報道部にいた私は、地域興し塾の入塾式から呼び戻された。県内移設を条件とした返還だと聞き、「どこにも移せない。できっこない」と何度も口走りながら、同僚と中部地区の市町村長らの反響取材に走った。

翌日の見開き社会面は特異なつくりだった。普天間飛行場を抱える宜野湾市の桃原正賢《とうばるせいけん》市長が「沖縄の夜明けが来た」と無邪気に喜ぶ姿を伝える一方、「爆音、危険たらい回し」の大見出しで、ヘリ部隊の移設先に浮上していた嘉手納基地の周辺自治体や住民の強い反発を伝えた。宜野湾市民の歓迎ぶりがかすむ紙面に、読者から「返還させたくないのか」という批判の声が支社に寄せられた。

あの日以来、普天間問題に向き合う日米政府は、県内移設の呪縛にとらわれ続けてきた。市街地の危険な基地をできるだけ早く撤去するという原点が二の次、三の次にされてきた。米国の顔色ばかりうかがい、県内の移設先探しだけに焦点が当たる無為な日々が続いた。

振り返ると、批判を受けた返還発表の翌日の紙面は、県内移設の無理を言い当てていたのかもしれない。

普天間返還合意の源流には、その八カ月前の一九九五年九月に起きた三米兵による小学女児への乱暴事件があった。あたりまえのように存在していた基地の弊害が、人権問題として鮮明に認識された。そのハイライトが基地整理縮小などを求めた「一〇・二一県民総決起大会」だった。

八万五〇〇〇人(主催者発表)が結集した大会の運びは、不思議な整然さと、弁士が話し終えるたびに雷鳴のように響く拍手の大きさの落差が際立ち、身震いするような感覚にとらわれた。

ヤマは動くと思えたが、基地の島の現状は変わらない。基地返還事例はいくつかあったが、県内移設条件がネックとなり、米軍専用基地の集中度は七四・八%から七三・九%と、わずか〇・九ポイントしか下がっていない。米兵による事件・事故も決して減ってはいない。

「沖縄問題」の根っこには、既得権益化した米軍の基地自由使用の維持・強化に専心する日米両政府と、基地機能の強化・固定化に異議を申し立てながら、摩擦と妥協を繰り返してきた沖縄県民との対立構図が横たわる。

「県内移設許さず」という沖縄の民意は、基地の県内移設受け入れの代償としての経済振興策をあてがう自民党を基軸とする政権の巧妙なアメとムチ政策による切り崩しに遭い、曲折を経てきた。自公政権時には、政府、保守系知事、名護市長がそろって県内移設を容認・推進し、沖縄県議会と名護市議会も推進勢力が過半数を制していた。

だが、「最低でも県外移設」を掲げて登場した鳩山由紀夫首相の誕生によって、県内移設を認めたくない心根に正直に向き合い、最善策を臆せず選ぶ県民が着実に多くなった。「海にも陸にも基地を造らせない」と訴える稲嶺進名護市長を支える与党が圧勝した九月の名護市議会議員選挙に象徴されるように、民意と選挙結果のねじれはすっかり消え、県内移設をごり押しするのは政府だけになった。

鳩山氏が、論拠に乏しい抑止力維持を掲げて名護市辺野古移設に回帰しても、沖縄の世論は「チルダイ」(虚脱感に包まれるの意)するのではなく、怒りと失望感を帯びながら、かつてない強いレベルで県内移設反対を維持している。

こうした中で、一一月二八日に今年最大の政治決戦となる知事選を迎える。下馬評通り、現職の仲井真弘多さん(71)と前宜野湾市長の伊波洋一さん(58)の事実上の一騎打ちとなる。初めて自民党が政権与党でない中で実施される知事選でもある。

県内移設を容認してきた仲井真知事は世論に押される形で「県外移設要求と日米合意見直し」に舵を切った。「行き先はもう県内にない。県外移設を求めていきたい」「県外という言葉に、県内は入ってない」。仲井真知事は繰り返すが、「県内移設反対」を明言しはしない。

来年度に期限切れを迎える沖縄振興特別措置法の後継法に関する政府との議論をにらみ、「県内反対」と言い切って抜き差しならない対立に至ることを避けつつ、県民からは反対と思われることで知事選を勝ち抜きたい――。県外要求にはこうした思惑が透けて見える。

対する伊波さんはグアムを軸に国外移設要求を強め、旗幟鮮明だ。両雄が県外、国外移設を掲げたことで争点がぼけるとの見方もあるが、県民は言葉からにじむその本気度を慎重に見極めているように思える。仲井真県政四年の評価だけでなく、今回の知事選は基地問題で揺れた一五年の総決算であり、一人ひとりに突き付けられた沖縄の自己決定権のあるべき姿が問われる選挙となる。

2011年

混迷増す普天間問題
県内移設回帰NOの民意

2月	鳩山前首相が普天間県外移設断念の理由に米海兵隊の抑止力を挙げたのは「方便だった」と発言，官僚の包囲網に屈した県内回帰ありきの「後付け」の説明と認める
3月	東日本大震災発生
〃	「(沖縄の人は)ごまかしとゆすりの名人」との差別発言が報じられたケビン・メア米国務省日本部長が更迭される
8月	八重山地区での中学校公民教科書に「新しい歴史教科書をつくる会」系の育鵬社版採択をめぐり紛糾
10月	第5回世界のウチナーンチュ大会開催
11月	沖縄防衛局長「犯す前に言うか」 普天間基地移設先の環境影響評価書提出時期について発言．報道受け，即日更迭

第5回世界のウチナーンチュ大会フィナーレ(沖縄県那覇市，琉球新報)

2011.1

沖縄戦と精神障害

山城紀子

精神科医療史に詳しい岡田靖雄《おかだやすお》医師が終戦記念日の八月一五日に「戦争のなかの精神障害者」と題して講演したことが『琉球新報』に掲載されていた。記事によると、戦時中精神病院に勤務する医師らが残した落書き帳には「陸軍病院の要請を受けデング熱を患者に伝染させる人体実験を伺わせる記述」もあったとある。終戦前後の精神科病院での死亡率についても、「調査した精神科病院は終戦の年に軒並み四〇〜五〇%台だった」と述べている。

あまりの死亡率の高さに驚く。歴史の長い精神科病院として有名な東京都立松沢病院では、死亡者の三分の二が栄養失調による死亡とわかったことも伝えている。沖縄ではどうだったのだろうか。同医師の調査に沖縄は含まれていない。なぜなら沖縄戦以前、沖縄には精神科の病院は皆無だったからである。

一三年前、心病んでも地域であたりまえに暮らす社会に向けた、さまざまなチャレンジを連載した。取材の中で沖縄の精神障害者が全国平均の約二倍と際立って多いことを知った。

なぜ、そんなに多いのだろうか。私の問いに、「戦争です」と言い切ったのは島成郎《しましげお》さん(故人・精神科医)だった。島さんは「未復員」という耳慣れない言葉を使って説明した。沖縄に来る前に勤務していた国立の精神病院に、戦後ずっと入院している患者がかなりいたこと。戦場で武装解除されて帰るはずの兵隊が、未復員のまま軍隊から病院に入り、そのまま家に帰っていない実態を挙げながら「強制大量長期収容」の精神医療のありかたを批判した。

沖縄戦については、組織的戦闘が終結したとされる「慰霊の日」前後から終戦記念日にかけて、精神保健については精神保健福祉普及月間が展開される一一月に、それぞれシンポジウムや講演などさまざまな取り組みが行われるが、この二つを結び付けての議論は、不思議なほどなされていないような気がする。

沖縄の精神障害者が全国平均の約二倍という事実が判明したのは、一九六六年の実態調査によってであった。その三年前には全国実態調査が行われているのだが、沖縄はまだ復帰前だったので除外されている。

元県環境保険部長の砂川恵徹《すながわけいてつ》さんによると、実態調査は家族会活動として琉球政府に求めたことで実現したという。日本本土派遣精神科医一〇人の協力を得ての調査で沖縄精和病院(当事)に勤務していた山内春枝《やまうちはるえ》さんは、医師らに同行した経験をもつ。方言しか話せない人がまだ多く、通訳としての役割が期待されていたという。山内さんは医師たちが「(患者が)多いって感じがする」「沖縄戦だね」「ここでは患者が守られている」と言った言葉を記憶していた。

医療機関も少なくて、放浪する患者や私宅監置も多い中での「守られている」は、何を意味していたのだろう。山内さんは、病気という認識がなく、「トゥルーグヮー(にぶい人)」とか「ウヌ　タッキー(その家系)」との見方で、消極的ながらも周囲が受け入れていたことを指していたのではないかと考えている。

一方、行政畑の医師であった砂川さんは私宅監置のすさまじさに「(精神病を)発病したら人間外」の実態であったことを振り返る。「本土でいう座敷牢とは違う。座敷牢は少なくとも家の中。しかし、沖縄の私宅監置は屋敷の外れにあって、せいぜい半畳か一畳ぐらい。食べ物を出し入れする穴があるだけで、糞尿にまみれている患者もいた」と語る。

それほど精神障害者への取り組みが遅れていた理由を、砂川さんは「それどころではなかった沖縄の医療事情」と語る。つまり、医師も沖縄戦により戦前の三分の一強に激減し、精神科医も精神病院もなかった。実態調査当事、宮古《みや》《こ》保健所所長をしていた砂川さんも、フィラリア防圧、結核や寄生虫対策、性病対策などに忙殺されており、緊急性や命にかかわるわけではない精神病にまではとても手がまわらなかったという。

もちろん医療事情だけではない。私が精神障害者の家族を取材した九〇年代でも、子どもの精神病を周囲の人や親戚などに知られることが一番怖かったと語った人が何人もいた。「その家系」だと言われ、つまはじきされることがわかっていたからである。沖縄の遺伝的素因や血族結婚が多いせいではないかというような見られ方をしたことも、この問題をタブーにさせてきたのだと思う。

戦後六五年。トラウマの重さから、これだけの時間を経て、やっと体験を語れる人もいるのだと実感するこの頃である。戦争被害という観点から、地上戦があった沖縄だからこそ「沖縄戦と精神障害」も論議されるべきである。

2011.2

民意の地殻変動を見誤る菅政権

松元　剛

前日に那覇《なは》市で今冬最低の気温一三・二度を記録し、朝刊一面に「冷え込む」の見出しが躍った昨年一二月一七日、冷たいビル風が吹く沖縄県庁周辺に、「カン、カン」という音と「帰れ」「説得するのは米国だ」の怒号が響いた。

米軍普天間《ふてんま》飛行場の名護《なご》市辺野古崎《へのこざき》への移設に理解を求めようと、仲井真弘多《なかいまひろかず》知事との会談に訪れた菅直人首相に対する抗議に集った県民は約六〇〇人。平日昼だったが、スーツ姿の会社員や制服を着た高校生の一群もいた。一斗缶を打ち鳴らしたり、「撤回せよ」のプラカードを掲げたり、思い思いのやり方で「県内移設ノー」を突き付けた。統制が取れた場の雰囲気に沖縄社会の変化が感じ取れた。

一一月二八日の知事選で苦杯をなめた前宜野湾《ぎのわん》市長の伊波洋一《いはよういち》氏の支持者がほとんどを占めていたが、再選後に「県外移設」要求のトーンを強めている仲井真知事への期待を帯びた不思議な一体感が漂っていたのが印象に残る。

有力二氏が沖縄県外への移設を掲げた歴史的な知事選から三週間足らず。県内移設を拒む民意が充満する中、沖縄を再訪した菅直人首相は、県内移設を推進していた頃の仲井真知事の言い回しをあえて用いてこう要請した。

「沖縄にとってベストは県外・国外かもしれないが、ベターな選択として、辺野古移転をもう一度考えてほしい」

予定の倍の一四分間を費やし、菅氏は立ったまま、沖縄振興への思いを語り、民主党政権の「県内回帰」を陳謝した。しかし、結論の「辺野古」は変わらず、県民世論を逆なでする格好となった。

会談の後、仲井真知事の強い不快感が宿ったコメントがすべてを言い尽くしている。「勘違いだ。県内は全部バッド(駄目)の系列だ」。知事選から日が浅い上、成算に乏しい来県に対し、ある県幹部は「かえって沖縄の怒りが増した。KY(空気が読めない)来県だ」と切り捨てた。

かつて辺野古移設を認めていた仲井真知事と対話を重ね、沖縄振興への取り組みを加速させれば、県内移設の足がかりをつかめる——。米政府との約束履行を最優先する菅政権がそう考えていることは間違いない。

年末から年始にかけて、前原誠司外相、北沢俊美防衛相、馬淵澄夫沖縄相が相次いで来県する。そこに危うさが潜む。主要閣僚が誠意を尽くして沖縄に頭を下げているのに、県内移設を受け入れてくれない――。そう印象づけ、県外の「県内移設やむなし」と「嫌沖縄」の世論を増幅させて、沖縄に圧力をかける算段があると見るのが自然だろう。

もはや振興策の代償に基地負担を受け入れる余地はない。それは、保革対決の政治風土で息づいてきた「基地」か「経済」の二項対立が知事選の争点にならなかったことで証明されている。菅政権は、沖縄の民意の地殻変動を見誤ったまま、見当違いの方向に突っ走ろうとしている。

「県民のこころを一つに　なーかいま」。一一月二七日夜。那覇市の国際通り中心部でシュプレヒコールが響いた。仲井真陣営の知事選打ち上げ式で、その音頭を取っていたのは選対本部長の翁長雄志《おながたけし》那覇市長だった。

二〇〇九年一一月に平和団体などが開いた県内移設反対の県民大会の共同代表を務めて以来、翁長氏は事あるたびに、「党派を超えて普天間飛行場の県外移設要求で県民が一つになるべきだ」と訴えてきた。「県民の心を一つに」は、すっかり翁長氏のトレードマークになっている。

知事選で、仲井真氏は「県外移設」、伊波氏は「県内移設反対と国外移設」を掲げ、双方が沖縄の自己決定権を発揮しようと訴えた。仲井真氏の勝因は、県民世論を取り込む形で「県外移設」に転換し、争点を拡散させたことが大きい。県外移設に舵を切ることに難色を示していた仲井真氏の背中を押したのは、県内保守政界で屈指の人気と手腕を備えた翁長氏だった。仲井真氏が応じないなら、選対本部長就任を拒む強硬手段まで繰り出し、「県外」に導いた。

今でこそ、県外移設要求を鮮明にする翁長氏だが、稲嶺《いなみね》恵一《けいいち》知事が辺野古移設容認に踏み切った一九九九年には、自民党県連幹事長を務め、県議会の徹夜審議の末に可決された「普天間基地県内移設促進決議」の旗を振った。あれから一一年。那覇市長を三期務める中で、普天間問題によって県民が分断される状況を転換しないと、沖縄の未来は拓けないと考えるようになる。知事選期間中、翁長氏は「安保が大事だという本土は一向に基地負担を背負おうとしない。絶対に県内には造らせない」と訴え続けた。

地域の明日の姿を自らの選択によって決める。日米両政府の基地押し付け政策の下で、沖縄は民主主義社会の中では当然のことが許されてこなかった。仲井真氏と翁長氏の方針転換は変節ではない。菅政権は、沖縄の自己決定権を取り戻すために下された決断の重みを真摯に受けとめるべきだ。

沖縄は後戻りしない。

いまハンセン病の歴史と向き合う

山城紀子

国頭村奥《くにがみそんおく》で六・六度を観測したのをはじめ各地で観測史上最低の気温を記録したことがトップニュースとして報道された一月一六日、飛行機と船を乗り継いで西表《いりおもて》島に向かった。

ハンセン病に対する偏見や差別の解消に取り組む市民グループ「ハンセン病市民学会」が五月二一・二二日の両日、七回目となる全国集会を沖縄で開催する。

「いま、ぬけだそう――手をつなぎ共に生きる社会へ」を全体テーマにメイン会場の名護市民会館では、シンポジウムや国家賠償訴訟一〇周年の祝賀などが予定されている。他府県から多くの関係者を迎えて論議するこの機会に、これまで沖縄内部でも向き合ってこなかったハンセン病の歴史を解き明かしていきたいとの声が日増しに強く聞こえるようになってきた。

「ハンセン病と戦争を考える」をテーマに掲げた宮古集会は、プレ集会として本番前日の五月二〇日に、そして「ハンセン病患者隔離の原点に立つ　西表島・石垣《いしがき》島」フィールドワークはオプショナルプランとして本島での集会を終えた二三日に行われる。

今回の西表行きは、当事者や研究者、市民で構成する事務局メンバーらのいわば下見としての視察であった。案内役はツアーを企画・提案した大田《おおた》静男《しずお》さん。『八重《やえ》山《やま》の戦争』などの著書がある八重山在住の郷土史研究者である。

西表島は八重山諸島で最も大きい島。竹富《たけとみ》町に属し、面積の三分の一は西表国立公園となっている。かつてマラリアが猛威をふるって廃村に追い込まれた村落があることや、県内で唯一石炭を産し、そこに送り込まれていた炭鉱夫が過酷な労働やリンチが加えられるなど悲惨な状況にあったことなどが知られている。

一方、ハンセン病問題という視点からみても西表島には知るべき歴史がある。「救癩《きゅうらい》の父」と呼ばれ、ハンセン病隔離政策を牽引した光田《みつだ》健輔《けんすけ》がマラリア政策を名目に西表視察に来たのは一九一六年。この地に三万人を収容する計画だったことが明らかになっている。

大田さんによると、構想されていた三カ所の「癩村」——仲間《なかま》・高那《たかな》・上原《うえはら》村は、マラリアや風土病のため衰退し廃村に追い込まれていた村であったという。「構想は炭鉱夫問題と酷似している」とも指摘する。つまり「楽園」と思わせて収容する。しかし、実際は叫んでも外に声が届かない、島自体が「監獄」で逃げ出すことはできない状況におかれるという意味である。炭鉱では通貨のかわりに炭鉱内でしか通用しない券を配り、「ヒトゴリ（捕獲人）という施設暴力団」や請願巡査を置いて監視したという。

船でマングローブの林の中の仲間川を遊覧しながらも、隔絶され、どんな思いも声も決して外には届かない場所への「隔離」ということが終始頭をよぎった。

沖縄では一九六〇年代から在宅治療が行われているが、その六〇年代に起こった歴史の場にも案内してもらった。宮古《みやこ》南静園入植予定地である。六四年、宮古にあるハンセン病国立療養所南静園の退園者たちが、社会復帰を目指して集団農業センター設置を計画し、琉球政府行政主席に島東部への移住や資金の貸与などを陳情した。しかし、このことを知った住民の「絶対阻止」の反対などに阻まれ、結局辞退したいきさつがある。

「こんな場所だったんですね。平たい土地が続いているところだと思っていたのに」。入植予定地の傾斜した土地に目をやりながら言葉を出したのは、参加者の上里栄《うえざとさかえ》さん(77)。驚いたことに入植するはずの一人だったという。「歴史」は今につながっていた。

野生のイノシシが多くて作物の被害が多いこと、ここに入植した人たちがその後出て行っていることなど、大田さんの説明を聞きながら、上里さんは三〇歳当時の自身の気持を振り返った。「地元から反対されていると聞いてとてもがっかりした。（入植に）希望を感じていたから。でも聞かされていた様子とは大分違う」と苦笑した。

石垣市内の海岸近くにかつてあった隔離小屋なども含めてフィールドワークを終えた後、石垣市内で話し合いがもたれた。地元の市民も参加し、個々人のハンセン病問題へのこだわりなどが語られた。

発起人の大田さんは、ハンセン病問題に取り組むきっかけになった南静園を訪ねた時のエピソードを語った。八重山から来たと話すと、大変怒った入園者がいた。その人は久しぶりに八重山に帰省して親戚を訪ねたのだが、門前払いされた経験をもっていた。衝撃を受けた。しかし、その衝撃は決して過去のものではない。今なお退所者がひっそりと隠れて暮らしている現状をどうにか打破したい、と。話し合いはその一点に集中した。五月の沖縄での開催の意義は、まさにそういうことなのだとあらためて思った。

豊かな森で続く消耗戦

尊厳かけた高江の闘い

松元　剛

那覇市の北約一〇〇㎞にある東村高江《ひがしそんたかえ》は、人口一六〇人弱の小集落だ。米軍普天間飛行場のヘリコプターが訓練する着陸帯(ヘリパッド)の建設問題で揺れている。二月はプロ野球一〇球団が張るキャンプの話題が連日お茶の間に届いたが、基地新設を強行する国と住民側が繰り広げる勝者なき消耗戦が全国に報じられることはほとんどない。

東村は、沖縄本島北部の東海岸に位置する。人口約一九〇〇人。本島で最も人口が少ない自治体だ。プロゴルファー宮里藍《みやざとあい》の出身地でもある。「東洋のガラパゴス」とも呼ばれる「やんばる(山原)」の森の豊かさを示すかのように、高江周辺のあちこちで携帯電話の電波が途切れてしまう。

風光明媚な高江も軍事と向き合う歴史を刻んできた。海兵隊員らがジャングル戦闘訓練をする北部訓練場(七八〇〇ha)に接し、昼夜を問わず、集落の上空を海兵隊の中型、大型の輸送ヘリが飛び、轟音が響く。兵士六人を吊り下げて運ぶ異様で危険な訓練も実施されている。

ヘリパッド移設は、一九九六年の日米特別行動委員会(SACO)で決まった。北部訓練場の半分以上を返還するものの、残る地域にヘリパッドを集約することが条件だった。明らかになった建設計画は、高江集落を取り囲み、直径四五mのヘリパッドを六つも配置。危機感を強めた住民が粘り強い反対行動を展開してきた。

二〇〇七年夏、防衛省が工事に着手して以来、現場近くの県道沿いにテントを張り、住民と県内外の支援者による三年半にわたる座り込みが続いている。

木工職人で「高江ヘリパッドいらない住民の会」共同代表の伊《い》佐《さ》真次《まさつぐ》さん(48)は「黙っていたら、なし崩しに造られる。静かな高江を子や孫に残す、地域の尊厳をかけた闘いだ」と話す。

機材の搬入もままならず、阻止行動に手を焼いた国は、〇八年一二月、「通行妨害禁止」の仮処分を申し立てた。住民の八歳の息子まで訴える挙に出たが、批判を浴びて取り下げ、失笑を買った。だが、法的手段に打って出た国の強硬姿勢の前に、二度の反対決議をした高江区は、賛成多数で条件付き容認に転じた。結束していた住民の間に微妙な亀裂が芽生えている。国策が地域を分断する構図は名護市辺野古と似通う。

伊佐さんらが訴えられた本訴訟で、那覇地裁は昨年一二月二日、司法が踏み込めない根本問題に北部訓練場の返還問題があると指摘し、「(判決で)真の紛争解決はできない。対話を試みてほしい」と促した。裁判長は「国民同士が戦争をしているようだ」「実力行使が妥当とは思えない」と述べ、話し合い解決を切望する異例の展開となった。

だが、沖縄防衛局は判決を無視する形で、わずか二〇日後の一二月二二日の早朝、「司法と民主主義を否定する不意打ち」(住民側弁護団の加藤裕《かとうゆたか》弁護士)に出て、工事を再開した。着陸帯に向けて設けた仮設ゲートは、住民側がすぐに車を止めてふさぎ、使えないままとなっている。

翌二三日夜には、無人の座り込みテントの真上約一五mの低高度で、米軍ヘリが空中制止する事態が起きた。激しい風圧で鉄製の足が曲がり、いすや机が吹き飛んだ。悪質な嫌がらせに間違いないが、日米地位協定で守られた米軍は低空飛行を否定し、真相はうやむやにされそうだ。

三月から六月までは、特別天然記念物・ノグチゲラが繁殖期を迎えるため、重機などを使った大がかりな作業ができない。そのため、焦りを見せた防衛局側は二月に入り、連日約八〇人を投入し、大型トラックで運んだ土のうを荷台から反対住民の頭越しに投げ込む荒っぽい作業を続けている。

住民側の硬軟両面の抵抗はしたたかだ。仮設ゲートから県道沿いに数kmにわたって作業員らの現場入りを阻むネットを張り巡らし、「器物損壊」を避けるため、作業員らはネットのわずかなすき間を身をくねらせてくぐり、森に入る異様な光景が連日、続いている。

大型トラックが到着するたび、腕章を着けた防衛局員が一列になって住民を押さえ込もうとする。怒号が飛び交い、緊迫した空気が漂う。一方で、年配の地元女性が若い作業員に、沖縄の戦後史を説いて聞かせる場面もある。

N1と呼ばれる着陸帯は県道から一・五kmの進入路を造る計画だが、防衛局側は、運んだ土のうを解いて土を敷き、少しずつ延ばす非効率極まりない作業を強いられている。数の上では明らかに劣勢な住民側の抵抗で、着工以来の三年半で工事はわずか一五〇mしか進んでいない。

住民を支援する女性が緊迫する現場でこう言った。「愛着のある地域で暮らすごく普通のおじぃやおばぁが座り込み、基地反対を訴える地域が沖縄以外にありますか」。高江の闘いにも、菅直人首相が好んで使う「不条理」が凝縮されている。

2011.7

嘉手納爆音訴訟原告二万人超

不屈の闘い支える弁護団

松元　剛

米軍普天間飛行場を一望できる宜野湾市嘉数《かかず》の高台に、在沖米総領事の公邸がある。「沖縄はゆすりの名人」などの蔑視発言で三月に国務省日本部長を更迭されたばかりのケビン・メア氏もその主だった。

高台の嶺に建つ白亜の豪邸は、普天間飛行場の着陸コースのほぼ真下にある。以前、公邸で開かれたパーティでこんな光景を見た。着陸中のＫＣ130空中給油機の爆音が響き、庭にいた沖縄大使の妻が驚いてしゃがみ込んだ。機影が消えた後、彼女は顔を引きつらせてこう言った。「こんな怖い音は初めて。住んでる人は大変ね」。給油機のプロペラが出す音は一〇〇デシベルには達しないが、約一〇km離れた嘉手納《かでな》基地の爆音はさらにすさまじい。

自動車に警笛を鳴らされると、不意を突かれびくっとする。安全を促す警笛だが、大き過ぎると逆に身の危険さえ感じる。生活圏に接して軍用機が日常的に離着陸する沖縄。地響きのような金属音は肉体の痛みと錯覚することもある。遮る術がない極東最大の米空軍基地・ＫＡＤＥＮＡに離着陸する戦闘機の爆音にこんな感覚を抱くことがある。

一～二m前で、目いっぱい鳴らされる乗用車の警笛音。これが一一〇～一二〇デシベルだ。嘉手納基地周辺で耳をつんざくこの音量の爆音が午前三～五時頃に響く事態が頻発している。米本国などの基地から押し寄せた外来機が数カ月の訓練を終えて帰投する際、数千人から数万人の周辺住民の眠りを突き破る。未明に飛び立つ理由は「本国で安全な昼の時間帯に降りるため」だ。周辺住民の苦痛にお構いなしの軍事優先がとまらない。

住民の基本的人権が侵され続ける〝憲法番外地〟で、空前の規模で告発の矢が放たれた。一九五一年に沖縄が日本から切り離されたサンフランシスコ講和条約発効から満五九年。沖縄で「屈辱の日」と称される四月二八日、原告二万二〇五八人が第三次嘉手納基地爆音訴訟を起こした。強まるばかりの基地の重圧に業を煮やし、元自民党の議員から基地従業員まで主義主張と世代を超え、全国最大の原告団が立ち上がった。

一次訴訟から弁護団を率いる池宮城《いけみやぎ》紀夫《としお》弁護団長は「民主党政権は、県民の期待を裏切り、普天間飛行場の県内移設に回帰した。あくまで沖縄に基地を押し付ける構造的差別と日米安保への憤りは、司法の場でも圧力を掛けないと最低限の静かな生活を取り戻せないという主権者意識となって広がった。二万人超の原告結集の要因だ」と話す。

保守地盤で県内でも日米安保への許容度が高いとされてきた嘉手納町では、実に三人に一人の町民が原告に加わった。現代の民衆蜂起と言っていい民意のうねりである。

一次訴訟の原告は九〇七人。二〇〇〇年の二次は五五四四人だった。本土復帰後も続く基地被害との不屈の闘いは、自治体の基地行政とも連携し、県民の支持を得てきた。爆音のひどさに耐えかねて他の地域に移ったものの、故郷が恋しくて夜半に泣く高齢の母親を半年近く元の家に連れて行き寝付かせた息子、初めて覚えた言葉が、戦闘機が飛ぶたびに母親が叫んだ「こわい、こわい」だった赤ちゃん……。住民の心身を蝕む爆音禍を取材する記者たちは沖縄の不条理と住民の側に立って基地の弊害を突く報道の大切さを学び、沖縄の基地ジャーナリズムを研ぎ澄ませてきた。

「沖縄社会の公共財」と位置づけられる爆音訴訟を二九年にわたって中軸で支えてきたのは、原告が愛着を込めて呼ぶ「大阪弁護団」である。一九八二年提訴の一次訴訟の担い手不足を救おうと、大阪から手弁当で馳せ参じた。

一次訴訟で国は「特殊な感覚の持ち主が存在することで、適法な行為(飛行)が許されなくなるのは公平を失する」と主張した。この「異常者発言」は県民感情を逆なでした。「大阪」のまとめ役の松井《まつい》忠義《ただよし》弁護士は「国側をやり込める原告の迫力はすごかった」と振り返る。国は裁判長の撤回勧告に応じず、現在までその主張は「異常者発言」の延長線上にあるように映る。松井さんは「日米安保の矛盾と差別が渦巻く沖縄の実情を変えることは日本の民主主義を変えることにつながる」と訴訟の意義を話す。

若手だった神谷《かみや》誠人《まこと》、西村健《にしむらたけし》の両弁護士の髪にも白いものが目立つようになった。二人は爆音が最も激しい北谷町《ちゃたんちょう》砂辺《すなべ》に泊まり込んだ一夜を生涯忘れない。「明け方にトタン屋根の家がつぶれるような音で飛び起きた。あまりの衝撃に呆然とした。立命館大学の法科大学院で教鞭を執る森《もり》下弘《したひろし》さんを含め、二五〇回以上、沖縄に足を運んだ。沖縄民謡を歌えば、ウチナーグチの抑揚を難なくこなす。

第三次訴訟には、悲願の飛行差し止めを実現しようと、沖縄弁護士会の中堅・若手弁護士二〇人も参加し、地域に密着して活躍している。「義を見てせざるは勇なきなり」の法律家魂、本土との「温度差」を超える「大阪弁護団」の情熱が、巨大原告団を支えていく。

2011.8

「六月の空」

宮森小学校ジェット機墜落事件から五二年

山城紀子

『六月の空』は昨年六月三〇日にハーフセンチュリー宮森という市民グループが制作した絵本の題名である。一九五九年六月三〇日午前一〇時四〇分頃、アメリカ空軍のジェット機が石川市(現うるま市)の住宅地に墜落、近接する宮森小学校を直撃し、児童一一人と住民六人が死亡、二一〇人の負傷者を出した実際の事件を題材にしている。

事件から五二年。今、沖縄では「宮森」が各地で熱く語られている。遺族や当時の宮森小学校の教師、児童たちが半世紀の沈黙を破って体験を語りだし、あらためて「事件」の全容が知られるようになったこと。また五〇年以上経った現在も沖縄の空が安心・安全にはほど遠いどころか、さらなる危険が迫っている——開発過程で何度も墜落事故を起こし、危険な航空機として知られるオスプレイを来年一〇月から普天間基地に配備するとの政府発表——ことなどが重なって、「宮森」を決して風化させてはならないとの広がりにつながっているのだと思う。

沖縄の六月は平和を願い、考える月。日本軍の組織的な戦闘の終結した日とされる六月二三日「慰霊の日」に向けて、戦後六六年の今年も各地で慰霊祭や平和学習、戦跡巡りなどが繰り広げられた。ハーフセンチュリーのメンバーである宜野座映子《ぎのざえいこ》さんに同行し、『六月の空』を取り上げた児童生徒と教師、父母の取り組む平和学習を見て歩いた。

六月九日に訪ねた伊波《いは》小学校(うるま市石川伊波)は、宮森小学校から車で五分くらいの場所にある。体育館に集まったのは二年、四年、五年生の児童たち。「宮森小学校のジェット機墜落事件を知っている人?」との教師の問いに、驚くほど多くの児童の手が挙がった。舞台中央のスクリーンに絵本の絵が映る。それを見ながら宜野座さんたちの読み聞かせを聞く形で進められた。

主人公は二年生の琉くん。祖父母の家で日中を過ごす琉くんはその日も仏壇の前で三線《さんしん》を引き続けている祖父のそばでうとうとしてしまう。夢の中で、友達になった宗ちゃんに誘われてある学校まで行き、そこでジェット機の墜落を体験する。宗ちゃんは実は祖父母の子。おびえる琉くんに祖父母が「五〇年、一日も忘れたことのない」宗ちゃんについて語り出す。

後日、五年生の感想文を読んだ。「小さい二年生が吹き飛ばされて、まるこげになって。もう話を聞くだけでこわい」「私は心にしみていっぱい泣きました。忘れずに伝えていきたい」「ジェット機が少しでもずれていたら伊波小に墜ちていたかもしれません」「事故当時、僕のおじいちゃんは宮森小学校にいたそうです。ジェット機が飛んでくるのを見て急いで逃げたそうです。おじいちゃんの親友は事故で亡くなったそうです。その話をするたびに僕の明るいおじいちゃんが泣いたりします」

一六日は糸満《いとまん》市の兼城《かねぐすく》中学校。授業の始まる前の時間を使って多目的スペースで行われた。読み聞かせのボランティアの女性一人と生徒九人による群読である。一人の生徒は三線を弾き、主人公の祖父の悲しみを音で表現した。

週一回ボランティアで読み聞かせの活動をしている女性たちもこの日は聞き手にまわった。生徒自身が取り組み、練習を重ねて演じた成果を口々に語り合っていた。

慰霊の日前日の二二日は与那城《よなしろ》小学校だった。絵本には宮森を描いた舞台『フクギの雫』のためにメンバーが手がけたオリジナル曲『想い花』もCDとして付いている。その歌と演奏も含めて同校の保護者やOBで結成するボランティアが全面的に協力していた。『六月の空』は図書館の教師の勧めで決めたという。教師は「七年前の沖縄国際大学のヘリ事故もあったので……」と勧めた理由を語った。

元教師の宜野座さんは、石川高校に赴任した時、「宮森」の聞き取りをしようと考えたことがある。三三年の時が経っていた。しかしいざ聞こうとするとどの人も強い怒りを返してきた。「話すと寝込む、と言った人もいましたね」。沖縄では死後三三年目の回忌は「ウワイスーコー(終わり焼香)」と言って最後の年忌にする。しかしそのウワイスーコーがきてもそれほどの強い怒りがあることに宜野座さんは悲しみの深さを感じたという。〇九年一月、若者たちとハーフセンチュリー宮森を結成。聞き取りを重ね、舞台そして絵本を制作し「忘れない」ための活動を続けている。

当時の教師や遺族らの証言集『沖縄の空の下で』も一巻(二〇一〇年九月)、二巻(二〇一一年五月)と相次いで出版された。米軍側の説明では不可抗力の事故とのことだったが、メディアの取材で四〇年以上を経て初めて整備不良であったことがわかるなど、事故と呼ばれていた宮森は「事件性」を帯びてきた。

沖縄の空は確かに青く美しい。しかしかつて「六月の空」に起こったことを知ってもらい、美しいだけではない沖縄の空の危険な実態に目を向けてほしい。

2011.9

依存脱却し自立へ

沖縄振興の正念場

松元 剛

米軍普天間飛行場の返還・移設問題など、基地問題に埋没し、全国的な注目度はまだ低いが、今年から来年にかけて、沖縄振興のありかたが大きく様変わりする。

戦後二七年間の米軍統治による社会資本整備の遅れを取り戻すため、国が責任をもつ沖縄振興計画、沖縄振興特別措置法が第三次をもって二〇一二年三月末に切れる。沖縄県が策定した二〇三〇年までの長期構想「沖縄21世紀ビジョン」の実現に向け、次期振計は国ではなく県が策定する。

来年度以降の振興予算をめぐり、沖縄県は国に使途を縛られない「沖縄振興一括交付金」の創設と約三〇〇〇億円の全額を一括交付金化するよう求めている。その導入の可否と額は、地域主権の確立と国主導の沖縄振興からの脱却に向けた重要な試金石となる。

沖縄振興計画は一〇年毎の沖縄社会全体のありかたを決める羅針盤だが、国が了承しないと成り立たなかった。沖縄県は制度設計の決定権をもたず、事業の優先順位も付けられない。こうした地域振興の図式は沖縄だけであり、財源、政策立案の両面で自治体の「国頼み」を強めた。

前泊博盛《まえどまりひろもり》沖縄国際大学教授は「日米安保を支える在沖の米軍基地を維持するため、真の自立にはつながらない振興策が展開された」と指摘する。基地を押し付ける「アメとムチ」「補償型基地維持政策」は、自立を阻む中途半端な沖縄振興と表裏をなしてきた。その源流をたどってみる。

初の主席公選で屋良朝苗《やらちょうびょう》氏が当選した一九六八年頃から、沖縄側が求める本土復帰後の特別措置について、中央省庁の官僚や自民党国会議員の間で「沖縄を甘やかすな」という空気が広がった。

これを憂慮した日本政府沖縄事務所長の岸昌《きしさかえ》氏(後に大阪府知事)は六九年四月、『沖縄タイムス』論壇に「沖縄復帰の精神」を寄せ、「五年や一〇年は瞬時に等しい。特例措置を惜しんで、沖縄を「第二の琉球処分」にしてはいけない」「沖縄の米軍統治は不幸だが、沖縄を知らない本土の官僚が沖縄の復帰対策にかかわることは最も不幸なことだ」と、戦後の苦難の歩みに寄り添おうとしない霞が関・

永田町の沖縄観を厳しく戒めた。

岸論稿は、政府の日本復帰業務を指揮した山中貞則総務長官に大きな影響を与えた。沖縄返還が迫るにつれ、山中氏は事あるたびに「沖縄の耐える哲学の歴史に終止符を打ち、償いの心をもって沖縄振興に国が全責任を持つ」と強調した。「償いの心」が立法趣旨として息づき、①国が沖縄振興法を制定、②首相が振興計画を策定、③高率補助を適用、④予算は内閣府(旧沖縄開発庁)が一括計上——の四点セットが沖縄振興の大きな特徴となった。

一九七二年の日本復帰時、沖縄開発庁沖縄総合事務局で世替わり業務を担った宮田裕さん(68)は「自治省派遣のエース級職員が説いた「土地に、仕事に、女房に惚れろ」の三惚れ精神に奮い立ち、沖縄振興の重力場として、東京でも沖縄でも全職員が意欲にあふれていた」と振り返る。

時代の要請でもあった全国一の高率補助は、急ピッチのインフラ整備を可能にし、ダムや空港、道路などの整備が大きく進んだが、年を追って弊害が目立つようになる。

地元採用ノンキャリアとしては異例の総合事務局調整官を務めた宮田さんは、膨大な資料をひもときながら、沖縄振興の欠陥を分析し、古巣にも厳しい批判を加えてきた。

総合事務局の業務は県との二重行政となり、国直轄の公共事業は教育や福祉など、県民生活に密着した分野には充てられない。本土復帰後、九兆二〇〇〇億円余が投じられたが、国直轄公共事業費の約五割が本土企業に環流される「ザル経済」「ODA沖縄版」(宮田さん)となっている。

ものづくりを担う「製造業」の比率は本土復帰時の九・七%から四・二%(二〇〇八年、全国二〇・四%)に低迷したままだ。失業率は全国の倍近くで高止まりし、約五三万人の雇用者の四一%が非正規雇用に甘んじ、社会の格差が広がる一方だ。財政投資が民間経済活性化に結び付かない悪循環が続いている。二〇一一年度の沖縄振興予算(一九六七億円)はピークだった一九九八年(四四三〇億円)から五六%減った。

ハード整備にしか使えない公共事業費は、年に数日しか稼働しないごみ処理施設や漁船が寄りつかない漁港などを生み出し、計画が達成できなくても誰も責任を取らない「無責任体制」も温存されてきた。

「地域の未来を定める自己決定権を奪われてきた沖縄を転換する絶好機がきたが、沖縄振興に対する政府の姿勢は「償いの心」の原点が見失われて久しい。沖縄主導の振興、一括交付金に対し、既得権をもつ官僚の抵抗は頑強だ。基地とのリンクを拒む沖縄側の強い決意と覚悟が問われている」。宮田さんの指摘は重い。

白保豊年祭の喧騒の中で

祈りのリアリティ

山城紀子

「豊年祭に行くよ。行ってみない？」とセツさんに誘われたのが八重山の白保《しらほ》豊年祭に行くきっかけになった。新聞やテレビのニュースで見るぐらいでほとんど関心を持ったこともなかった豊年祭に行く気になったのは、白保にあるセツさんの亡夫・迎里竹志《むかいざとたけし》さんの墓参りをしていないことが気になっていたからだ。四年前に亡くなった竹志さんはハンセン病国立療養所沖縄愛楽園の元自治会長で、晩年はハンセン病に対する差別・偏見を解消する啓発活動に力を入れていた。死後は生まれ故郷の白保で眠りたいと、生前に建てていたその墓に七月末、セツさんや竹志さんの身内と、やっと訪ねることができた。

　先に白保入りしていたセツさんや竹志さんの姉の多宇《たう》勝《かつ》子《こ》さんは、すっかり祭気分の中にいた。訪ねた前日からすでに豊年祭は始まっていたのである。八〇代の勝子さんと七〇代のセツさんに引っ張られるかっこうで祭の場を歩いた。豊年祭が「五穀豊穣を神に感謝する祈願祭」というぐらいしか知らない私のために、勝子さんは白保の豊年祭の特色をあれこれ語り続けた。多くの豊年祭が二日だが、白保は三日にわたっていること、一日目の前日は各御《おん》嶽で司が願いを行なったのだという。後日調べたところ、それは前年にお願いしたことをほどき、あらためて願いをする「願解き」といわれる儀式のようだった。

　二日目のその日は、白保にある四つの御嶽――嘉手刈《かでかる》御嶽、真謝《まじゃ》御嶽、波照間《はてるま》御嶽、多原《たばる》御嶽――でそれぞれ氏子が集まってお供えの準備などに追われていた。どの御嶽にも鳥居があった。新穀でつくった神酒や食物が供えられ、神女たちは古謡を歌い続けていた。「神酒は今でこそミキサーで作るけど、昔は歯の丈夫な若い女たちが噛んで吐き出してため、石臼で挽いたんだよ」。手を休めずに供え物へのこだわりを話してくれる人もいた。石臼で挽いた後は密封して発酵させたようである。それも米だけでなく、粟、キビ、麦などでも作ったというから大変な労力であっただろう。

　供えてある青物の一つひとつも店に売っているものでは

なく、サクナー(沖縄ではチョーミーグサ=長命草と呼ばれるもの)やクヮンソウーなどを摘んできて、一品一品、味噌・ピーナツであえたものらしい。「どうぞ」と差し出されるままにいただいたが、どれもいかにも手作りの味。サクナーの味噌和えなどは好んで食べたいほど美味しかった。

夕方以降は真謝御嶽で過ごした。「二日目の今日は豊年に対する感謝をする日」と勝子さんが耳打ちしてくれた。「アヨー」と呼ばれる古謡は、旅人の私にはまるで意味がわからなかったが、実りを得て、それを供えて、祈願いたしますというような内容だと聞いた。壇上での代表者の挨拶もあえて白保独自の言葉を使う人が多く、集まった人たちは独特の語りも楽しんでいた。舞台では、幼児から小・中・高校生、女性、高齢者と幅広い世代の住民が交互に演舞を披露した。子どもたちの棒術などいったいどれだけの練習をつんだのだろうか。どれだけの指導者が関わったのかと思うほど気合も十分、迫力いっぱいの演技だった。

最後は巻き踊り。参加者が円を巻きながら踊り続ける輪の中に勝子さんもセツさんもいて夢中で踊っていた。観光客らしき顔もある。どの顔も笑顔でエネルギッシュだった。

「白保は昔津波ですっかりでやられたところだから……」。帰り道、勝子さんが語った一言にドキッとした。明和の大津波(一七七一年)という言葉は聞いたことがあり八重山・宮古が被害に遭ったことは知っていた。しかし白保がほぼ全壊し、当時の村の人口一五七四人中一五四六人が死亡、生存者はわずか二八人だったということまでは知らなかった。勝子さんは小学校で津波が起きた時の避難の仕方を教師から教わったそうだ。「潮が引きすぎたら逃げなさい」と。白保は、津波で多くの人が家族や友人を失っただけでなく、村そのものが壊滅。その後、波照間島から強制的に寄百姓《よせびゃくしょう》をさせることによって再建した地であったのだ。

祭の三日目。四カ所の御嶽の祭が一つに集まって豊年祭もピークになる。来年の豊穣を祈願する意味からさまざまな奉納芸能が展開されるのだが、そのスタートは三月一一日に発生した東日本大震災への黙禱であった。年齢の高い人たちは明和の大津波を頭の中で描いていたに違いない。他人事ではない、と代表者の挨拶の中でも語られた。

白保豊年祭の目玉行事で六〇年余前から行われている、種まきから収穫までの過程を描いた「稲の一生」の仮装行列、踊り、太鼓など賑やかな奉納は会場を埋め尽くした人たちの笑いと拍手の中にあった。その喧騒の中で、三日もかけて豊穣を感謝し、祈るという祭の持つ厳かな一面を考えさせられていた。恐れおののく対象でもある自然を経験した古人《いにしえびと》の知恵としての「祈り」に強烈なリアリティを感じた。

2011.11

社交街の一角から沖縄を見つめて

あるバーの閉店

松元　剛

本土ではあまり用いられない独特の言い回しかもしれない。人と人が触れ合う度合いに比例するのか、沖縄では「社交街」と呼ばれる夜の街が多い。色とりどりの土産物が並ぶ那覇市のメインストリート・国際通りの裏手にも浮き沈みがありながらもしぶとく生き残る桜坂社交街がある。その一角で、沖縄の日本復帰前から主義主張を超えた交流と絆が息づいてきた名物バーが、九月いっぱいで閉じた。

店の名は「凪《なぎ》」。一九七〇年一一月一九日の開店以来、仲田美奈子《なかだみなこ》さん(76)が一人で切り盛りしてきた。タイピストの資格をもち、米軍統治下の裁判書類を手掛けていた美奈子さんが「恋に破れて落ち込んでいた頃」、三人の弁護士に勧められ、凪のママを引き受けた。

開店した日は、北ベトナム爆撃に向かおうとした「黒い殺し屋」B52戦略爆撃機が嘉手納基地内に墜落・炎上した大事故から満二年の節目だった。米軍が基地自由使用を維持した沖縄返還のありかたへの反発が渦巻き、政情は混沌としていた。一カ月後には米軍車両が焼き払われる「コザ反米騒動」が起き、日米間の重大な政治問題に発展した。

米軍基地の存在と復帰の内実をめぐり、保守と革新が対峙する沖縄の政治風土の中で、保革の政治家、行政マン、労働界の指導者、裁判官や弁護士、幹部警察官ら多士済々の常連客が凪に集うようになる。

米軍による任命制だった主席の公選制実現に奔走し、屋良朝苗氏を初の公選主席に導いた福地曠昭《ふくちひろあき》さん(80)も常連だった。教職員の政治活動を禁じる教公二法案の阻止闘争を引っ張っていた福地さんは凪開店の三年前、右翼の暴漢に襲われて右足を刺され、切断間際の重傷を負い、三日間も生死の淵をさまよった。

常に大衆運動の中心にいて、「沖縄戦後史を駆け抜けた男」と称される福地さんは「本土の記者が着任すると凪に連れていき、沖縄問題の何たるかを説いた。ママとの議論で問題意識がさらに深まった」と記憶をたどった。

六、七のカウンター席とソファ一つの狭い店だが、堅固な石灰岩の壁と無数の貝殻を埋め込んだ漆喰の天井が、鍾乳洞のような雰囲気を醸し出す。「客の話をよく聞いて、自分の考えをしっかり返すママの話題の広さと人柄を慕った客が党派を超えて交流した、沖縄らしい不思議な言論空間だった」。西銘《にしめ》順治《じゅんじ》知事時代の新垣雄久《あらかきたけひさ》元副知事（82、現沖縄県社会福祉協議会長）は懐かしそうに振り返る。

美奈子さんは「話題は政治一本。色恋沙汰はご法度。カラオケも入れない。侃々諤々語り合うお客さんとの会話が楽しく、言い合いになったりもした。気がつくと、選挙の敵方同士が票読みを情報交換したり、デモを取り締まる警察官と労組員が肩を組んでいたね」と話す。

台風の暴風雨圏に入っても、四一年間一日も休んだことがないことが誇りだ。ゴーヤーの和え物など、健康にいい料理は出すが、客にビールを注いだことはない。泡盛を水で割るのもセルフサービスだ。魚と野菜中心の粗食を貫く生活で、病院にかかったことはない。「客商売なのに殿様みたいな商売をしている。沖縄のことばかり話す私に付き合ってくれたお客さんの方が偉い」。色白の顔に浮かべる茶目っ気たっぷりの笑顔はまだまだ魅力十分だが、年を重ねた常連の客足が遠のいたため、店の歴史に幕を引く決意を固めた。

幅広く情報を集めて見立てる重要選挙の当落予測の的中率には何度も驚かされた。県知事選や国政選挙の告示・公示前後、世論調査結果が報じられる前に尋ねても、外れたことがほとんどない。百票単位で差を当てたこともある。

二〇一〇年の政治決戦といわれた県知事選でも、「伊波洋一さんは現職の仲井真弘多さんに勝てない。大田《おおた》昌秀《まさひで》さんが西銘順治さんを破った時の勢いがない」とスパッと読み切っていた。新聞を隅から隅まで読み、政治にまつわる本を読みあさる知的好奇心は旺盛だ。桜坂から沖縄社会の空気をつかむ鋭い観察眼から、私も多くの刺激を受けた。

渡米して普天間飛行場の県外移設を求めた仲井真知事の評価を聞くと、「「辺野古は不可能」とか、まだ言葉が第三者的に響く。もっと毅然としてほしい」と手厳しい。

九月二一日の日米首脳会談後、野田佳彦首相発言は「首相、沖縄説得に全力」と報じられた。民意が反映されず、沖縄の試練が続く政治状況は復帰前と重なる。美奈子さんの目には「まだ与えられた民主主義のレベルだ。（日本は）本物の民主主義国家じゃない」と映っている。

「復帰前は自治を抑圧する米国という敵が見えたが、復帰後は経済振興というアメを繰り出す日本政府の目くらましにあった。しかし、今は、闘う相手がよく見える。基地をなくす最大の好機を逃してはいけない。あんた方若い人が頑張らないと」。「桜坂の優しい女傑」（新垣元副知事）の目が少しだけ鋭さを増した。

2011.12

長寿と介護と女たち

山城紀子

介護をしている女性たちが体験発表をする場に出向き、心底驚いたことがあった。老老介護の妻が、夫の介護を続けている中で心身ともに疲れ果て、医師から処方してもらう睡眠薬を死ねる分量までためているという内容だった。

また、認知症になった母親のことを誰にも相談できないまま数年経っていた娘は、仕事のある夫や子の睡眠を妨げないようにと昼夜逆転して夜中に騒ぎ出す母を車に乗せ、夜ごとに高速の南から北を繰り返し走り続けたという。頭の中ではいつも無理心中がよぎっていたのだとも語った。

泣きながら話す体験者の話に、介護の大変さがわかる聞く側も身につまされて涙をふきながらもうなずく。沖縄の介護の深刻な実態を痛いほどに感じた場面だった。今から二〇年くらい前のことである。

女性の新聞記者として(当時)、長寿の喜ばしさにスポットをあてがちな報道のありかたを大いに反省させられた。その後、介護の担い手である女性たちの立場や声に耳を傾ける取材を心がけてきたと思う。それにしても、介護は女性(娘として、嫁としてなど)なら当然と考える「世間の目」を気にするあまり、重すぎる介護の負担や深刻な実態を語ることすらできない、という女性たちがなんと多いことか。「介護の社会化」など、とてつもなく遠いもののように思われた。

「長寿」は沖縄のブランドである。特に県外・国外のメディアが沖縄の高齢者に目を向ける時は、決まって長寿の誇り、喜び、明るさにねらいが向く。シンガポールの国営テレビが訪れて「長寿と食の関連探る」とか、フランスの雑誌が高齢になっても元気で明るい「沖縄長寿」を一〇ページにわたって特集しているというような話題がちょくちょく取り上げられる。

そういう状況の中で二〇〇一年九月、〃私たちが望む介護とは〃をキャッチフレーズに結成された市民ボランティアグループが、「介護を考える女性の会」だった。前年の二〇〇〇年には介護保険がスタートしている。同制度に対しても実際に介護をしている利用者の立場から、個々のニーズに合った情報の提供と、サービスの質の向上を確保するという明確な視点を打ち出した。

以来一〇年、介護を取り巻く多様な活動を続けている。講師による一時間程度の介護に関わる講話と、その後のフリートーキングで構成される「介護者のつどい」は、この間大きく内容を変えてきた。参加者は常に四〇人前後いる。当初、長年抑えてきた辛さや苦しさのためか、言葉に詰まって語ることができない参加者も少なくなかったが、一〇回、一五回、二〇回と回を重ねることで、現在は情報交換、あるいは介護者同士のピアカウンセリングの様相が強くなってきた。明日から使えるものを獲得したい、との参加者の強い意欲も感じる。

那覇市内だけでなく、中・北部や離島の宮古・八重山での研修も開催している。離島での研修の時、「これまで研修の機会が少ないだけでなく、ほとんどがハウツー。介護をする人がつぶれないためにも手抜きこそ大事とか、周囲の男たちも巻き込んで負担を軽くすべきというような話はなかなか聞けない。気持が軽くなった」との感想が強く耳に残った。

二〇〇八年には北部支部も結成された。特養ホームや介護老人保健施設などの調査報告書の発行や、『認知症の親をみる』『ポジティブ介護でいこう!』など体験発表をまとめたブックレットの発行、介護相談の実施など、活動実績が増えていくほどに、市民の間でも会の存在がかなり定着してきた。男性の参加も目につくようになっている。

先日は同会主催の高齢者施設見学に参加した。定員が八〇人のある特養ホームでは、定員の一〇倍の八〇〇人が待機しているという説明だった。かつては「三、四年待ち」といわれていたが、今や「五、六年待ち」という状況のようだ。

また、ある有料老人ホームでは、日中、職員がほとんどいないこともあって、別の場所にあるデイサービスに参加することが入居の条件だとか。参加者からため息がもれた。

共同代表の堀川美智子《ほりかわみちこ》さんは「尊厳って何かを問い続けねば」と強調する。利用者本位といいながら実際は介護サービスの負担が重くなっていく現実。「低所得者の人ほど家計への負担が大きい。身体拘束や虐待の増加も気になる」

一〇年の活動の成果は大きい。しかし市民目線の取り組みは、いよいよ必要だと痛感する。「長寿」を心から喜べるようになるためには、山積している問題、課題に向き合わねばならない。

2012年

日本復帰40年
冷たい「本土」

8〜9月　尖閣・竹島をめぐり中国・韓国との関係悪化
10月　オスプレイ，普天間飛行場に強行配備
10〜11月　集団女性暴行致傷，民家に侵入・殴打など米兵事件が続発
11月　中国，習近平氏を総書記に選出
12月　衆院選で自民圧勝，再政権交代へ

米軍普天間飛行場に初飛来するオスプレイ（10月1日，宜野湾市喜友名から撮影，琉球新報）

2012.1

苦渋の選択はしない　稲嶺さんが語る民意

松元　剛

米軍普天間《ふてんま》飛行場の沖縄県内移設の可否を考える時、その時間軸の立て方で変化の輪郭が鮮明になることがある。民主党政権の誕生から二年余の激動に目が向きがちだが、県内移設が模索、推進された十数年の歳月を振り返ると、沖縄の民意の変容がくっきり浮かぶ。

南国沖縄でも、半袖のかりゆしウェアだと肌寒さを感じる日が増える一一月半ばを過ぎると、現場を踏んでいた一一年前の一一月二二日を思い起こす。沖縄は基地問題で多くの記念日を刻んできたが、その中でも特別な日の一つだ。

かりゆしウェアがまだ浸透していなかった一九九九年のこの日、当時の知事の稲嶺恵一《いなみねけいいち》さんが記者会見し、米軍普天間飛行場の移設先を「キャンプ・シュワブ水域内の名護《なご》市辺野古《しへのこ》沿岸域」と発表した。

知事室から会見場に向かう稲嶺さんは、要人警護の警察官(SP)と県職員に守られながら、「沖縄を売るな」と怒号を発する市民団体の約五〇人にもみくちゃにされた。

会見が始まると、青ざめた表情で、県民向けに記した文書を二五分かけて読み終え、深いため息をついた。「苦渋の選択だが、ベター」としつつ、沖縄の知事が初めて大規模な基地新設を認めることへのためらいがうかがえた。

満州生まれの稲嶺さんは、太平洋戦争中の一九四三年、タイから日本に帰国する途中、輸送船が米潜水艦に撃沈された。救命ボートが台湾・高雄に漂着し、生き永らえた。

会見では、自身の戦争体験、平和への思いに時間を割いた上で、県内移設の理由を説明したが、三日前には「県民の願いは無条件返還だ」とも発言していた。

解説記事で、私は「(新基地の一五年使用期限や基地被害の抑制などの)受け入れ条件が達成される担保は何もない。政府への白紙委任に近い」と厳しく論評した。

県内移設の賛否を問う報道各社の県民世論調査で、ただ一度だけ、容認派が上回ったことがある。稲嶺さんの表明直前に実施した『琉球新報』と『毎日新聞』の合同調査だ。「容認」が四五・七%、「容認しない」が四四・一%だった。設問が「賛成」「反対」ならば、違った結果になったかもしれないが、沖縄社会の揺れが表れた数字だった。

二期八年、基地問題に忙殺され、政府との困難な交渉が続いた稲嶺さんは「ほぼ毎晩、泡盛のお湯割りと睡眠薬を飲まないと寝付けず心身が消耗した」と重圧を振り返る。週に一度のスポーツジム通いと法子夫人がつくる特製ジュースとビタミン剤で何とか体調を保った。

稲嶺さんがとなえた一五年使用期限は日米両政府がまともに取り合わず、二〇〇六年の米軍再編合意で新たな辺野古V字滑走路案が繰り出され、反故にされる。今に連なる新たな移設案を認めないまま、稲嶺さんは県庁を去った。

後を託した仲井真弘多《なかいまひろかず》さんはV字案を容認していたが、「最低でも県外」を掲げた鳩山政権の誕生と辺野古への回帰を経て、県外移設要求に舵を切った。九月に訪米し講演した仲井真知事は、知日派の識者や国務、国防両省の官僚の前で県外移設を要求した。日米両政府が辺野古移設を強引に進めた場合、「全県的な激しい基地反対運動につながりかねない」と強い口調で日米関係への悪影響を警告した。

仲井真知事の発言は、辺野古は不可能と見なす米議会有力者、海兵隊の米本土西海岸への撤収を提唱したモチヅキ、オハンロン両氏の共同論文に色濃く反映され、普天間の航空部隊を含めた在沖海兵隊の豪州移転を主張した元国防次官補のジョセフ・ナイ氏の論稿にも影響を与えている。

自らの辺野古移設表明から一一年。今、稲嶺さんは県内外での講演やメディアの取材で積極的に発言し、政府と渡り合う仲井真さんを支える役回りを自認する。野田政権の主要閣僚と民主党幹部らの沖縄もうでが相次ぎ、来年度からの沖縄振興策と引き換えに普天間移設を進めたい政府の本音を見透かすように、その物言いは鋭さを増している。

「辺野古ができると考えている人は、沖縄にはいない。大田昌秀《おおたまさひで》知事の時代も私の時も、辺野古反対は六割超。鳩山さんの辺野古回帰で、一気に八割を超えた。私を含めて県民は苦渋の選択を強いられてきたが、もう苦渋の選択はしない。県民はあるべき沖縄の姿を臆せず主張するようになった。八割を超えて反対する世論を無視して、仲井真さんが辺野古移設を受け入れることはできない。沖縄は変わったのだ」

クリントン米国務長官がアジア外交の将来像を論じた最新の論文で「政治的に持続可能な米国の軍事態勢が必要だ」と言及した。「沖縄の怒りのマグマは後戻りしない」(稲嶺さん)。県内移設拒否で一つに結ばれた沖縄の民意は「政治的に持続可能」な状況と対極をなす。もはや、県内移設が可能だと言い張るのは日米両政府だけだ。在沖海兵隊が政治的にも軍事的にも役割を終えつつあることを対米折衝に反映させるべきだ。

2012.2

沖縄でも開かれた水曜デモ一〇〇〇回アクション

山城紀子

「韓国水曜デモ」が一〇〇〇回を迎える昨年一二月一四日、沖縄でも女性たちを中心に「韓国水曜デモ一〇〇〇回アクション@沖縄島」と銘打った集まりが那覇《なは》市内で開かれた。全国、いや世界各地で日本軍「慰安婦」被害者に正義を求めるアクションが多様に開かれることに連帯する集まりである。一九九二年宮沢元首相訪韓を前に、「慰安婦」問題の事実認定、公式謝罪を、賠償などを求めて女性たちがデモを行なったことを機に、毎週水曜日、ソウルの日本大使館前で行われるようになって二〇年の時を刻んだことになる。

「雨の日も風の日も、よねえ」「〇〇さんも亡くなられたのね」。そんな会話を交わしながら参加者は席を埋めていった。日本軍「慰安婦」とされた韓国人女性がボランティアと共同生活をしているナヌムの家を訪ねた人や、水曜デモに参加したことのある人たちもいて、これから一〇〇一回目に向かわせてしまう状況に焦燥感も漂っていた。

私もまた、二〇〇〇年一二月に東京で開催された女性国際戦犯法廷に参加した時のことが頭をよぎった。「女性に対する戦時性暴力の不処罰を終わらせよう」と開かれた法廷は、日本とアジアのNGO(非政府組織)による民間法廷で、法的拘束力はないものの、世界各地から八〇人の被害証言をはじめ、専門家や研究者が「性暴力の問題」に集中して審理した。戦争責任の中でもこれまで欠落していた分野である。半世紀前に自らに起こった証言をするために壇上に立った被害女性の中には、言葉を発することができないまま倒れてしまった人もいた。傷の深さを実感した。

最も驚いたのはメディアの対応であった。毎朝会場に向かう前に新聞各紙を購入したが、信じられないほど記事の掲載がなく、「慰安婦」問題に対する日本社会の関心の低さに気づかされた。また、沖縄を訪れた日本軍「慰安婦」の数名の方を取材したことがある。「日本の若い人たちに、私たちの身に起きたことを伝えてほしい」と強く希望していた。その願いも打ち砕いている現実がある。かつてはわずかでも記述していた教科書もあったが、現在は中学校の教科書から「慰安婦」の記述が消え、その結果として多くの若い人が「慰安婦」問題を知る機会を奪われている。

集会の中で主催者代表の挨拶をした高里鈴代《たかざとすずよ》さんは「一〇万人とも二〇万人ともいわれる被害女性。九〇年代初めに名乗りをあげた方が二三四人いらっしゃいましたが、謝罪を受けることもなく一六四名の方が亡くなっている。昨夜メールがあって、一二月四日にも亡くなられたと連絡があった。その方は男一〇人の後に末っ子の女の子として生まれたが、中国の慰安所に強制連行され、「慰安婦」になって、その後病気になり、故郷に帰ることもできないまま亡くなられた」と報告した。一九九一年、最初に「慰安婦」であることを名乗った金学順《キムハクスン》さん、被害状況などを絵に描いた金順徳《キムスンドク》さんもすでに亡くなっている。名乗ることも語ることもしなかったどれだけ多くの被害女性が、自らの過去を恥じ、嫌悪したまま命を終えたのであろうか。

リレートークではさまざまな意見、決意、メッセージが語られた。日本政府に対してきちんと法律を作って解決を図るように、沖縄も態度表明をしていきたいとの意見もあった。ちなみに日本軍「慰安婦」問題の解決を目指す法制定を求める意見書の可決は目下、南城市《なんじょうし》、豊見城市《とみぐすく》、読谷村《よみたん》、多良間村《たらま》、今帰仁村《なきじん》の五市村に留まっている。

「自分を肯定的に捉えられないでいる女性がいたら言いたい。「あなたは何も悪くない」と伝えたい」と被害女性に対するメッセージもあった。沖縄戦、その後の二七年にも及ぶ異民族支配、今もなお基地問題を抱え平和を追求する気持の強い沖縄だが、「慰安婦」問題は抜け落ちているとの反省の声も出た。「沖縄社会でもアピールせねば。一三〇余りの慰安所があった所だし、沖縄にも被害者がいるのに支援を含めて弱い」と。

集会から三日後の一七日、来日した李明博《イミョンバク》大統領は日韓首脳会談で「慰安婦」問題に多くの時間を割いたと報道されている。韓国では二〇一一年八月に憲法裁判所が、慰安婦問題の解決に向けて政府が努力をしてこなかったのは「違憲」との判断が示されている。被害女性は新しい動きを期待したはずである。公式謝罪をしていないということでは国際社会の批判もある。しかし、野田首相は「法的に決着済み」との従来の姿勢を繰り返しただけだった。

教科書への「慰安婦」記述の復活や、立法に向けての取り組みなど問題の解決は実に厳しい。「慰安婦」制度という軍隊による性暴力は、沖縄では米軍人による性暴力と重なる。決して過去の問題ではない。六月には沖縄ならではの「慰安婦」問題の取り組みをパネル展として開催する、と高里さんたちは計画を進めている。伝え続けていかねば、と思う。

2012.3

メディアは何を負託されているのか

松元　剛

「一面トップに「犯す前に言うか」の大見出しはきつい。子どもたちに読ませるのをためらう記事だが、沖縄の悲しい現実でもある。ウチナーンチュを愚弄するおぞましい官僚を許してはいけない。責任を取らせないと教育的にも良くない。しっかり追及してほしい」

「これから犯す前に「犯しますよ」と言いますか」。米軍普天間飛行場の代替基地の環境影響評価書の提出時期を問われ、性的暴行に喩えた田中聡沖縄防衛局長の発言を報じた日、旧知の小学校の校長から電話をもらった。口調は穏やかだが、言わずにはいられないという思いが伝わってきた。政府が沖縄から田中氏を防衛省に呼び付け、事態は更迭不可避へと急展開している時間帯だった。

沖縄語に「クチ、ハゴーサン」という言葉がある。口にすることさえはばかられる強い嫌悪感を表す。田中氏の暴言へのコメントを一時拒んだ仲井真弘多知事は「口が汚れるから」と吐き捨てた。先の校長と知事の反応に、県民の怒りと悔しさ、政府への諦念が凝縮されている。

暴言が飛び出したのは昨年一一月二八日夜、那覇市の居酒屋であった懇談会の場だった。参加者は九社九人の男性記者。横に並んだいくつかのテーブルに分かれて座っていた。着くのが遅れて離れた席にいた『琉球新報』の記者が声を張り上げ、「なぜ、一川（保夫）防衛相は評価書の提出時期を「年内」と明言しないのか」と質問すると、田中氏も声のトーンを上げて答えた。あまりの言葉に記者は頭が真っ白になったという。発言を聞いた別の客からも情報がもたらされた。田中氏は、冒頭で「完オフ（完全オフレコ）だから、何でも聞いて」と一方的に告げていたようだが、隣り合う客に声が漏れ伝わる緊迫感に欠けた「完オフ」懇談の場だった。

「記事にしないといけないと思うのですが……」。懇談終了後の午後一一時前、記者が政治部に連絡してきた。耳を疑う発言に、デスクだった私は「本当にそんなこと言ったのか」と二度確認した。発言の核心部分の記憶は鮮明で、記者は状況を詳しく報告した。田中氏は、一九九五年の小学女児暴行事件の際、当時のマッキー米太平洋軍司令官が「レンタカーを借りる金があれば、女を買えたのに」と発言していたことを持ち出し、「その通り」と肯定していた。

私は記者から「犯す」なのか「侵す」なのか、何度も確認した。懇談の流れ、発言の文脈から沖縄の民意を押し切って、代替基地建設を力ずくで進める意味があり、県民の尊厳を踏みにじる人権感覚を著しく欠いた暴言に間違いないと判断した。玻名城泰山《はなしろやすたか》編集局長ら幹部と協議し、『琉球新報』は高い公共性、公益性があるとして報道に踏み切った。

沖縄防衛局に記事化を通告すると、「出入り禁止もあり得る」と警告されたが、押し問答の末「発言は否定せざるを得ない」というコメントを盛り込んだ。

基地問題をめぐり、沖縄をさげすむ発言は日米で繰り返されてきた。昨年三月には、ケビン・メア米国務省日本部長が「沖縄はゆすりの名人」と発言したことが報じられ、更迭されたのは記憶に新しい。田中発言は、沖縄は永遠に基地を抱え続ける宿命があり、力で押せば沖縄は屈すると見なす防衛官僚の差別意識を色濃く浮かび上がらせた。

日本新聞協会が一九九六年二月にまとめた見解に基づけば、メディアにはオフレコを守る信義則と国民の「知る権利」に応える道義的責任がある。一方、「乱用されてはならず、ニュースソース側に不当な選択権を与え、知る権利を制約する安易なオフレコ取材は厳に慎むべきだ」と釘を刺す。新聞労連の「新聞人の良心宣言」は「公人の「オフレコ発言」は、市民の知る権利が損なわれると判断される場合は認めない」と定めている。

沖縄防衛局長との非公式懇談に出席してきた者として、自戒を込めて言えば、「厳に慎むべき」安易なオフレコ取材が横行していることは否めない。本来は一対一で成り立つものであり、オフレコに値するかはケースバイケースで判断されるべきだ。過去の防衛局長のオフ懇では新事実が出た際、記事にすると通告し、紙面化した例が何度もある。

省益を最優先する官僚が意図的な情報を流せるオフレコ懇談の頻度が高まるほど、さして重要でない情報をえさに報道がコントロールされ、本来は報じるべき重要なニュースが封じ込まれる危うさが増幅する。「ニュースソース側に不当な選択権を与えた」状況が深化してはいまいか。

報道機関が得た情報は本来読者のものであり、負託を受けたメディアが知る権利に応えるために預かっているはずだ。オフレコ破りを批判する大手紙や一部識者の見解は、知る権利に寄り添う報道を抑制する圧力を自発的に強めているように感じる。あの暴言を報じず、内輪の記者同士の情報として留める是非こそ深く問われるべきではないか。

2012.4

米軍「思いやり予算」を被災地へ

山城紀子

在日米軍駐留経費負担(思いやり予算)を今後はホストネーションサポート(直訳では「接受国支援」だとか)という言い方にしたいと主張する大臣もいるが、沖縄では変更の余地がないほど「思いやり予算」という呼び方が定着している。この話題が出ると、女たちの生活感にあふれた怒りと憤りが吹き出す。「基地内の米軍家庭はクーラーもつけっぱなしで外出するらしい」と誰かが言えば、思いやり予算によって水道代も電気代も、家賃もただ同然というところに話題が集中する。とうに知っていることであっても耳にするたびに、そのつど不快な感情が呼び起こされる。「節約するわけもないよね!」

神経を逆なでする思いやり予算の報道は後をたたない。嘉手納《かでな》基地内に約四〇億円かけて新設された中学校「リュウキュウミドルスクール」(生徒約六〇〇人)もその一つ。用地面積は太平洋最大で、ほぼ同時期に開校した近隣の小学校の六倍余になるという。整備費用の四〇億円は、同規模の県内の中学校に比べて二倍。県内の公立学校にはない四〇〇m専用トラック、専用バスケットコート、専用サッカー場も整備されていることも明らかになっている。どう考えてもおかしい。

財政破綻と、テレビのニュースでもしきりに騒いでいた一昨年春には、中部の沖縄市に一八ホールの米軍ゴルフ場がオープンした。一三五億円の「思いやり予算」で造られた。

昨年は思いやり予算によって在沖米軍基地に五〇人の外国人従業員がいることも報道された。外国人の基地従業員の給与まで国民の税金から支払われているのである。

昨年三月一一日の東日本大震災から三週間足らずの同月三一日、思いやり予算は二〇一一年度から一五年度の五年期限で国会承認された。それまでの三年の期限を五年に延長というさらなる「思いやり」を見せて、である。

宜野湾《ぎのわん》市に住む山口洋子さん(72)は、翌四月一日、友人たちに声をかけて県庁前で「思いやり予算は被災地救援へ」の署名活動を始めた。「生きてる間にこんなこともあるのかっていうぐらいショックなことだったでしょう？あの映像を見れば、これから復興にいったいどれだけかかるだろうと誰だって思います。そんな時に賛成多数で思いやり予算が通ったと知って、頭にカーッときて、やったこともない署名活動を始めていたの」

月曜日は県庁前、水曜日は読谷村の村役場前、金曜日は国際通りで通行人に声をかけ続けている。「読谷村は役場の入口でやっていいと言ってもらえたし、村の労組の方々も協力してくれる」と山口さんは声を弾ませた。特に女性の反応がいいと感じている。「私も頭にきていたんです。私たちの税金で(米軍人家族が)電気も水も使い放題なんて」と言う人がいた。また国際通りでは、署名用紙を家に持ち帰って家族にも書かせたいと声をかけてきた女子高校生にも出会った。「家でもみんな怒ってます。クーラーの使いっぱなしは許せない」。その言葉が印象に残っている。

署名活動をしながら配布するチラシには、これから五年間「総額約一兆円、一日に換算すると毎日約五億円が提供されようとしている」とし、予算の執行を凍結させ被災者の支援に充てると「五〇万の人に、毎月五万円を三年間支給することができる」と、実にわかりやすい数字が示されている。

思い返せば自公政権時に社会保障費の削減が数年にわたって続けられた時、削減額の二二〇〇億円は思いやり予算とほぼ同じ額だった。国家が思いやるべき対象は、支援を必要としている自国の社会的弱者ではなく、他国の軍隊なのかと思わせられたものである。

日米安保条約に基づく日米の協定上も負担義務がないというのに、この大盤振る舞いは理解を超えている。「思いやり予算」という呼び方を変更してほしいと米高官が求めているとか、米側が「思いやり」の大幅増額を非公式に要求していたことなども報じられたことがある。米に対する日本政府の追従の態度が思いやりを要求する米の態度と対をなしているようにみえる。

沖縄では、3・11震災後、県内二紙で、合意した思いやり予算を凍結し、復興費に充ててほしい、という内容の投書や寄稿が目立って増えた。

山口さんたちが展開している署名活動は、現在までに約三万二〇〇〇筆になった。三月二〇日を最終集約としているため、目下最後の追い込みに入っている。山口さんは仲間二人と共に三月一一日を福島で過ごし、帰途に東京に寄って最後の署名活動をする予定だという。「署名用紙はダウンロードできるので、協力してもらえれば」と呼びかけている。アドレスはhttp://shomei.cocolog-nifty.com/である。

2012.5

県の反転攻勢

攻めの基地行政へ

松元 剛

二月八日、日米両政府は、在沖海兵隊員とその家族のグアム移転を先行実施し、普天間飛行場の名護市辺野古への移設、嘉手納基地より南の六基地の返還を切り離すことを共同記者発表した。

二〇〇六年の日米合意の米軍再編行程表は、個々の在沖基地再編計画が「相互に結び付いたパッケージであり」、「嘉手納基地以南(より南)の統合及び土地返還」の実施は、「部隊の一体性を維持する形で」海兵隊員八〇〇〇人とその家族九〇〇〇人がグアムに移転することを条件付けた。

沖縄県が、辺野古移設よりも先に、不要性が高まった五基地返還を実現するよう求めても、防衛省や外務省は、木で鼻をくくったように「密接不可分のパッケージは絶対に切り離せない」と、あしらってきた。

「沖縄の負担軽減のため」という枕詞を付けて、日米両政府が頑なにこだわってきたパッケージが崩れた事態は、日米合意が沖縄に基地を押し付けることを主眼に置き、「負担軽減」が虚飾に彩られていたことを物語る。

「辺野古は不可能」と見切り、国防予算の削減を迫る議会の圧力を受けた米政府が、苦し紛れに再編見直し協議を打ち出し、日本が追随したのが真相だろう。

「牧港《まきみなと》補給地区(浦添《うらそえ》市)の先行返還を協議」など、沖縄にとってプラスと見せかける印象操作が目に付くが、沖縄県幹部は「負担軽減はさんざん喧伝されたが、ふたを開けると大したことはないの繰り返しだった。県が「画期的だ」と口にした途端、辺野古移設容認と受け取られ、政府が主導権を握る挙に出かねない」と警戒を緩めない。

基地問題をめぐる沖縄県の分析眼は、政府のごまかしや情報隠しが上書きされるたびに研ぎ澄まされ、日米両政府の思惑を見通す力を高めていると実感する。

負担軽減の実像が見えないブラックボックスのような日米協議が続く中、沖縄県は四月から「地域安全政策課」をつくり、新たな攻めの基地行政に挑んでいる。米ワシントンのシンクタンクや安全保障研究者、米政府との人的ネットワークを強め、的確な情報収集に基づいた沖縄の基地負担軽減のありかたを積極的に発信することを狙う。

地域安全政策課は、普天間飛行場の返還対策部署などを統合し、研究員を含めて十数人体制を取る。米国在住の安全保障や日米関係の有識者を交えて専門家会議も設ける。

国が「専権事項」と言い張る安全保障のありかたを探り、米国から直接、情報収集する部署を設けた自治体はかつてない。果敢な情報収集網を張り、日米の専門家の協力を得て、実効性ある基地負担軽減を目指す取り組みである。

仲井真弘多知事の普天間県外移設公約と県の基地行政の屋台骨を支える又吉進《またよしすすむ》知事公室長は、地域安全政策課の創設についてこう語る。

「沖縄の振興開発に基地が立ちふさがる状況がますます顕在化し、世界一危険といわれる普天間飛行場の返還・移設問題で、政府と県の方向性がまったく違っている。沖縄に今の規模で米軍基地が必要なのか、海兵隊が駐留する必要性はあるのか、抑止力とは何かを政府に問い掛けても納得いく回答がない。沖縄の過重負担を国民全体が共有せず、問題が偏在している。米政府の考え方をよく知る人たちとのネットワークを築き、沖縄の考え方を伝えたい」

一九九五年の少女暴行事件の後、「基地のない沖縄」を描く国際都市形成構想と二〇一五年までのすべての基地返還スケジュールを立てたアクションプログラムを両輪に、日米両政府を揺さぶった大田沖縄県政は「地方自治のトップランナー」とも称された。

だが、普天間の県内移設を容認した一〇年余の保守県政が政府との協調を基本とする中で、「県の交渉力は弱くなり、沖縄は政府に掌握された一周遅れのランナーになった」(佐道明広《さどうあきひろ》中京大教授)という耳の痛い指摘も受けた。

政権交代後、「県外」を掲げていた鳩山由紀夫首相が「県内移設」に回帰した後、それを拒む民意は強まり、仲井真知事が県外移設に舵を切った。政府・与党から県庁屈指の戦略家と称され、振興、基地の両面で難しい間合いを測りながら、対政府折衝の中枢にいた上原良幸《うえはらよしゆき》副知事は「民主党政権になってよかった」と逆説的に話す。

上原氏は「基地のない沖縄の理想像に向かい、県職員が臆せず情報を集め、中長期的な戦略を練る環境が整ってきた。アメリカ主導の沖縄基地政策に風穴を開け、アジアの災害救難拠点形成や人間の安全保障など、沖縄からあるべき安保の姿を打ち出したい。地方レベルで沖縄ほど自治と安保と向き合い、考えてきた県はない」と強調する。

県の反転攻勢は沖縄の民意と結ばれている。政府高官から「バラバラの沖縄は怖くない」といわれた状況は大きく様変わりしつつある。

『艦砲ぬ喰ぇー残さー』 歌い継ぐ決意

山城紀子

四月二〇日、ちゃたんニライセンターで開かれた北谷《ちゃたん》町憲法講演会が終了した後、顔を会わせた島袋艶子《しまぶくろつやこ》さん(64)は「どんなでした?」と少し緊張した表情でその日の舞台の感想を聞いてきた。前日のリハーサルの時も艶子さんはやはり緊張していて、私は意外な感じがした。同町栄口《えぐち》区の自治会長である艶子さんは、区内の小中学生一八人と北谷高校生一一人と共に、憲法講演会の第一部の構成劇『艦《かん》砲《ぼう》ぬ喰《く》ぇー残《ぬく》さー』を担った。意外に思ったわけは、艶子さんがベテランのプロの民謡歌手であるだけでなく、『艦砲ぬ喰ぇー残さー』は亡父・比嘉恒敏《ひがこうびん》さんの作詞作曲した歌で、これまで繰り返し歌ってきたものだからだ。「でも子どもたちと一緒に歌うのは初めてなんです」。艶子さんは子どもたちという言葉に力を込めた。

元幼稚園教諭の今秀子《こんひでこ》さんの脚本演出による劇は、演劇や朗読、獅子舞などで構成され、沖縄戦時の「集団自決」や、生き延びた後も米兵に襲われる女性たちを思い起こす場面などを描く。苦しむ住民の前に獅子舞が現れ、兵隊たちを追い払う場面になると拍手が起こった。最後に子どもたちが「生きる」ことをテーマに群読し、三線《さんしん》を弾きながら登場する艶子さんと『艦砲ぬ喰ぇー残さー』を歌う。

沖縄ではよく知られた歌である。「艦砲ぬ喰ぇー残さー」とは、艦砲射撃の喰い残しの意味で、米軍の艦砲射撃をくぐり抜けて生き残った者という意味である。一番から五番まで繰り返される「うんじゅん　我《わ》んにん　いゃーん　我んにん　艦砲ぬ喰ぇー残さー(あなたも私も　君も僕も艦砲の喰い残し)」などを子どもたちはしっとりと歌いあげた。

艶子さんは自治会長になって二期八年目。今さんとの出会いで、地域の子どもを育てようと四、五年前から劇や歌などを教えるようになったという。今回の構成劇も三月から練習を始めた。「今さんがね、歌の意味を子どもたちにとてもわかりやすく伝えていくんです。「この歌はね、自治会長さんのお父さんが作った歌なのよ」というところから……」

艶子さんにはある思い込みがあった。今の子どもたちに民謡はわからないだろうし、歌の中で使われている方言もわからない。本心から歌う気持になるのは難しい、と。しかし子どもたちは日に日に上達し、艶子さんだけが歌う歌詞も覚えて口ずさむようになった。「とってもうれしくて私は心の中で「おとう、聞いてる？　子どもたちとおとうの歌をやってるよ」と声をかけてました」。若い頃から歌ってきた。「すごい歌を歌っているんだよ、君たちは」などと言われたこともあった。しかし、本当のことを言えば六〇代も半ばになった今、ようやく歌の深さを理解もし、父の人生を心から愛しく思う、と艶子さんは語る。

　恒敏さんは読谷村楚辺《そべ》の出身。「若さる時ね　戦争《いくさ》ぬ世　若さる花ん　咲ちゅーさん（若い頃は戦争で若さの花も咲かせられなかった）」という歌詞から始まるこの歌は、恒敏さん自身の人生そのものだった。戦前大阪に出稼ぎに行っていた恒敏さんは生活が落ち着いた頃、妻を呼び寄せ、その後両親と長男を呼ぶ。時は一九四四年。乗船したのが対馬丸《つしままる》で、米軍に撃沈され両親と長男を失う。その後、妻と大阪で生まれた次男も大阪の空襲で失った。終戦後郷里に戻って再婚した妻との間に艶子さんはじめ七人の子どもをもうけ、好きな芸事を教え込んで誕生したのが四人姉妹からなる「でいご娘」だった。

　恒敏さんに連れられて県内各地で舞台に立つ日々。七三年一〇月のその日もやはり舞台を終えて家に戻る時だった。二台に分かれて乗ったが、後ろの父母らが乗った車に飲酒運転の米兵の車が突っ込んで母は即死、父も病院に運ばれたが亡くなった。五六歳だった。

　『艦砲ぬ喰ぇー残さー』は恒敏さんの死後レコーディングした。戦争の悲惨さや生き残った者の心の痛みを表現しているといわれるが、艶子さんはエールの歌でもあり、幸せを歌った歌であるとも感じているという。「散々ひどい目にあって、それでも生きのびてまた新たな家族を得て幸せだという意味もあると思うんですよ。幸せそうでしたもの父は。それもまた奪われたことが悔しいですけど」

　メインボーカルではないから、と請われても歌う気にならなかった時期もあったが、今は一人でも歌う。今回子どもたちと共演したことで最後の「子孫末代　遺言さな（子孫末代まで戦争の体験を伝えていかなければ）」という歌詞を自分の言葉として飲み込むことができたと実感している。「歌い続けますよ。これからも」

　復帰の年月日を正確に回答できる高校生が一割ちょっとだという。県教育庁が「復帰教育」を依頼する文書を県立高校に送付したという記事が出る。そういう時代になったからこそ、『艦砲ぬ喰ぇー残さー』が歌い継がれていく意味の深さはいよいよ増している。

2012.7

四〇年前と変わらぬ悔し涙

5・15の雷雨

松元　剛

「沖縄がこれまで歴史上、常に手段として利用されてきたことを排除し、平和で豊かでより安定した希望の持てる新しい県づくりに全力を挙げなければならない」

沖縄の施政権が日本に返還された一九七二年五月一五日、新沖縄県発足式典で、屋良朝苗《やらちょうびょう》知事は沖縄が本土防衛や経済繁栄の踏み石にされる構図を変える決意を語った。

二七年間続いた米軍統治が終わりを告げ、県民は「基地のない平和で豊かな島」を望んだが、今も過重な米軍基地がのしかかり、沖縄の試練は続く。

大粒の雨が降っていた沖縄返還の日、私は小学一年生だった。学校でお祝いの文具セットが配られた。琉球政府職員から県職員に身分が変わった父は、那覇市民会館であった県発足式典を抜け、隣の与儀《よぎ》公園で催された、基地付き返還に抗議する「祖国復帰協議会」の県民総決起大会に私を連れて参加し、二人ともずぶ濡れになって帰った。

あれから四〇年たった五月一五日の午後四時、宜野湾市で政府と県主催の沖縄復帰四〇周年記念式典が始まった。

会場の外で報道受け付けをしていると、野田佳彦首相の式辞が始まるのとほぼ同時に、空を切り裂く雷鳴がとどろき、降り出した雨は瞬く間に激しい雷雨に変わった。

かりゆしウェアに身を包んだ野田首相は自ら筆を入れた式辞を読み上げた。米軍普天間飛行場の名護市辺野古への移設計画には触れず、基地負担軽減を誓ってみせた。一方、仲井真弘多県知事は「県外移設は県民の強い希望」と訴えた。淡々と続いた式典の空気が一変したのは戦後初の県選出国会議員で元沖縄開発庁長官の上原康助《うえはらこうすけ》さん(79)が「厳粛な式典にはふさわしくないかもしれないが」と前置きした時だ。手元の資料に目を落としたり、うつらうつらしていた出席者が一斉に頭を上げた。

「日本は敗戦から立ち直ったが、沖縄は分断され、米軍の占領下で呻吟させられた」。沖縄戦から説き起こし、日米の思惑に翻弄された戦後史に触れ、「本土復帰」を「欺瞞に満ち、県民の熱い思いとは大きく懸け離れたものでしかなかった」と言い切り、県民と日米政府の溝を突いた。

壇上の上原さんが意識して語り掛けた野田首相とルース駐日米大使は、硬い表情で聞き入った。前夜、県庁で大使と会談した仲井真知事は「県民の声に真摯に耳を傾けてほしい」と告げていた。上原さんの挨拶内容を事前に把握した上で、気脈を通じて忠告していたのだ。

「民主主義は世論を尊重することが基本です。なぜ、日米両政府とも沖縄県民の切実な声を尊重しないのですか。海にも陸にも基地を造ることはおやめ下さい」

県から依頼されたのは五分だが、国会質問ばりの迫力で八分半かけて一気に読み上げた。「祝賀と正反対の厳しい注文なので、冷ややかな反応を覚悟した」が、待ち受けていたのはひときわ大きな拍手だった。翁長雄志《おながたけし》那覇市長は「一〇年前の三〇周年式典だったら、違和感があったかもしれない。普天間の県内移設反対で沖縄の民意が一つになっていることを凝縮した挨拶だった」と賛辞を贈った。祝宴の挨拶で野田首相は「上原先輩から耳の痛い話をうかがった」と述べたが、上原さんは「『耳が痛い』という程度の感覚じゃ、駄目だね」と突き放した。

翌日、嘉手納町にある上原さんの自宅に男女半々の三〇本を超える電話がかかった。「溜飲が下がった」「よく言ってくれた」「苦労したあなたならではだ」。半数以上の人が電話口で声を詰まらせ、上原さんの涙腺も緩んだ。

全沖縄軍労働組合(全軍労)の委員長を一〇年務め、一九七〇年に戦後初の国政参加選挙に社会党から初当選し、一〇期務めた。名実ともに沖縄の反基地運動の闘志だ。

五一年九月、米軍の沖縄地区工作隊に就職したが、賃金格差はあたりまえで、トイレも「米人専用」と「沖縄人用」に分けられた。露骨な差別待遇に直面し、「米国の民主主義の裏表、二重基準はそこでわかった」と振り返る。

六一年、八年勤続優良雇用員の表彰を受けた二週間後、突然の人員整理通告を受けたのをきっかけに労働組合を結成。六三年に全軍労に組織を統一する。七〇年の大量解雇撤回ストライキで待遇改善を勝ち取ると、米国民政府の労働局長は「君たちに民主主義という武器を与え過ぎた」と嘆いたという。「地獄を見たが、平和憲法の下で人権をあたりまえに保障してほしいという人間回復の闘いだった」

『琉球新報』と『毎日新聞』の世論調査で、沖縄への基地集中について、県民の六九%が「不平等」と答えたが、全国は三三%に留まった。民意が反映されない状況を「差別」と受け止める沖縄社会の地殻変動は不可逆的だ。「県民は党派を超え一枚岩になった。日米両政府に沖縄の思いを理解させる武器に、『民主主義』を訴え続けたい」と望みをつなぐ上原さん。四〇年目の5・15の雷雨を「四〇年前と変わらぬ沖縄の悔し涙」と表現した。

特別養護老人ホームかりゆしぬ村の「慰霊祭」

山城紀子

沖縄戦で亡くなったすべての人々に祈る日と県が定めている六月二三日の「慰霊の日」、名護市内にある特別養護老人ホームかりゆしぬ村では、同ホームで四回目となる戦没者追悼式「平和の祈り」が開かれた。

高齢者施設に勤務する人たちから、六月に入ると入居者の「チムワサワサー」(心が落ち着かない様子)が目に見えて増えると聞く。重度の認知症の高齢者で、自身の過去の記憶が失われているように見える人でもチムワサワサーするのに変わりはないのだという。

今年一月に取材でたびたび訪ねていた高齢者施設では、六月に向けて千羽鶴を折る作業を始めている入居者がいた。その施設では混雑する慰霊の日は避け、七月初旬から中旬にかけて職員が糸満市《いとまんし》摩文仁《まぶに》の平和祈念公園に連れて行くようにしていると話していた。

かりゆしぬ村でも以前は希望者を「沖縄全戦没者追悼式」が開催される糸満市まで連れて行っていた。しかし高齢化が進み、北部の名護から南部の糸満までの距離を移動することが難しくなってきた。入居者が車中で体調を崩したため、途中で引き返したこともあったという。

「(施設で)慰霊祭を行なってほしい」。糸満市の摩文仁までは行けなくても慰霊の日を普通の日のようには過ごせないという利用者の声に応える形で、四年前からホーム内で「戦没者追悼式」をするようになった。

会場となった地域交流センターは、ふだんは地域の人たちを交えて認知症や高齢者ケアの研修をしたり、懇談会や職員の調査研究報告などをする場だが、この日はすっかり趣を変えていた。白い布で覆った三段の祭壇の一番上には左右に花を、二段目に果物やお菓子、そして下段には重箱の料理が供えられていた。入居者やその家族、地域の民生委員たちは、みな黒っぽい服装で、ざわつき一つない厳かな雰囲気の中で式が始まった。

かりゆしぬ村を運営する社会福祉法人松籟会《しょうらいかい》の仲兼久《なかがねく》文《ふみ》政《まさ》理事長は「本日は沖縄全県挙げて喪に服し、戦没者の御霊に対する哀悼の誠を捧げる日」だと話を始め、「六七年経った今なお基地が存在し、普天間基地移設問題、オスプレイの配備の問題など、共生、共同社会を目指す我々の意向とは裏腹に強要されかねない状況が続いている」と強い懸念を表した。僧侶による読経の後、参列する入居者は介護職員の手を借りるなどして一人ずつお焼香した。

正午。立てる人は立って、車椅子の入居者はそのままで南の空へ向かって黙禱をした。ピンと張った空気が式を終えて、やっとやわらいだ。食事と交流の時間になって入居者同士も言葉を交わしたり、お茶や食事を口にしたりした。どういう思いで今この時間を過ごしておられるのだろうか。心や頭の中を占めているのはどういうことだろうか。

「胸が詰まる」。そう言って九三歳の儀間《ぎま》ツルさんは嗚咽した。しばらくは言葉にならなかったが、ポツポツと語りだした。航空整備兵だった夫はニューギニア方面で戦死した。結婚して八カ月目のことだった。「宮崎で入隊してね、青森から南洋に行って、その後はわからん。私だけが生きている」。戦後再婚し、三人の子どもを育てた。妻・母の役割を終え、今はかりゆしぬ村で暮らすツルさんの心に、戦争が奪った新婚時代の若かった夫婦の突然の別れの辛い記憶が鮮やかに蘇っていた。話し終えて「慰霊祭ができてよかった」、そうつぶやいて小さく笑った。

「ほっとしましたね」。慰霊祭を終えて仲兼久理事長も安堵の表情を見せた。もっと早い時期から取り組めばよかったと思うくらい、「慰霊祭」をすることで高齢者の気持を落ち着かせていることを実感するという。「サーダカ生まれの人もいるし……」。サーダカとは沖縄の方言で霊力の強い人のことである。職員の名護《なご》昌代《まさよ》さんが具体的な高齢者の不穏状態について説明してくれた。「あっちに兵隊さんが立っているとかこっちにおばあさんが立っていると言ったりしてソワソワしたり、落ち着きがなくなってしまうんです」

仲兼久理事長もまた沖縄戦と重なるこの時期、静かな気持ではいられないと話す。南洋諸島において沖縄の出稼ぎ移住者が最も多かったサイパンで生まれ、幼少期を過ごした。サイパンは、米軍の上陸で多くの沖縄県人が犠牲になったことで知られるが、理事長もまた妹と弟を失い、母も足に傷を負った。当時六歳。妹と弟の足の傷からウジがわいていたことや、浜辺の砂が見えないほど海岸に死体が放置されていたすさまじい光景も覚えている。

利用者の平均年齢が八九歳というかりゆしぬ村の慰霊祭は、戦後六七年経ち、どれほど時間や年齢を重ねても、大切な家族を殺されたり失った喪失感は生きている限り脳裏に焼きついているものであることを示しているように思われた。

2012.9

脱「主権在官」日隅一雄さんの遺志

松元　剛

沖縄の施政権返還の闇に光を当てた「沖縄返還密約開示訴訟」を支えてきた弁護士の日隅一雄《ひずみかずお》さんが六月一二日、四九歳で逝った。「巨星墜つ」の感を深くする。

日隅さんは、表現の自由の確立と情報の共有を通じ、市民が主権を取り戻す活動に心血を注いだ。政策決定の官僚主導を「主権在官」と位置づけ、その脱却を訴え続けた。

インターネット市民メディア「ＮＰＪ」の編集長を務め、沖縄の米軍普天間飛行場の返還・移設問題では、政権交代を果たした民主党政権を県内移設に回帰させた官僚支配の病弊と、それに迫らない在京メディアの報道姿勢を鋭く論評し、沖縄のメディアを援護してくれた。福島第一原発事故後は、政府と東京電力の会見に寸暇を惜しんで通い詰め、事故の真相を明らかにしようと厳しい質問を放った。

「政府も東電も国民の命にかかわる重要なことに何も答えず、平然と嘘をつき、はぐらかす。そして、大手マスコミはそれに食い下がろうとしない。誰のために何のために書いているのか。それは沖縄の基地問題と通底する」

二重三重の怒りが日隅さんを突き動かした。

不眠不休だった一一年五月末、末期の胆嚢がんと告知された。余命は半年。みるみるうちに頬がこけ、お腹の膨らみが目立つようになる。抗がん剤と痛み止めを服用しながら、命を削って出席した会見の数は一〇〇を超えた。痛みで横になることができず、机に突っ伏して眠りを取るまでに病状が悪化しても会見に出続け、情報隠しに敢然と立ち向かった。

七月二二日、日隅さんを偲ぶ会が東京・有楽町で開かれ、その人柄を慕う五〇〇人を超える人たちが集った。茶目っ気を感じさせるマフラーをまとい、めがねの奥に鋭い眼光を宿し、手を振りかざして訴える遺影が印象的だった。

『産経新聞』の記者を経て司法試験に合格。一九九八年に弁護士になって以来、ＮＨＫ戦犯法廷番組改編事件、グリーンピース鯨肉事件などの訴訟を手掛けてきた。その歩みをたどる映像の中で日隅さんは沖縄返還密約開示訴訟を挙げ、しみじみ語った。

「私は沖縄密約事件に関われてよかった。教科書でも学んだ事件だった。（国民と）情報を共有すべきだという考えとまさに合致する訴訟だった。ほんとうによかった」

密約開示訴訟の原告で作家の澤地久枝さんが別れの言葉の中で、亡くなる二日前に原発事故に関する講演をした日隅さんのことを語った。全身のむくみがひどく、靴が履けずにサンダル履きで駆け付けたという。講演が終わり、多くの参加者が著書にサインしてもらおうと押し寄せた。快く応じる日隅さんの筆圧は乏しく、大きな○をあしらう独特のサインが見る見るうちに小さくなったそうだ。澤地さんは「体力を振り絞り、あなたは最後の最後まで見事に闘った。主権者は誰か、だまされるな、主権者は自分自身であり、行動がどれだけ大事かと訴えた」と語りかけ、息子を失うような悲しみだと心中を表現した。

二五人の原告が起こした沖縄密約開示訴訟は○九年三月に提訴された。○八年の暮れ、弁護団の軸となる小町谷《こまちや》育子《いくこ》さん、飯田《いいだ》正剛《まさよし》さん、日隅さんが沖縄を訪れた際、那覇空港に出迎えた。その夜、米軍基地問題を研究する沖縄の識者や、反基地運動に携わる市民団体のリーダーらに集まってもらい、情報公開訴訟の専門家、人権派として知られる三弁護士が訴訟の意義を説明し、意見を交わした。

ところが、沖縄側の出席者からは、密約開示の意義は理解するが、米軍普天間飛行場の名護市辺野古移設をどう阻むかが最優先という意見が相次ぎ、本土は沖縄を理解していないという、訴訟と別次元の辛辣な声まで飛び出した。

密約を開示させることで、沖縄の不条理を正したいという思いを胸に手弁当で駆け付けた三弁護士は厳しい反応に、衝撃を受けていた。二次会の酒席でようやく打ち解けたムードになった。日隅さんは「基地問題の切迫感の強さを肌で感じ、とても有益だった」と笑みをたたえて話し、聞き役に徹していた。飯田さんは「彼は権力の横暴には徹底的に対峙するが、周りに不平不満を一切口にしない。どこまでも優しく、誠実な人だった」と話す。

偲ぶ会の翌日の二三日、米軍は一〇月にも普天間飛行場に配備する予定の垂直離着陸輸送機MV22オスプレイを山口県の岩国基地に陸揚げした。機体に深刻な欠陥を抱える危険機種は、日本列島のほぼ全域で低空飛行訓練を予定している。全国的な怒りと不安が高まり、米国に唯々諾々と従うばかりの野田佳彦首相を直撃している。

基地の重圧を決定付けた沖縄返還密約、普天間飛行場の県内移設回帰、オスプレイ配備の強行は、政府が核心の情報を主権者から遠ざけ、抗う民意を無視する構図で一致する。どう打ち破り、「主権在民」への道筋を描くか。日隅さんに聞いてみたい。

2012.10

オスプレイはいらない

山城紀子

日本国中がオリンピック一色に染まっていた七月末から二週間余りの日々も含め、沖縄では新聞やテレビなどで米海兵隊の垂直離着陸輸送機オスプレイの報道が流れない日はない。県内四一市町村長全員が配備反対の見解を明らかにし、沖縄県議会が計画撤回を求める決議と意見書を全会一致で可決した。配備反対が県民の総意である。にもかかわらず、日米両政府によって「空飛ぶ恥」と『タイム』誌が報道するオスプレイ配備は強行されようとしている。

保育園や幼稚園、あるいは茶の間でも話題になっているのだろう。公園で遊ぶあどけない子どもたちに声をかけてみると、案外オスプレイを知っている。「オスプレイはいやだ」「沖縄の空を飛ばないでほしい。墜ちたら怖い」という言葉が返ってきた。たどたどしい口ぶりにどこまで理解しているかわからないが、幼い子どもたちに対しても父母や教師らが配備の怖さを伝えようとしている真剣さが伝わってきた。

台風の影響で延期になっていた「オスプレイ配備に反対する県民大会」は九月九日、宜野湾市の宜野湾海浜公園で開かれる。個々人で、あるいはグループや団体など多様な立場の人たちがそれこそさまざまなやり方で「オスプレイはいらない」と声を挙げている。

平和運動に取り組んでいる市民グループは七月初旬から普天間基地大山ゲート手前の公園で朝七〜八時にオスプレイ反対のアピールを行なっている。八月下旬のその日も一二、三人の市民が幟を手に集まり一定の間隔をあけて道路わきに立ち、行き交うバスや車に手を振りながら呼びかけていた。幟には「オスプレイ反対」「オスプレイＮＯ！」と赤地に白の文字で書かれていた。

「出勤途中のドライバーのみなさん、世界一危険だといわれている普天間飛行場に日米政府は欠陥機オスプレイを配備しようとしています。沖縄県民の命をないがしろにするもの。人間の誇りとして阻止しようではありませんか」。マイクを通してのアピールにタクシーの運転手が手を振って応えた。クラクションを鳴らして合図を送る人もいる。

二日前に新聞の一面トップに掲載された、開発経緯に詳しい米国防省分析研究所元主任分析官のアーサー・リボロ氏が明らかにした「オートローテーション（すべてのヘリコプターについている、飛行中にエンジンが停止しても、安全に着陸する機能）の欠陥」をはじめとする六つの欠陥を印刷したチラシも配布した。

北中城《きたなかぐすく》村のキャンプ瑞慶覧《ずけらん》石平《いしひら》ゲート前では元小学校教諭の小橋川共行《こばしかわともゆき》さん(69)がハンガーストライキをしていた。訪ねた日は六日目だった。最初は沖縄・一坪反戦地主会関東ブロックの元代表世話人、上原成信《うえはらせいしん》さん(85)と二人で始めたが、上原さんは二日目にドクターストップがかかって離脱した。「でもね、まるでバトンを受け継ぐように青年が加わったんですよ」と小橋川さんは笑顔を見せた。沖縄に旅行に来て、たまたま手にした新聞で高齢の男性二人のハンストの記事が気になったという三須輝治さん(24)が三日前から加わっていた。取材中も「どうですか。元気にしてますか」テントを覗く客が次々と訪れる。多い時は二〇人ぐらいの人の輪ができるそうだ。

「みんなに励まされてがんばっています。私の妻の叔父も一九五九年六月三〇日に宮森小学校に米軍機が墜落した時に亡くなったんです」。B52の炎上事故や住まいに近い場所でのジェット戦闘機事故など、恐怖の記憶の積み重ねが小橋川さんをハンストに向かわせている。

八月二二日夕、名護中央公民館では「いーなぐ会」主催の学習会、「オスプレイはいらない」が開かれていた。イーナグとは沖縄の方言で女を意味するイナグとイーナグ（よい名護）を重ねたネーミングで、女性の力で市政を支えると同時に女性の声を市政に反映させようと名護市の女性たちが二年前に結成した。

学習会は宮城幸共同代表の挨拶から始まった。宮城さんは八月一八日に那覇市内の路上を歩いていた女性を背後から襲った米兵による性犯罪事件にふれ「また起こった。（苦しくて）胸が痛い。基地があるゆえに起こる。軍隊ってこういうものだと思う。一緒に学んでどんなことがあってもオスプレイ配備をさせないようにしよう」と呼びかけた。

講師は在日米軍基地を監視する市民団体リムピースの頼《らい》和太郎《わたろう》編集長。頼さんは「オスプレイはこんなに危険」と題してオートローテーションに入った時、機体が重く、回転翼が小さいため安全に降りられないという構造上の欠陥などを説明した。

オスプレイの低空飛行訓練は、沖縄のほか全国六つのルートで行われることが明らかになっている。日本の空は誰のものなのか。「オスプレイはいらない」の声が各地で上がり、全国に広まって配備の阻止につなげたいものである。

2012.11

オスプレイ拒否

沖縄経済人の矜持

松元 剛

「そんなこと聞いていない。オスプレイをどうするのか答えてほしい」。九月一三日昼前、東京・市ヶ谷の防衛省。A棟一一階の大臣執務室に怒声が響いた。

米海兵隊の垂直離着陸輸送機MV22オスプレイの普天間飛行場への配備に反対する沖縄県民大会の実行委員会の要請団に対し、森本敏防衛大臣が「当日はテレビに出ていた」「県民大会の決議文は初めて見た」と、のらりくらりと説明すると、西大舛高旬《にしおおますこうじゅん》・竹富町議会議長が詰め寄った。

実行委共同代表の照屋《てるや》義実《よしみ》さん(沖縄県商工会連合会会長)は伏し目がちの森本氏を正面から見据え、「配備が強行されれば、県民の怒りが増し、配備反対だけにとどまらなくなる」と訴えた。森本氏は苦虫をかみつぶしたような表情を浮かべて聞き入った。

米国の意向に唯々諾々と従い、普天間飛行場にオスプレイが降りれば、沖縄の民意がほとばしり、配備拒否や普天間飛行場の県内移設ノーにとどまらず、すべての米軍基地の閉鎖要求に動く――という警告だ。

さらに、照屋さんは、一九五九年六月三〇日に石川市(現うるま市)の宮森小学校に米軍ジェット機が墜落し、児童や近隣の住民ら計一七人が犠牲になった事故を挙げ、遺族や級友らの証言集『沖縄の空の下で』を手渡した。森本氏は居住まいを正して受け取った。

一九四七年生まれの照屋さんは、何の罪もなく、ジェット燃料が一気に燃え上がる学舎で命を奪われた児童と同じ年(四七~五一年)に生まれた人を「宮森世代」と呼ぶ。

二〇〇九年の五〇年忌に、それまで固く口を閉ざしていた遺族が、悲惨極まりない事故当時の状況や、愛する子を失った無念さを語り始めた。その遺族の思いが凝縮された証言集を基に、映画『ひまわり』が制作されている。

『ひまわり』を成功させる会の副会長を務める照屋さんは今年の五三年忌に参列し、「絶対に事故を繰り返すまい」と手を合わせた。共同代表として、防衛相への要請団を率いることが決まった時、「数々の米軍事件・事故で犠牲を強いられた県民の悲しみや苦しみを共有してほしい」と、証言集を渡すと決め、三冊を持参した。

九月九日に開かれた県民大会の当日、宜野湾市の会場に照り付ける日差しは強烈で、青い空と南国特有の白い雲のコントラストが映えた。「レッドカード」を示す大会カラーの「赤」の服や小物を身にまとった参加者の波が途切れず、グラウンド以外の木陰もすべて人で埋まっていた。基地問題では過去最大の一〇万一〇〇〇人が押し寄せ、熱気にあふれた。

照屋さんは当日朝まで筆を入れた草稿を基に、沖縄経済界を代表して、こう語った。

「県民の誰もが犠牲になる危険が高いオスプレイの配備は、中小企業の厳しい経営環境に追い討ちをかける。安心・安全な社会があって初めて個々の企業活動が保障される。それなしに企業の存続も繁栄もない。県民を挙げて、普天間飛行場返還を求めているさなかのオスプレイ配備は、将来の基地返還による自立経済の促進という私どもの希望を打ち砕く。沖縄の将来のためにも到底容認できない」

基地の代償としての経済振興——。いわゆるアメとムチに翻弄されてきた沖縄経済界の劇的な意識の変化を象徴する内容に、会場からひときわ大きな拍手がわいた。

自民党政権との蜜月関係が長く続いた沖縄経済界は、日米安保体制を支持し、基地問題で意思を示す市民運動から一線を画すという不文律があった。県民大会を主導した翁長雄志那覇市長らから、経済界として初となる共同代表への就任を強く促された照屋さんも当初は固辞した。だが、「宮森世代」の一員という自覚と「経済人である前に一人の県民であるべきだ」との思いで、就任を受諾した。

大会当日、ＪＡおきなわグループは一〇〇〇人が参加。照屋さんが会長を務める商工会連合会、五月まで会長を務めていた沖縄県建設業協会は離島を含め、最大動員を呼び掛けた。建設業の完工高が県内五位で、スーパーなど多くの業種を擁する金秀グループは三五〇人の管理職が馳せ参じ、「あなたの未来を母が守る」という幟を掲げた。執行役員の砂川久美子さんは「見知らぬ人同士が「オスプレイは危険だよね」と声を掛け合い、怒りを共有できた。社員、お客様、地域を守ることが企業の役割だ」と強調した。

照屋さんは建設会社「照正組」の社長。不安定な公共事業から民間工事を軸とした経営改革を成し遂げた。照屋さんは「経済界も基地問題を避けて通れないという認識が強まった。基地存続より撤去して新しい街を造った方がはるかに経済効果が高いと知り、ためらいがなくなった」と話す。民意を無視して基地や危険機種を押し付ける日米政府に立ちはだかる壁として、経済界が存在感を増している。沖縄の地殻変動は不可逆的だ。

2012.12

米兵による性暴力の事件

「不処罰」を許さない決意

山城紀子

オスプレイが強行配備され、沖縄の空で訓練を始めたことで県民感情が逆なでされている最中に、またしても二人の米兵による性暴力の事件が起こった。

報道によると二人は一〇月一六日午前三時過ぎ、本島中部の屋外で、帰宅途中の成人女性に襲いかかり、性的暴行を加えてけがをさせた。二人は数日前に神奈川県の厚木基地から来県、一六日グアムに向かう予定だったという。

被害に遭った女性が事件後直ちに訴えたことで二米兵は集団強姦致傷容疑で身柄を確保された。「あと数時間遅ければ、飛行機に乗っていたか、基地に逃げ込んでいたか。いずれにしても地位協定に阻まれ、捜査は難航したはずだ」という県警幹部の談話が載っている。

「絶対に許さない」という被害女性の決意と勇気に心から敬意を表したい。

米兵による性犯罪は沖縄戦で米軍が上陸した直後から始まったが、「語られることのなかった」戦争体験であり、戦後もまた長く沈黙の中に閉ざされていた。被害女性は運のなかったかわいそうな被害者とされ、事件を知る誰もが沈黙することで守ろうとしたのである。しかし、それはそのまま加害者の不処罰につながった。

なぜ、被害者が恥じないといけないのか。性暴力の視点から基地や軍隊を考えるようになった現在、これまでの「不処罰の歴史」を終わらせようと沈黙を破り、米兵の性犯罪に関わる体験を明らかにする人が増えている。

『沖縄タイムス』は、一九日の社会面トップで、金城葉子さんの四二年前の体験を取り上げている。

一九七〇年、アメリカンスクールの高校二年生だった金城さんは友人のホームパーティから帰る時、「一人じゃ危ないから送ってもらって」と紹介された米兵の車に乗った。ところが車は自宅に向かわず、人気のない道を走り続けて止まり、米兵は突然襲いかかってきたという。「別の場所に連れて行ってほしい」との訴えに場所を移動するため、米兵は車を動かした。その走る車のドアを開け、助手席から転げるように飛び降りて難を逃れた。現在五八歳になる金城さんは、被害の話を家族にも誰にもしてこなかったと語っている。理由は、言えば自分が責められると思ったからである。「私たちは悪くない」という記事の見出しに、金城さんの被害女性に対する強い励ましのメッセージが込められていると感じた。

同じく『沖縄タイムス』の二一日のくらし面では、米兵の性暴力を目撃した人たちの証言が掲載されている。

那覇市内の伊地柴敏《いぢしばとし》さんは終戦当時一二歳。四五年六月宜野座村の捕虜収容所に家族四人で収容されていた時、伊地さんら少年たちは週一回、山を越えた米軍駐屯地に食料を盗みに行ったという。

帰り道の暗い山道で、米兵四人が住民の女性を暴行する姿を目撃する。「見つかれば殺される」という恐怖。しかし、収容所内でも蛮行は日々の出来事だったと証言は続く。少年たちに向けられる「女性を連れて来い」という命令。また、自分の股間を出して「ここをなめろ」と少年たちに指示する米兵もいたという。伊地さんは「私は経験しなかったが、同世代の少年の多くが犠牲になった。女性はもちろん、男性も子どもも住民全員が性被害におびえていた」と語っている。

金城さんや伊地さんが顔も名前も出して、新聞という公的性格をもったメディアで証言をした意味は実に大きいと思う。沖縄戦の証言の中でも性暴力の被害についてはなかなか語られることがなかったし、口にするのもはばかられるという暗黙の空気があったからだ。

戦争や紛争、また軍隊が駐留する状況の中で、性暴力は必ず起こる。米兵によって繰り返されている女性への暴力はそのことをはっきりと示している。

「基地・軍隊を許さない行動する女たちの会」は、一九四五年の米軍が上陸して間もない時期を起点に新聞・文献、証言を基に米兵による女性への性犯罪を調査し、冊子にしている。新たにわかったものを加えていき、現在は第一〇版である。女児や一〇代の少女たちが帰宅途中に襲われるなど、子ども自身では防ぎようのなかった事件がいかにたくさん起きていたか。畑で、山中で、洗濯場でと、ところかまわず、また父母や夫の目の前でも。

調査には「処罰の方法」という項目があるのだが、四〇年代、五〇年代はほぼ「容疑者不明」である。六〇年代以降でも「逮捕後の扱いは不明」、あるいは「訴えず」が少なくない。「容疑者は裁判中に配置転換」というのもある。大半の加害者は処罰されてこなかったのである。

犯罪の繰り返しに終止符を打つためにも、証言を広げ、性暴力という視点から軍隊や基地をしっかり捉え直すべきだと思う。

2013年

オスプレイ配備撤回・普天間県内移設反対の建白書

1月　県内全市町村長らが「オスプレイ撤回」建白書を安倍首相に提出する東京要請行動
4月　政府主催の「主権回復」式典開催に抗議する「屈辱の日」沖縄大会開催
6月　米軍基地返還跡地の沖縄市サッカー場からダイオキシン類を含むドラム缶が見つかる
8月　政府が普天間飛行場へのオスプレイ12機の追加配備強行
12月　特定秘密保護法が成立

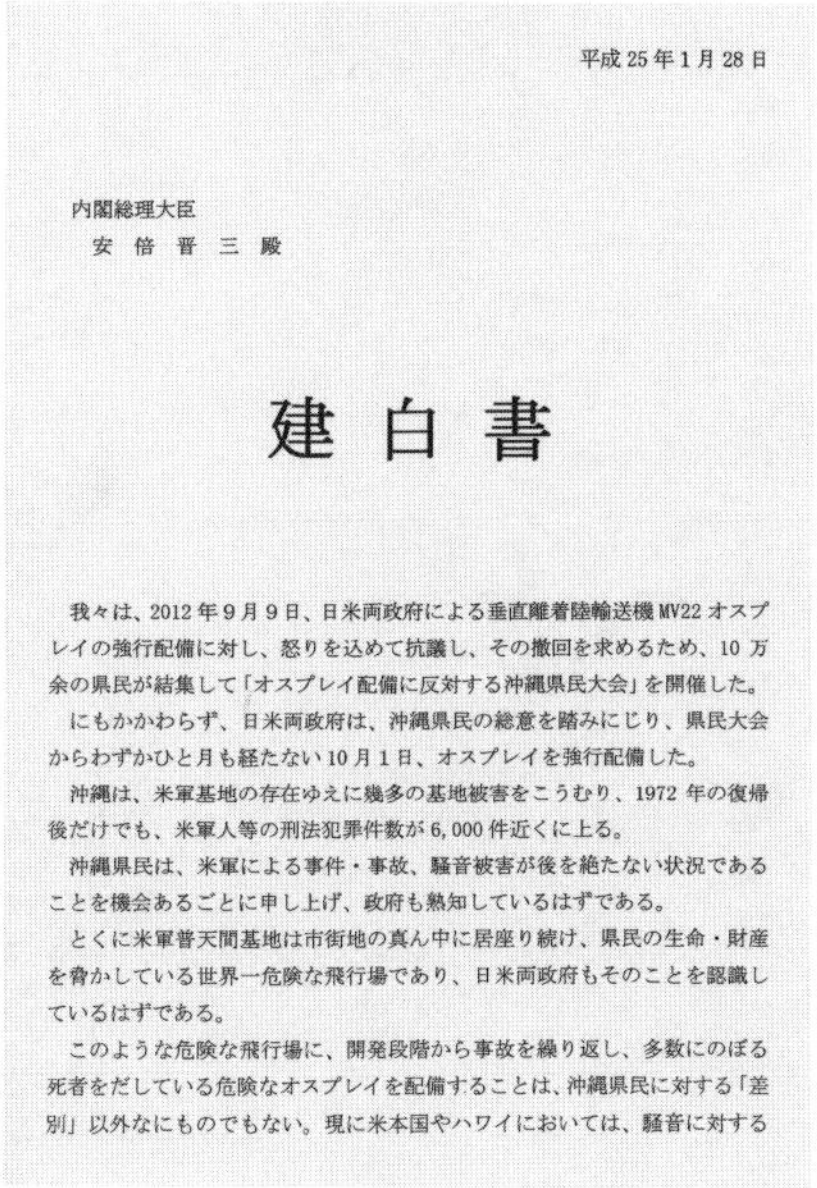

平成25年1月28日

内閣総理大臣
安倍晋三殿

建白書

我々は、2012年9月9日、日米両政府による垂直離着陸輸送機MV22オスプレイの強行配備に対し、怒りを込めて抗議し、その撤回を求めるため、10万余の県民が結集して「オスプレイ配備に反対する沖縄県民大会」を開催した。

にもかかわらず、日米両政府は、沖縄県民の総意を踏みにじり、県民大会からわずかひと月も経たない10月1日、オスプレイを強行配備した。

沖縄は、米軍基地の存在ゆえに幾多の基地被害をこうむり、1972年の復帰後だけでも、米軍人等の刑法犯罪件数が6,000件近くに上る。

沖縄県民は、米軍による事件・事故、騒音被害が後を絶たない状況であることを機会あるごとに申し上げ、政府も熟知しているはずである。

とくに米軍普天間基地は市街地の真ん中に居座り続け、県民の生命・財産を脅かしている世界一危険な飛行場であり、日米両政府もそのことを認識しているはずである。

このような危険な飛行場に、開発段階から事故を繰り返し、多数にのぼる死者をだしている危険なオスプレイを配備することは、沖縄県民に対する「差別」以外なにものでもない。現に米本国やハワイにおいては、騒音に対する

県内41市町村長や議会議長らが署名した「建白書」

2013.1

いつまで安全保障を沖縄に依存し続けるのか

松元 剛

沖縄には頼母子講《たのもしこう》に似た助け合いの仕組み「模合《もあい》」がある。定期的に親しい友人や知人などが集って毎回一定の模合金を出し合い、輪番で身の回りでまとまったお金が必要な人が受け取る。月に一度の開催が定着している。

文具屋には「模合帳」が売られていたり、銀行に提出する書類にも「模合」の金額を記す項目があったりする。横のつながりが強い沖縄ならではの風習で、相互扶助(ユイマール)の精神が息づく。気のおけない仲間が酒食を共にしながら親睦を深めるだけに、くつろぎながらも、鋭い本音が飛び出すこともある。

最近は出席率が少し悪くなったが、私にも月に三つの模合がある。新聞記者の硬い頭を和らげてくれる場であり、沖縄が置かれた現実をはっとするような言葉で射抜く仲間がいて、大いに学ばされることがある。

昨年一一月の第二週、PTAや地域を核にした異業種交流的な模合で話題になったのは、海兵隊の垂直離着陸輸送機オスプレイの配備強行と、米海軍兵による女性暴行致傷事件や酔った空軍兵が住居に入り込んで中学生を殴った事件など、跡を絶たない米兵事件だった。「ヤナ、アメリカー(米兵のばかたれども)が」と吐き捨てる人もいた。

その中で、憤りの矛先となったのが、宮古島《みやこじま》市で同月初旬に開かれた九州市長会の決議の件だった。

一一市長でつくる沖縄県市長会が「オスプレイ配備撤回を求める決議案」を提出したが、賛同の一方で反対の声も上がり、翌日の理事会に議論は持ち越された。

その際にこんなやりとりがあった。重い負担にあえぐ沖縄側の提案に対し、鹿児島県の本田修一志布志市長が「九州市長会で決議すれば、沖縄以外のほかの県にもって来ていいということを意味する。慎重に対応すべきだ」と待ったをかけた。要するに、やっかいなオスプレイは沖縄に留め置いてほしいと言っているに等しい発言だ。

必要性を認めながらも自分の近くに「迷惑施設」を置くのはご免という「NIMBY《ニンビー》(ノット・イン・マイ・バックヤード)」の意識がさらけ出された。

あけすけな志布志市長の物言いに驚き、怒った沖縄側の市長は声を震わせた。

「情けなくなる。沖縄ならいいけど、九州なら困るという発想は到底理解できない。憤りすら覚える」（儀《ぎ》間《ま》光男《みつお》浦《うら》添《そえ》市長）

「私に言わせれば、沖縄の過重負担が絶対に理解できていない。九州のどこかに持って行ってほしいと言っているわけではない。これ以上、安保の負担をさせないでくれと言っているのだ」（稲嶺《いなみね》進《すすむ》名《な》護《ご》市長）

決議の必要性を説く九州の市長もいたが、結局、決議案から「オスプレイ配備撤回を強く求める」の文言が削除され、「これ以上沖縄に負担を押し付けることがないよう強く求める」の文言に修正された。

危険極まりないオスプレイの沖縄配備を撤回してほしいという切実な訴えは、玉虫色の「負担軽減」に置き換えられた。沖縄の痛みを真に理解し、共に分かち合おうとする姿勢は一部市長の発言ににじんだが、決議としては実らず、沖縄県民に言い知れぬ失望感を与えるニュースとなった。

一方で、米軍機の低空飛行訓練中止と、オスプレイの飛行訓練を強行しないよう求める議案は可決された。身に降り掛かる危険は容認できないのは当然だろう。沖縄がさらされ続けているオスプレイの危険だけは蚊帳の外なのかという疑念が湧いてしまう。

模合の場に戻る。九州市長会の話になり、沖縄のトップ10に入る企業に勤め、政治的には保守バリバリのメンバーがこう言った。「どんなに沖縄が嫌だと言っても、結局日本政府は力ずくで普《ふ》天間《てんま》基地もオスプレイも押し付け、九州の市長会のように国民はそれを当然と見なす。沖縄の新聞でたびたび出てくる「構造的差別」という難しい言葉はこういうことだとはっきりわかった」。他のメンバーが「そろそろ沖縄の方が日本を見限って独立論が強まるかもしれない。今、世論調査すれば、独立支持にかなりの数字が出るかもよ」と応じると、小一時間、沖縄独立の是非で侃々諤々の議論となり、居酒屋の従業員がけんかを心配して見に来るほどだった。

オスプレイ配備と普天間飛行場の県内移設に抗う沖縄の民意の高まりを受け、本土側が沖縄の米軍基地問題に向ける視線にも共感が広がっている。だが、あまりに過重な基地負担には同情しても、「総論賛成、各論反対」の域を出ず、個別の負担を引き受けたり、引き受けざるを得ない状況が生じたりすると、腰が引けてしまう。そうなると、安保の重荷を基地の島に負わせる思考停止が続く。基地負担を軽減する具体策に深入りした議論の必要性を痛感している。

2013.2

シンジムンやクスイムン　医食同源の沖縄の食

山城紀子

デパートやスーパーにおせち料理のコーナーができたとか、まずまずの人気で正月料理も「買う」時代になったなどと話題になったりもしたが、今やおせち料理の品定めや注文風景も年末の商戦風景としてすっかり定着した。那覇《なは》市内のデパートでは一一月初旬から約四〇種類のおせち料理の写真を展示して注文を受ける。四万円から六万円台の、数が限定されている豪華なおせちなどは、一二月に入ると同時に「完売」の札が貼られていた。担当者の話では、リピーターも増え安定したコーナーになっているという。

一方で那覇市牧志《まきし》のマチグヮー(市場)は、かつての師走の賑わいをなくしている。「昔の半分もいない」と長年商売をしている女性が言えば、別の女性は「一〇分の一ぐらいじゃない？　それぐらい(客が)いなくなった感じがする」と激減を強調した。

一九五〇年代、幼少の頃、母に連れられて行く年末のマチグヮーは、子ども心にも緊張が伴うものだった。あまりの人だかりに母とはぐれることの恐怖が頭を離れなかったからだ。「生き馬の目を抜くような場所」だとか「手を離したら迷子になるよ」という言葉も暮れのマチグヮーに行く時の母の常套句だった。

行事のたびに母が作る中身汁《なかみじる》は正月料理でも定番だった。豚の内臓(腸や胃)をかつおだしのスープでいただく沖縄の郷土料理である。父の大事な客を迎える時とか、盆・正月の行事とか、子どもたちの誕生日など節目節目に作っていたが、母はいつしかほとんど作らなくなり、そのうちまったく作らなくなった。

作らなくなった母に替わって、三〇代に入った頃からいつしか私が作るようになり、年末に母の所へ中身汁を持っていくのが約束事のようになっていた。「とてもおいしい」と決まって母は言ったが、私はその言葉を聞くたびに申し訳ない気持になった。なぜなら母と私の作る中身汁では決定的に作る労が違っていた。母がよく作っていた頃は売られているのが生の内臓だった。調理する前の下準備にとてつもない労力を必要とした。臭みをとるのが大仕事だったのである。母はたいてい洗濯用の大きな金物のたらいを出し、小麦粉や塩をまぶして洗濯板の上でもみ洗いをしていた。たらたらと汗を流しながら渾身の力を入れて、内臓の臭みをとる母の姿を今も鮮やかに記憶している。

私が作るようになった頃にはきれいに洗われて、臭みもなく、さらにゆがかれた「中身」が店頭に並ぶようになっていた。ちょうどいい大きさに刻まれてもいる。「それでも自分で作ろうという人はとっても少なくなっているんだよ」とマチグヮーの女性たちは嘆く。

煮付けや汁物でいただく足ティビチの材料である豚足も同様で、母がよく作っていた頃は、買ってくるとまず毛を剃るところから始めていた。それでも十分にはとれず、気持ち悪がって食べない子どものために母は剃り残しの毛を毛抜きで一本一本抜いていた。

今も中身や足ティビチの煮付けやおつゆはなじみの深い郷土料理だが、生の内臓や毛の処理ができていない豚足を差し出されたらまず作る気をなくす人が大半だろう。

三〇年以上も前のことだが「おばあさんが伝える味」というタイトルで高齢の女性たちにこだわりの郷土料理を作ってもらう連載をしたことがある。「クンチチキィーン」(根気あるいは精気をつけるの意)とシンジムン(煎じ汁)の料理をいろいろ作ってくれた。チムグヮー(豚のレバー)シンジ、ターイユ(鮒)シンジ、クーイユ(鯉)シンジなど。体力が落ちた時だけでなく、発熱した時なども医者に行く前にまずシンジを飲んで様子をみたのだという。

眠れない時には「クヮンソウの花を軽くゆでて酢の物にする」とか、「咳が出る時はイーチョーバー(ウイキョウ)をおつゆに入れる」。「のぼせにいいのはニンブトゥカー(スベリヒユ)だね」。お腹に虫がいるとわかった時は「ナチョーラ(海人草)のシンジを飲んだよ」などクスイムン(薬もの)の食材や滋養としての食の話は尽きることがなかった。

戦前の沖縄は全国的に見て全国平均の半分以下の医師しかいなかったという。ただでさえ少なかった医師が沖縄戦に動員されて多くが命を落とした。約一六〇名いた医師のうち、生存者は六四名だけであった。戦後の極端な医師不足の中でいかに女たちが自身と家族の健康を守るために食と向き合ってきたか。医食同源は沖縄の食の真髄である。

沖縄戦。二七年間の異民族支配。今もまた沖縄中が反対する中で強行配備されたオスプレイが飛び交い、それでも総選挙では争点にすらならない。「クンチをつけるために」と語った女たちの言葉に哲学的な響きすら感じる。なぜ食べるか、どう食べるかも含めて先人の知恵の詰まった沖縄の郷土食を見直したい。

2013.3

旧正という標

親川志奈子

　アラサーの私が子どもの頃、沖縄には「新正《しんしょう》」という言葉があった。日本暦の正月のことだ。もっと前は「大和正月」と呼ばれていたそう。何もつけないただの「正月」だったはずの私たちの正月が「旧正《きゅうしょう》」と呼ばれるようになったのは、一体いつ頃からだろうか。「復帰」前には琉球政府によって「新正月一本化」が奨励されていたそうだから、「復帰」四〇年を過ぎた今、正月も日本式になり「新しい正月」こそが「普通の正月」になったのも無理はない。ん？　ほんとうにそうだろうか、いや無理があるじゃないか。「新正月一本化」のような薄情なキャンペーンがそれを示しているではないか。それは日本になかったクリスマスを日本人が祝うようになったという類の話ではなく、沖縄にあったものを否定した上で導入される支配者の慣習だ。日本に「復帰」するのだから「正しい日本語」を使わなくてはならない、という強迫観念で復活した方言札や標準語励行運動の類だ。「日本が優」で「沖縄は劣」という無茶な概念を私たちウチナーンチュは努力の末に内在化した。自らを生かしてくれたスタイルを見下し、日本式を実践することでどうにか日本人らしさに近づこうとしたし、している、そしていろいろな意味で失敗し続けている。

　いい意味での失敗は、政策決定者の思惑に反して沖縄では「旧正」が生きていることだ。日本ではなく沖縄暦に従い正月を祝っている地域も数多く存在するし、私の実家を含む多くの家庭では日本と沖縄の両方の正月を行なっていたりする。沖縄暦に沿った年中行事が古いものと刻印されても、そしてどんなに日本式やアメリカ式が導入されても、ウチナーンチュとしての生き方は今も死んではないという事実があり、それを確認して安堵する私がいる。

　悪い方の失敗とは、結局どんなに日本式を導入しようと、日本人として振る舞おうと、日本民族と同等の権利が与えられるといったストーリーは最初から用意されていないので「永遠の片思い」は叶わず何をやっても失敗に終わるとあらかじめ決められていますよ、ということ。

　そういう現実と向き合うたび、ちょっと前の私だったら劣等感を増したり、「同じ日本人なのに」と憤慨しただろう。けれども去年参加したたくさんの「復帰」四〇年イベントで、運動のリーダーたちが、日本民族になりたくて「復帰」運動を展開したのではなく米軍基地を撤去するため「復帰」を願った、と明言しているのを聞いて、ウチナーンチュにとっての自己決定権行使であったはずの「復帰」が、結局日米の密約による出来レースに騙されてつきあわされた歴史の一幕であったことを知った。沖縄戦の体験談を多くのサバイバーたちが長い間語れなかったように、「復帰」についても多くは語られてこなかった。しかし時間の経過と共に、徐々に「復帰」のトラウマは言葉となり、私のような「復帰」後世代のウチナーンチュも「復帰」から学ぶことを始めている。

日本が沖縄に背負わせているものは、ウチナーンチュが日本民族に同化するという方程式では解けないということが明らかになってきた。いくら沖縄の文化を捨て、歴史書とカレンダーを破り、火葬し、日本風の墓を建て、ウチナーグチを捨て、歌を忘れ、美白化粧品を使い、レーザー脱毛をし、日本蕎麦を食べ、待ち合わせの時間を守っても、私は日本民族にはなれないし、なりたくないし、そうやって日本民族を演じたところで「沖縄問題」は解決しない。

そう考えるのが怖い場合は、これまで通り日本民族に寄り添って「ウチナーンチュの努力が足りないんだ」と本質をすり替えることもできるし、地球人とか宇宙人を気取って「そもそも沖縄人とか日本人なんてないのよ」と、問題そのものに蓋をすることもできる。誰かのせいにしたければ、「沖縄問題」の責任をアメリカだけに押し付けたらいい。

けれどもそれらは解決ではなく、現実逃避でもなく同化政策のプロセスそのものなのかもしれない。そうだとしたら？　行き着く先には何が待っているのだろうか。

「復帰」から四〇年、日本の正月が沖縄社会に浸透したのに反比例し、社会を形成していたウチナーグチが消えゆこうとしている。日本人移住者の増加に伴い、ウチナーンチュが自らの島においてますます力を削がれ、あらゆる場面で機会を奪われている。

それでも、ウチナーンチュは生きていて、むしろ「復帰」四〇年を機にウチナーンチュというジニオロジーやポジショナリティと向き合い、言語を取り戻し、島を生き、人と、過去と繋がりながら未来を描く人たちが増えてきたことも、また事実だと思う。

日本のカレンダーでいうところの二月一〇日、沖縄の年が明ける、今年は沖縄にとってどんな年になるだろうか。

2013.4

沖縄はいつまで質草か

明と暗が交錯した二月

松元　剛

プロ野球九球団がキャンプを張った二月の沖縄は、暖かい気候の魅力など、明るい話題が毎日のように発信される。一二年の観客数は過去最多の約二八万人で、本土から訪れる多くのファンを含め、キャンプの経済効果は「七八億円」(琉球銀行総合研究所調べ)に上ると試算された。オープン戦五試合が集中した二日後の二月二六日、米軍基地をめぐる二つの事案が、県都・那覇市と北部の名護市で動いた。いずれも沖縄の過重負担を際立たせ、基地がある限り、沖縄の明と暗が交錯し続ける現実を突き付けた。

「殺されると思った」「悲しくて悔しくて、嫌でたまらなく、涙が出た」「絶望感は今もよみがえってくる」「できれば、一生刑務所に入れてもらい、厳しく罰してほしい」

一二年一〇月、普天間飛行場に海兵隊の垂直離着陸輸送機オスプレイが配備され、県民が激しく反発する中、本島中部で起きた米海軍兵による集団女性暴行致傷事件の初公判が、那覇地裁であった。検察が読み上げた供述調書で、被害者が恐怖心と無念の思いを語ると、二人の兵士はうつむいた。被告人の一人が「キル(殺す)」と被害者を脅し、奪った金で犯行後にバーで飲み直したことを那覇地検が指摘すると、六人の裁判員の視線が険しくなった。

一兵士の弁護人は冒頭陳述で、「事件の日にグアムに出国予定で、暴行しても捕まらないと思い安易に犯行に及んだ」と明らかにした。女性の背後から首を絞め、暗がりの駐車場で犯行に及んだ二人は、次の任地だったグアムに向かう直前に間一髪で拘束された。「基地に逃げ込めば、守られる」という特権意識が米兵による性犯罪の動機と密接に結び付き、女性の被害が連なる構図がまたしても裏付けられた。

一方、名護市では、普天間飛行場を移設するため、政府が辺野古《へのこ》沖埋立ての手続きに本格着手した。沖縄防衛局は、辺野古地先の漁業権を持つ名護漁協に対し、沿岸部を埋め立てることへの同意を求める文書を提出した。

小野寺五典防衛相が朝の閣議後会見で同意書提出を明らかにした約二〇分後、防衛局職員が間髪入れずにせりの最中だった職員を訪ね、Ａ４判一枚の申請書を手渡して立ち去った。普天間問題の重大な節目にもかかわらず、報道陣に取材させまいとする、後ろめたさを残す対応に防衛省の焦りがうかがえる。日を置かず、安倍政権は仲井真弘多《なかいまひろかず》知事に対する正式な埋立て申請を出し、沖縄を米国に差し出す挙に出るのだろう。

二月二日、就任後初めて来沖した安倍晋三首相は仲井真知事との会談で、日米合意通り、普天間の辺野古移設を推進する構えを示しつつ、「信頼関係を構築することから始めたい」と強調した。三週間後の二三日の日米首脳会談で、オバマ米大統領と辺野古移設推進を確認した首相は記者会見に臨み、「(民主党政権の)三年間で、著しく損なわれた日米の絆と信頼を取り戻した」と胸を張った。そのわずか五日後、移設作業の本丸である県知事への埋立て申請の前段と位置づけられる名護漁協への同意取り付けに突き進んだ。

この日に開会した沖縄県議会の二月定例会で、仲井真知事は一三年度の県政運営方針を示し、「地元の理解が得られない移設案の実現は事実上不可能だ」と淡々と言及した。

沖縄とワシントンで、いみじくも安倍首相は「信頼」を口にしたが、米国への追従を優先し、沖縄を切り捨てる為政者の姿を鮮明にした。大田昌秀《おおたまさひで》元知事が最近、強調している言葉が頭に浮かんだ。「沖縄は歴史上、人間扱いされていない。多数派の目的を達成するための質草、捨て石にされてきた。モノ扱いが続くなら独立論も出てくる」

沖縄では、県知事、県議会、全四一市町村の長と議会、そして県民の九割が辺野古移設に反対している。安倍首相に問いたい。東京都内の全首長、都民の九割が反対する政策があれば、民意を押し切り、強行できるか、と。

二月の首相来県当日の『琉球新報』は一面トップで、普天間の県内移設に反対し、党本部とねじれている自民、公明両党の県組織代表へのインタビューを掲載した。翁長政俊《おながまさとし》自民党沖縄県連会長は「県外移設は県民との約束だ。手のひらを返すことはできない。(沖縄側が)容認に転ぶという憶測があるが、地方政治の場にいる人間が民意と懸け離れた政治はできない」と断言した。

糸洲朝則《いとすとものり》公明党沖縄県本部代表は辺野古移設やオスプレイ配備を挙げ、「温度差と片付けるには軽すぎる。(沖縄に対する)差別やいじめと言わざるを得ない。沖縄は変わり、政治的駆け引きで揺れることはない」と冷静に訴えた。

辺野古移設のごり押しに傾きつつある安倍政権に真っ向から反論した翁長氏、糸洲氏の言葉には沖縄の空気感が凝縮されている。差別されているという認識を深め、強さを増す沖縄社会に、足して二で割る解決策は通用せず、力で組み敷くこともできまい。

2013.9

チェ・ゲバラになりたい日本人

親川志奈子

照りつける太陽、一瞬のスコール、雨上がりの匂い、ブーゲンビリア、そして古びたコンクリートの家々。ハバナの旧市街地を出たとたん、「ここはコザ？」という風景がいくつもあった。数年前キューバを旅した私はたくさんの面白い物を見つけたけれど、中でも最高に面白かったのは、人々の日常会話の中に「フィデル」という名前が何度も登場したことだった。フィデルとはもちろんキューバ革命でバティスタ政権を倒したフィデル・カストロのことだ。私はキューバと言えばチェ・ゲバラだろうと考えていたが、どうやら違っていたようだ。革命のためにキューバにやってきて、革命後はまた新たな革命闘争を求めてキューバを離れ、若くして銃弾に倒れたあのベレー帽のイケメンアルゼンチン人は、偶像化され、お土産品として観光客に売られていたが、日々の話題に上がることはないようだった。

ところで沖縄には「チェ・ゲバラになりたい」と公言する日本人平和活動家が溢れている。私自身これまでに在日日本人から「沖縄のチェ・ゲバラになるべく沖縄移住がしたいから仕事や住む所を紹介してくれ」という相談を受けたことが、何度も何度もある。あっけにとられて黙っていると、私が「ありがとうございます、喜んでお手伝いさせていただきます！」と言うのを期待していたらしい彼らに「こっちが沖縄のためを思って人生をかけようと言っているのにその態度は何だ」と説教されたり、時には「ヤマトンチュに冷たい君は排外主義者だ」と言われたりもした。この居心地の悪さは一体何なのだろうといつも考えていた。

ちなみに私はゲバラを憎んでいるわけでも、カストロを愛しているわけでもない。私はむしろゲバラの甘いマスクが好きだし、ゲバラの娘アレイダが来沖した際には一緒にサルサとカチャーシーを踊った。カストロは色々すごいのに、あのホモフォビア政策だけはどうしても納得できない。それでもキューバが成し遂げた革命は驚異的だし、今なおアメリカの経済制裁を受けながらも、カリブ海に浮かぶラテン系社会主義国として、すばらしい教育や医療や農業を構築している姿には魅了される。だから、日本人がゲバラを尊敬し真似したくなる気持がわからないでもない。

けれどもある時、私はついに気がついてしまった、ゲバラになりたい日本人に対して抱いてしまう不快感の正体に。つまりゲバラはアルゼンチン人であって、アメリカ人ではない。仮に彼がバティスタ政権を支え自らの利益のために、キューバを差別し搾取し続けたアメリカから来たアメリカ人だったとしたら？　金髪ブルーアイズの白人ゲバラが英語訛のスペイン語で「キューバの皆さん、革命しましょう」と呼びかけるのを想像して笑ってしまった。私がその場にいたら「キューバ人をどうにかする前にアメリカ人をどうにかしてくれない？」とツッコミを入れるだろう。

参院選の数週間前、Facebookに日本人の友人から「糸《いと》数慶子《かずけいこ》さんを当選させないと沖縄に未来はありません、死にものぐるいで闘ってください、私も沖縄に行って応援します」というメールをもらい、違和感を覚えた。その違和感は選挙速報を見ているうちに、苦しみへと変わっていった。なぜ彼女は自分の住む県から自民党以外の候補者を当選させようとしなかったのだろうか。選挙後「勝ちましたね。沖縄に行った甲斐がありました」というメールをもらい確信した、彼女は沖縄人の立場で行動し自己陶酔感を味わいたかったのだと。

しかし、それは迷惑な話なのだ、だって彼女はゲバラではないのだから。彼女が所属させられているのは、沖縄を抑圧する日本という「国家」であり、日本人という「民族」であることは紛れもない事実なのだから。

日本人社会学者の塩原良和《しおばらよしかず》は「マイノリティ当事者への支援活動に関わろうとする［マジョリティの］人々もいる。だが、単なる善意にもとづいて支援をするだけで、その人が加害者としてのマジョリティという立場から免責されるわけではない。マジョリティとマイノリティの関係は、その人が社会のなかでどのような位置（ポジション）にいるかという問題」（『共に生きる　多民族・多文化社会における対話』弘文堂）と述べている。

沖縄の状況に疑問を持ち、沖縄問題を解決しようと願うなら、「沖縄の運動に寄り添い」沖縄人を動かすのではなく、日本人という立場で踏ん張り、日本人としてやるべきことを実行していってほしい。脱植民地化の実践とは、抑圧された「かわいそうな」人たちの抵抗運動だけではなく、抑圧してきた人たちが踏みつけたその足をどかせるという作業でもあるのだから。それぞれの立場で共に行動することを、「連帯」と呼ぶのではないのか。それにしても、チェ・ゲバラになりたいと私に相談を持ちかけた数十人の日本人は、その後どうなったのだろうか。いつかどこかでまた会えたらいいな。

2013.10

地中に潜む〝爆弾〟

続く基地汚染の脅威

松元　剛

夏真っ盛りの沖縄で、全国的には注目されていない「基地汚染」の脅威がクローズアップされている。

「大騒ぎさせて、何も出なかったらどうするんだ。狼少年だぞ」。一九九八年九月、那覇防衛施設局(現沖縄防衛局)次長が、基地担当記者だった私に言った。『琉球新報』が始めた、在沖米軍基地の環境管理のずさんさを突くキャンペーン報道に対する嫌悪感をむき出しにした物言いだった。

その前月から、私たちは、米軍が七〇年前後、使用済みの変圧器油などを、嘉手納《かでな》基地西南部の人目につきにくい場所に投棄していた問題を追及していた。変圧器油は、発がん性の高い有害物質PCB(ポリ塩化ビフェニル)を含む。素掘りの「廃油ため池」にため込まれたPCB入りの廃油がボイラーの燃料などとして民間に払い下げられ、銭湯などで使われていた。基地従業員や廃油回収業者の証言を基に、土壌などの汚染調査と米軍基地の環境汚染に歯止めをかける制度の確立を促し、多角的に紙面展開した。

一九七五年に国土地理院が撮影した航空写真を地形が立体的に見える拡大鏡で見ると、高さ一ｍほどの土塁で囲った幅十数ｍの「ため池」が浮かび、液体で満ちていた。投棄現場の存在が立証されたのを機に、当事者の嘉手納基地も調査に本腰を入れた。大雨で盛り土が崩れ、廃油がすべて海に流れ出す事故も起きていた。回収に当たった会社の従業員は「数日間油まみれで作業し、皮膚が赤くただれ、猛烈なかゆみに襲われた」と証言した。PCBに直接触れた際の症状と一致する。

地元の嘉手納町議会が全会一致で環境調査と浄化を求める意見書を可決するなど、大きな波紋を広げた。嘉手納基地には記録が何一つなく、米国防総省の専門家チームが来沖し、掘削調査を実施する異例ずくめの事態となった。

連載取材で、元基地従業員を訪ね歩くと、健康管理を度外視した驚くべき実態が浮かんだ。ベトナムの戦地で壊れた戦車やトレーラーを修復して送り返す部署や、寝具などを燻蒸する牧港《まきみなと》補給地区内の施設で働いていた従業員が、異常に高い割合でがんを発症し、多くの人が亡くなっていた。六価クロムや臭化メチルなどの有害物質、劇物を含む薬剤を使っていた点が共通していた。

密閉に近い職場で、米兵の管理者だけが宇宙服のような防護服を着けて作業を指示し、日本人従業員はほぼ無防備だった。中毒を起こして半身不随となり、二五年の闘病生活を送っていると聞いた男性を訪ねると、その数カ月前に息を引き取っていた。

翌九九年七月、嘉手納基地の「廃油ため池」周辺を調べた国防総省の調査結果が出た。三〇年の歳月を超え、土壌からPCBが検出された。取材班を「狼少年」呼ばわりした次長氏は、苦虫をかみつぶしたような表情を浮かべていた。専門家は「きわめて高濃度のPCBが投棄されていたことは明らかだ。PCBに付随するダイオキシン濃度も測定すべきだ」と主張したが、実現しなかった。

今年七月、沖縄市が管理するサッカー場の地中から、十数本のドラム缶が掘り出された。青酸カリの数千倍以上の毒性があるダイオキシンを含む枯れ葉剤の米製造大手「ダウ・ケミカル社」の社名が記され、周辺にたまった水から環境基準値を大幅に超えるダイオキシンが検出された。八月には、宜野湾《ぎのわん》市の普天間飛行場と浦添市の牧港補給地区の近くで捕獲されたマングースの体内に、PCBが高い濃度で蓄積されていることがわかった。愛媛、名桜《めいおう》の両大学の調査チームは、基地との因果関係が濃厚、と指摘する。

米軍基地は、有害物質を含む大量の化学物質を使う。米本国の閉鎖基地の大半で土壌や地下水に深刻な汚染が残るケースが生じている。巨大なプラントを設けて、地下水浄化に十数年を要するケースもざらだ。米国の跡地浄化チームは、基地従業員の綿密な聞き取り調査によって、基地の履歴を洗い出し、浄化作業に臨む。ずさんな管理が横行し、酷使されてきた在沖米軍基地の使用履歴は皆無に等しく、その管理態勢は米本国の基地と雲泥の差がある。

米国の閉鎖基地跡の浄化に携わる専門家は「日米の環境法の規制が及ばない治外法権の中で、九〇年代前半まで在沖米軍の環境管理はきわめてずさんだった。普天間、嘉手納の両航空基地の土壌や地下水からはどんな汚染物が出るか、見当がつかない」と不気味な予言をする。基地従業員の労働組合が七七年に聞き取り調査した報告書には、背筋が寒くなるような証言がいくつもある。

「有機廃液を排水溝、マンホール、下水道伝いに海に流し続けた」「米軍はビル近くの随所に穴を掘らせ、廃液を埋めさせた。きわめて危険だ」。汚染の懸念があるこうした場所が浄化された形跡はない。数十年の年月を超えて地中に潜む〝爆弾〟は、沖縄の将来を左右する基地跡地利用の大きな壁になりかねない。

2013.12

しまくとぅばという「文化遺伝子」

親川志奈子

奄美《あまみ》から与那国《よなぐに》までの琉球弧で話されてきた琉球諸語は別名しまくとぅばと呼ばれる。しまくとぅばにはアイランドを表す「しま」とコミュニティを意味する「しま」の二つの意味が含まれる。つまり総称としても使えるし、多様な個々を指すこともできるとても汎用性の高い単語なのだ。

琉球には八〇〇を超える伝統的集落があり、それぞれにしまくとぅばが存在していた。沖縄島のくとぅばはうちなーぐち(沖縄語)と呼ばれるが、一言にうちなーぐちと言っても、それが北谷《ちゃたん》の言葉か那覇の言葉かによって語彙や音声・音韻などに差がある。そして同じしまくとぅば圏内でも、うちなーぐちとみゃーくふつ(宮古語)では意思の疎通ができないほどにその差異は大きい。この多様性こそしまくとぅばの魅力だと言っても過言ではない。

しかしそのしまくとぅばは現在消滅の危機に瀕している。その背景には「琉球処分」後の方言札に代表される同化政策、「爾今軍人軍属ヲ問ハズ標準語以外ノ使用ヲ禁ズ、沖縄語ヲ以テ談話シタル者ハ間諜トミナシ処分ス」という軍命が出された沖縄戦、「祖国」復帰運動と日の丸掲揚との三点セットで登場した標準語励行など、しまくとぅばと話者である琉球民族が直面した過酷な近現代の歴史があった。他にも人の移動や日本語メディアの普及なども要因としてあげられる。

現在では、しまくとぅばを話せる人の割合は県民の約半数にまで減少し、特に若者世代においてはほとんど聞くことも話すこともできないという状態が生まれている。しまくとぅばに日常的に触れていると考えられてきた琉球芸能の実演者らを対象にした調査でも、一〇代から二〇代で「話せる」との回答は五%に留まっている。〇九年、ユネスコは奄美語、国頭《くにがみ》語、沖縄語、宮古語、八重山《やえやま》語、与那国語の六つを危機言語レッドブックに記載し、何らかの策を講じなければ消滅する恐れがあると警鐘を鳴らした。

危機的状況の中、琉球弧の各地では島々の言葉を残そうとさまざまな試みが行われている。しまくとぅばのお話大会、ラジオやテレビ番組の放送、小中学校の総合学習やクラブ活動の時間を利用した講座、大学のクラス、子ども向けの公民館講座、介護士や警察官向けの講座、新聞、紙芝居、語彙集、スピードラーニング、ラジオ体操、講師養成講座、教科書や指導書、カルタやポスターの作製、しまくとぅばの日の県条例制定、那覇市のハイサイ・ハイタイ運動の実施など、数多くの目に見える実践が行われ、連日地元紙がしまくとぅば復興運動を報道している。沖縄県も一〇年間のしまくとぅば普及推進計画を策定し動き出した。

人類にとっての意思伝達手段である言語とは、民族にとってはアイデンティティを形成する重要な要素だ。詩人の高良勉《たからべん》はそれを「文化遺伝子」と表した。日本語を話し生活し、教育や福祉を受ける権利を日本生まれの日本民族が一つの疑問も抱かずに享受している隣で、しまくとぅばを剝奪された琉球民族が日本語を話し生きている。国連のB規約(市民的及び政治的権利)人権委員会は、先住民族である琉球民族が「民族の言語、文化について習得できるよう十分な機会を与え、通常の教育課程の中に琉球・沖縄の文化に関する教育も導入」するよう日本政府に勧告したが、日本政府は、「沖縄県出身者は日本民族でありその言葉は日本語の方言」という認識の範疇を超えることなく、法的拘束力を持たないこの勧告には応えずに今日に至っている。

これを読んだ日本民族のあなたは一体どう感じただろうか。「がんばって」と応援したくなっただろうか、「無駄な努力」と一蹴しただろうか。そしてどんなアクションを起こすだろうか。もっと知るために本を読むだろうか、激励メッセージを送るだろうか、あるいはしまくとぅばを学びたい気分にかられただろうか、または「日本民族と呼ばれたくないし、一括りにされたくない」と怒っただろうか。

「自らの意志にかかわらず」植民地支配の恩恵を受け、抑圧者の側に押し込まれた人たちにとって、被植民者の健気な抵抗運動に感動し、エールを送るのはものすごく簡単な行為だ。しかしそれは、「私は差別していない」という思い込みを添えた典型的な抑圧スタイルだ。というのは、そういう人が何人増えようと植民地主義の構図は維持されたままで、抑圧は続いていくのだから。人口の一%未満の琉球民族に寄り添うのではなく、日本民族というポジショナリティで、しまくとぅばを殺さないためのアクションを起こす人は現れるのだろうか。

しまくとぅばを残すことは、私たちに命を繋いだ祖先や、私たちを生かしているこの島と繋がることだ。今なお続く日本による植民地支配の中、私たちは私たちが本来有している言語権について学びながら、「文化遺伝子」に駆り立てられ、その復興のための実践を始めている。呼応する日本民族はいるだろうか。

2014年

翁長雄志県知事誕生

1月　名護市長選で稲嶺進氏が再選
8月　辺野古で政府が海底掘削調査に着手
11月　県知事選で那覇市長だった翁長雄志氏が現職の仲井真弘多氏に圧勝，新知事に
〃　那覇市長選で翁長氏後継の城間幹子氏が初当選
12月　第47回衆院選で与党が圧勝．沖縄では小選挙区全4区で移設反対の野党が勝利

県知事選で当選し，カチャーシーを踊る翁長雄志氏(11月16日，琉球新報)

恫喝に堕した自民党

辺野古代替案に目を向ける米国

松元　剛

二〇〇二年、米政府の招きで米国に一カ月滞在した。当時も今も、日本、米国、沖縄の三者間の最重要懸案として横たわる米軍普《ふ》天間《てんま》飛行場の返還・移設問題をめぐり、国務省、国防総省の担当幹部と意見を交わす機会を得た。

「辺《へ》野《の》古《こ》への代替基地建設が頓挫すれば、米国には別のプランがあるか」と問うと、予想外の答えが返ってきた。

「軍（海兵隊）は、政府の方針に従う組織だ。新基地建設が不可能になっても、軍が即応できるさまざまな選択肢がすでに準備されている。「プランB（代替案）」の移設先は、日本国内にも米国領土にもある」

その幹部は言葉を選びながら、耳慣れない「プランB」という用語を使い、日本政府側が辺野古案の見直しを提起すれば、代替案が用意されると明かした。

仲井《なかい》真《ま》弘多《ひろかず》沖縄県知事が、政府による辺野古海域の埋立て申請を承認するか否かに注目が集まる中、『琉球新報』が始めた連載「日米廻り舞台　検証フテンマ」の第一部・「米国の深層」で、「プランB　重鎮、代替案を提起」の見出しが躍った。ブッシュ政権時代、辺野古海域にV字滑走路を敷く日米合意に深く関わった元国務副長官のリチャード・アーミテージ氏が、民主党政権が県外移設を模索していた一〇年一月、「長く待っても辺野古に関して肯定的な結果は出ない。米国はプランBを持つべきだ」と提言していた。同氏は在沖海兵隊の全面撤退を検討する必要性を示し、具体的に動いていたことも明らかになっている。

知日派の重鎮で日米合意を導き出した当事者による、日米の外交・安全保障関係者が集まるセミナーでの率直な発言だった。翌一一年三月の同じセミナーでは、出席者から「フテンマ・イズ・デッド（辺野古移設は死んだの意）」という発言が飛び交い、もう一人の重鎮、ジョセフ・ナイ氏（元国防次官補）が「私も同じ見解だ」と述べていた。いずれも公になっていなかった新事実だ。

普天間をめぐる実務交渉の主役の一人だった前国務次官補のカート・キャンベル氏はインタビューに応じ、「普天間や周辺で事件・事故が起きれば、周辺住民の支持は壊滅的打撃を受ける」と述べ、「固定化」の危うさを指摘する。

米国内の知日派の間には、辺野古に固執する日本政府に先回りするかのごとく、「プランB」を必要とする見方が増幅している。米本土への撤収、豪州への移駐を含む県外・国外移設の選択肢が現実味を帯びる中、最大の政治決戦となる、名護《なご》市長選挙が一月一九日に迫っている。移設反対を堅持する現職の稲嶺進《いなみねすすむ》氏が再選を果たせば、「辺野古見直し」が具体化することはほぼ間違いないだろう。

米国内の不可逆的な動きに目を背けているのが、安倍自民党政権である。「辺野古ありき」の思考停止に陥り、県外・国外移設の絶好機を逸しては、あまりにも罪深い。

一三年一一月末、自民党沖縄県連所属の三国会議員が辺野古移設を容認すると表明した。他の二氏はすでに「県内容認」に転換していたが、一二年一二月の衆院選で「県外移設」を公約に掲げて初当選した三氏は、党本部から「固定化」か「辺野古移設」かの二者択一を迫られた。

根拠に乏しい「固定化」を前面に押し出す印象操作に絡め取られ、三氏は「離党勧告も辞さない」(高村正彦副総裁)という党を挙げた〝恫喝〟に屈した。視線がさまよう三氏らを従えて、石破茂幹事長は「辺野古容認」で共同歩調を取ると胸を張った。「首実検」かと思わせる場面だった。

一〇年の参院選、一二年の県議選と衆院選、一三年の参院選まで、自民党県連傘下の候補者は一人残らず、「県外移設」を公約に掲げ、党本部はそれを容認してきた。安倍晋三首相は「沖縄の声に耳を傾け、信頼関係を構築する」と繰り返してきたが、全四一市町村長が反対する辺野古移設をごり押しする為政者の口先だけのポーズにすぎないことが鮮明になった。手のひらを返すように、県連所属国会議員らに猛烈な辺野古容認圧力を強めた目的はただ一つ。「県外移設が早い」との主張を譲らない仲井真弘多知事から、辺野古埋立ての承認を取り付けるためだ。

安倍政権による辺野古移設強要は、沖縄にいつまでも犠牲を強いる現代版「銃剣とブルドーザー」と言っていい。植民地統治の核心である「分断統治」そのものである。支配に抗う側にくさびを打ち、対立をあおっていがみ合わせ、権力者の側は涼しい顔で統治しようとする。沖縄社会に抵抗は無駄だという無力感を植え付ける狙いもあろう。かさぶたをはがされた上、鋭利な刃物で傷をえぐられるような、心痛を伴う怒りが沖縄県内で増幅している。

沖縄県民は戦後、幾多の分断工作を経験した。自民党県連が総崩れしても、「辺野古ノー」で一つになり、「自己決定権」を獲得する意識を格段に高めた今の民意が簡単に転がることはないだろう。

2014.2

「知事は公約を守って辺野古の埋立てを認めないで下さい」女性集会の声

山城紀子

師走のあわただしさが感じられる二〇一三年一二月一〇日夕、県庁前の県民広場に女性たちの声が響いた。「知事は公約を守って、辺野古の埋立てを認めないで下さい」。集会の最後の場面である。しかし集まった女性たちの気持はまだ収まらない。「「がんばろう」もみんなでやりたい」、そういう要望が出て「がんばろう」の声も上げた。

ペンライト、懐中電灯など灯りを示せるものを持って集まって、という主催者(七四女性団体)の呼びかけに応えてこの日、女性たちはそれぞれの思いで一つの場を共有した。緊急な呼びかけにもかかわらず、五〇〇人が集まった。米軍普天間飛行場の名護市辺野古移設に向けた埋立て申請の知事判断が年末にも出るという最終局面を迎えて「女、子どもの立場からアピールしたい」というのが集会の主旨である。

長年沈黙を強いられた性暴力の問題は、基地・軍隊を拒否する近年の新しい視点である。集会の実行委員長を務めた高里鈴代《たかざとすずよ》さん(基地・軍隊を許さない行動する女たちの会)は、一二年六月「慰安婦」問題に関心を持ち続けている女性たちと「沖縄戦と日本軍「慰安婦」」の展示会を那覇《なは》市歴史博物館で開いた。「沖縄全域の慰安所マップ」「辻遊郭と公娼制度」など約五〇枚のパネルが展示されたが、一つの壁は「沈黙の声」として一九四五年から現在までの米軍の性暴力の被害者の声で埋められていた。

「一九四六年六月九日、畑に行く途中で三人の米兵に捕まり、輪姦されました。二五歳でした　小録村《おろく》」「一九四五年、収容所へ行く道すがら米兵に襲われた一六、七歳の女性が全裸で放置されているのを見ましたが、助けに行くこともできませんでした　勝連村《かつれん》」など。これらは新聞や書籍、証言等をもとに同会が発行している冊子『沖縄・米兵による女性への性犯罪』に掲載された事件を一人称で表記したものである。沖縄戦が終わったその時から女・子どもにとっては新たな戦争が始まっていたことを示している。あらゆる場所で、あらゆる時間に。被害年齢も生後九カ月の乳児から高齢者まで。加害者はほとんどが不処罰のままである。文字を追っていると、悲鳴が聞こえる気がした。『沖縄・米兵による女性への性犯罪』はそのつど加筆し、近く第一二版が発行される。

名護から駆けつけた浦島悦子《うらしまえつこ》さん(稲嶺市政を支える女性の会事務局長)は、環境の視点から「新基地NO」の意思を表明した。

「未来の子どもたちの生きる基盤であり、ジュゴンの住む類いまれなるやんばるの海を守ることは、今を生きる私たちの責務」と。海を守りたい、という単純明快な理屈である。

環境問題から基地の弊害を考えることも、近年沖縄では強調されている。浦島さんの著書『辺野古　海のたたかい』も「宝の海を歩く」の章から始まる。イノー(礁池。水深が低潮位下二〜三m程度)は女たちの生活圏である。高齢の女性もタコやサザエ、ウニなどさまざまな魚介類を獲ることを楽しめるのである。

「海の恵みで、子どもたちを育ててきた」と言い、「海は生命の母」と表現する時、もうこれ以上の海の汚染を許せない、との思いがにじむ。

ある取材の記憶が蘇る。新聞社に勤務し、司法担当をしていた一九八九年、一人のウミンチュ(海人＝漁師)の裁判があった。サンゴを捕ったとして「沖縄県漁業調整規則違反」に問われ、同規則違反では初の実刑判決が出たのである。裁判官はサンゴが「水産資源として重要であるばかりでなく、沖縄の海の美しい景観を保つ観光資源として貴重な役割を果たしている」として環境破壊をしたと断じた。

罪を問われたウミンチュは幼くして「糸満《いとまん》ウリ」(かつて存在した年期奉公制度)され、その後成人してからもずっと海の恵みを受けて生きてきた人だった。戦後、出身地の北部に戻った後も漁師をしたが、復帰以前の海は持ちきれないほど魚が獲れたという。イラブチャー、タマン、マンビーカ、メバル、カーエー。サンゴについても「邪魔なぐらいあって足に刺さるので叩き割って入った。割っては捨て、割っては捨てを繰り返し、それでもサンゴはいくらでも生えてきた」と話していたことが、強く印象に残っている。

魚が獲れなくなり、悪いこととは知りながらサンゴを捕って売った、とうなだれるウミンチュの姿は、海の汚染の被害者でもあるようにも思えた。

沖縄といえば美しい海、と誰もが思う。しかしかつての沖縄の海に比べれば、確実に汚染は進んでいる。

「辺野古の埋立てを認めないで」とペンライトを振りながら埋立てNOの声を上げた女性たちは、それぞれが自らの身体を、そして日々の暮らしを思い浮かべながら声を上げている。そう思った。

2014.3

政府に見える植民地主義

名護に生きる民主主義

親川志奈子

一三年一二月、自民党幹事長の石破茂が自身のブログに「秘密保護法」に反対する市民デモを指してこう書いた。

「……左右どのような主張であっても、ただひたすら己の主張を絶叫し、多くの人々の静穏を妨げるような行為は決して世論の共感を呼ぶことはないでしょう。主義主張を実現したければ、民主主義に従って理解者を一人でも増やし、支持の輪を広げるべきなのであって、単なる絶叫戦術はテロ行為とその本質においてあまり変わらないように思われます」。デモをテロと呼ぶ、まさに「秘密保護法の正体見たり」な書き込みを読んで、その悪法たるを多くの人々が認識したが、私たち沖縄人はこう付け加えた。「人々の静穏を妨げているのはデモじゃなくて米軍だろ」と。

たとえば返還予定も出ていない嘉手納《かでな》基地周辺では騒音が年間約四万回降り注ぎ、多くの人々の静穏が妨げられ続けている。しかしこのような状況が約七〇年続いても、日本政府は米軍をテロ扱いしたことはただの一度もない。軍隊を知らないくせに軍隊に憧れ頬を染める石破がデモを指差し、「恐怖を覚える」と言うのを聞いて、日本人の平和ボケというのは沖縄人の犠牲の上に成り立っているのだとあらためて感じることができた。

石破の迷走は秘密保護法だけに留まらなかった。一月の名護市長選挙前に現職の稲嶺の優勢が伝えられると「基地の場所は政府が決める」と言い、民主主義の根幹であるはずの選挙を否定した。冒頭で紹介したブログの「主義主張を実現したければ、民主主義に従って理解者を一人でも増やし、支持の輪を広げるべき」という記述との矛盾について弁明もしないまま、今度は「辺野古移設容認」を叫ばされた末松文信《すえまつぶんしん》候補者の応援で来沖し、選挙カーの上で突然「名護に五〇〇億円の基金を作ります」と宣言した。その理由を「負担を負っていただくからには最大限恩返しをすることが当然のことだと思っております」とブログに書き、末松の当選と振興基金をあからさまにリンクしてみせた。すかさず「それは公職選挙法第二二一条(買収及び利害誘動罪)に当たるのではないか」という声が上がると、今度は官房長官の菅義偉が出てきて、それは北部振興事業費と一括交付金など元々交付予定のある予算(しかも名護市単独ではない)で対応できると尻拭いした。菅が絵に描いた餅であることを暴露してくれたのだ。となるとこれは刑法二五〇条の詐欺未遂罪に当たらないか。教科書に書かれている植民地主義のモデルケースのような、考えうるありとあらゆる「汚い手」が自民党と政府によって投入された選挙だったが、稲嶺はその手をピシャリとはね除け、四〇〇〇票の大差で再選された。名護に生きる民主主義の眩しさに思わずカチャーシーを踊った、そんな歴史的な選挙だった。

そして、稲嶺が再選されると何が起こったか。石破はまず「五〇〇億円基金はゼロベース」と開き直り、菅は「市長選の結果は辺野古移設にまったく影響はない」と言い、辺野古移設が争点であったにもかかわらず政府の都合の悪い結果を無効化し、二日後には辺野古の調査や設計の業者を募る入札を公告した。防衛省政務官の木原稔に至っては、「民意は大切にしなければならないが、永田町の民意でいうと自民党が多数派で野党は少数派だ。末松さん側も少数派だが、小さい声にも耳を傾けねばならない」と述べた。日本の植民地主義もついにここまできたのだ。沖縄がこれ以上政治も選挙も民主主義もない国ニッポンに留まる価値はいったいどれほどあるというのだろうか。

絶望的な気分になったのは、あれだけ沖縄に「寄り添い」、稲嶺を勝たせようと運動をしていた「リベラル」な日本の人々が、選挙が終わると「これで安心」と、満足そうな顔で運動を終わらせてしまったことだ。「沖縄問題」とは、リスクと直面している沖縄人が取り組むものであると同時に、真の当事者である日本人が取り組まなくてはならない問題ではないのだろうか。

日本人に問いたいのは、沖縄の運動を「支援」することで満足するのではなく、日本人としてのポジショナリティを持って自分たちの手で「沖縄問題」を解決して行くつもりがあるのか、ということだ。その実践として、日本中で行われる大小さまざまな選挙で、沖縄に新基地を造らせない代表を選ぶことができるのか、すべての候補者に辺野古移設についての意見を求めているのか。それとも、自分たちの自治体の問題と「沖縄問題」は別だと考えているのだろうか。普天間の移設先を県外に求める沖縄の声が聞こえてくると、日本人は思考を停止させているのではないかと感じることがある。その声に耳を塞ぐのであれば、沖縄人の自己決定権と民主主義を否定し、植民地主義を遂行していることに他ならないのではないだろうか。

あなたは植民地主義を生きますか、それとも脱植民地化を生きますか。

2014.4

名護市東部に生きる

自治と自立の気概

松元 剛

米軍普天間飛行場の代替新基地の建設の是非が最大の争点となった名護市長選挙で、移設推進の相手候補に大差を付けて再選を果たした稲嶺進市長(68)が選対事務所を出て、最初に駆け付けたのは名護市東部だった。

移設問題で揺れ続けてきた辺野古の事務所に到着した稲嶺さんが「ナゴンチュ(名護人)の誇りを懸け、国の大きな力を皆さんの力ではね返すことができた」と挨拶すると、弾けるような拍手が沸いた。

その後、稲嶺さんは出身地の三原区の山間にある御嶽を訪ねて祈りを捧げ、「陸にも海にも基地を造らせない」という誓いを新たにした。稲嶺さんは沖縄戦で日本軍の組織的抵抗が終わった後の一九四五年七月生まれ。「貧しかった」と振り返る幼少期には畑作業を手伝い家計を支えた。琉球大学時代にはタクシーの乗務員のアルバイトをし、学費だけでなく家族の生活費も稼ぐ苦学生だった。東部出身だけに名護市の「永遠の課題」ともいわれる市西部と東部の経済格差の克服を望む意識は強い。

名護市は一九七〇年、名護町、羽地《はねじ》、屋部《やぶ》、屋我地《やがじ》、久《く》志《し》の五町村が合併してできた。東海岸の旧久志村辺野古に米海兵隊のキャンプ・シュワブがずっと居座っている。

旧久志村にある瀬嵩《せだけ》区の西平克己区長(62)が、合併後を振り返り、東部地区で語られるたとえ話をしてくれた。

「嫁は持参金(基地交付金)を持って嫁いだが、嫁ぎ先(名護町)だけが潤い、嫁の実家(久志村)はピンソー(貧乏)している」。米軍が使う名護市有地の約八割は旧久志村にあるが、軍用地料は人口が多い市西部地区の発展に用いられ、基地を抱える東部には光が当たらない——。旧久志村住民のわだかまりは、まだ完全に解けてはいない。

二〇〇〇年に名護市西部を主会場に開かれた沖縄サミットの際、取材で訪れた市東部の住民から「日は主会場のある万国津梁館《ばんこくしんりょうかん》がある西から昇り、代替基地が造られる東に沈む」という嘆き節を聞かされたことも記憶に新しい。

名護市には一九九六年に普天間代替基地の建設先とされて以来、一〇〇〇億円を超える国の予算が注がれてきた。

大手の建設会社が倒産するなど、箱物造り主導の活性化は実を結ばなかった。それでも、名護市長選の応援に入った石破茂自民党幹事長が「名護振興五〇〇億円基金」を突然ぶち上げたことに象徴されるように、政府・自民党が金を落とす公約を連発した背景には、「名護は金で言うことを聞く」という見下した地域観があったことは間違いない。だが、名護市民は尊厳を懸けて、米軍再編交付金を拒んだ稲嶺さんを支持し、「アメとムチ」に彩られた「補償型の基地維持施策」にノーを突き付けた。

沖縄の施政権返還の翌年の七三年、日本が列島改造論に沸き立ち、沖縄は「本土並みの豊かさ」を追い求めていた時、名護市は第一次総合計画・基本構想をまとめた。「沖縄にとって中央＝工業優先の行き先は理想ではなく、むしろ否定すべき現実である」と異色の将来像を描いた。豊かな自然の保護や農林水産業、地場産業の振興に重きを置き、伝統文化や暮らしを守って発展させる方向性を打ち出した。所得増大に偏重した開発を否定し、本土に勝るという意味合いを込めて「逆格差論」と呼ばれた。それは、旧久志村長の松永保市村長が、合併時の引継書に「自然美を育て保護し、観光立県、経済を支える柱としての役割を果たさせたい」と記した思いとピタリと重なる。

「持続可能な経済」を先取りした「逆格差論」の理念は、沖縄の在来豚種「アグー」を絶滅の危機から救い、全国においしい豚として知らしめ、成果を上げた。

四〇年前に「自立経済とは本土からの格差と分断を断ち切り、バランスの取れた生産経済を確立することだ」と説いた気概は今に伝わる。厳しい経済状況が続いてきた名護市東部で、自治と自立に向けた取り組みが胎動している。

辺野古新基地受け入れに慎重姿勢だった二見《ふたみ》区より北の一〇区と、キャンプ・シュワブに近い辺野古、久志、豊原《とよはら》の三区は距離があったが、今、一三区が一つになって自ら汗をかき、活力を取り戻す気運が高まっている。

地域の特産品を販売する「わんさか大浦パーク」の運営に力を合わせ、カヌーによる大浦湾の散策など、エコツーリズムにも力を入れている。さらに、修学旅行生などの民泊誘致をはじめ、年間一万六〇〇〇泊を誇る先進地である北隣の東村との連携を深めている。三月に開かれる「花街道フラワーフェスティバル」は三回目を迎えた。

市東部の一体感づくりの先頭に立つ西平さんは「地域の発展には右も左もない。自立に向けた気運が高まってきた。かけがえのない自然が手つかずで残る市東部は、開発が遅れた分だけ優位だ。大浦湾の豊かな海をつぶして基地が造られれば、優位性をつんでしまう」と力を込めた。

2014.6

被害者の抵抗は「暴力」か？

親川志奈子

セクハラやレイプの被害にあった女性たちがついに勇気を振り絞り、いよいよ加害男性を訴えるということになった時、加害者に、「君は僕の家庭やキャリアを壊す気か」と言われた、という話を、私はこれまで何十回も聞いたことがある。被害者が被害を訴えることを加害者が「暴力」と定義できるという、この屈折した差別の構造と加害者の特権意識。加害者が罪を犯しさえしなければ誰の人生も壊れなかったのに、という発想を彼らが持つことはない。

近年、沖縄という現場においても同じような差別の構造を見せられることが多い。たとえば、オスプレイの強行配備を機に始まった普天間基地ゲート前での抗議行動に投げかけられた、「ヘイトスピーチ」という声だ。ウチナーンチュが土地を不当に接収され、六九年に及ぶ基地被害を押し付けられていることに抗議する人々が絞り出す「ヤンキーゴーホーム」という声を録音し、得意げに「平和活動家はヘイトスピーチをしているよ」と言う人々。

彼らはまた、アクティビストがフェンスに結んだリボンやNOオスプレイのバナーを「クリーンアップ作戦」と称して撤去する。時には県外から日本人がツアーで押し寄せ「清掃活動」を行うが、滑稽なことに米軍が不法投棄したドラム缶が発見され、それに枯れ葉剤が入っていたかもしれないとニュースになっても、彼らはそのクリーンアップを申し出たりはしない、彼らにとっての「ゴミ」とは、あくまで平和運動のリボンなのだ。

もう一つ紹介したいのは、終わりの見えない日米による植民地支配を前に、琉球独立論が盛り上がりを見せているが、これに対しても「排外主義」という声が投げかけられることだ。構造的に差別される女性たちが集い、エンパワメントし合いながら女性学を始めたように、抑圧された琉球人が集い、植民地支配からの解放のための学問を作り上げようと始めた会に対して「日本人の僕が入れないのならそれは排外主義だ」と言う人々の存在。私の耳は、過去に投げつけられた「僕は女性差別なんてしたことないのに、フェミニストが僕を男性扱いするなら、女性学は男性差別の学問だ」という声がフラッシュバックするのを聞いていた。

琉球人は日本人の許可なく、集い、学び合うことさえ認められていないのだろうか。時には「琉球が独立したら日本人は追い出される」というデマを流す人もいるが、それは日本人が内在化してしまっている単一民族国家や外国人差別を琉球独立論に投影させたということだと思う。そういう方にはぜひ一度「琉球民族独立総合研究学会」の趣意書を読んでもらいたい。私たちは日本国の焼き増しや琉球王国復活を目指しているわけではないのだから。

なぜこのようなことが起こるのか。一つ目の例はギュッと視野を狭め、物事の全体像を無視することで成り立つ「ご都合主義」によるもの、二つ目の例はアイデンティティとポジショナリティの混同によるものではないだろうか。

共通しているのは、日本という国家の中で在日コリアンに対し行われている「ヘイトスピーチ」や「排外主義」という言葉を応用して、自らの振るう暴力を正当化できると考えていることだ。本来、それらの言葉は差別を可視化させ、マイノリティが差別に抗い、マジョリティが差別を止めるため生みだされ、使用されてきたのではなかったか。

「被害者が被害を訴える」と聞けば、何ということもない、人間に備わるごくごく当然の権利だと思われるかもしれない。しかし、被害者がマイノリティである場合、被害の声を上げるためには途方もないエネルギーが必要とされ、また、声を上げたとたんに激しい非難を浴びせられるという差別構造が存在する。これはハラスメントという用語で説明できるだろう。セクハラ、パワハラ、アカハラ、アルハラ、マタハラ……、この世のあらゆるハラスメントは、NOが言えない関係だからこそ振り下ろされる暴力のストーリーなのだ。NOを言えない構造の中で、吐きそうになるほどの不安と勇気で被害を訴える人たちの声を「暴力」と定義する暴力を見逃してはいけない。

そして、その暴力を正当化しようという行為についてきちんと分析しなくてはならない。なぜなら、被害者の抵抗を「暴力」と呼ぶ行為は、在日コリアンに対しヘイトスピーチを行う人々の「犯罪性」を薄め、何がヘイトスピーチで何が排外主義であるのかの線引きを曖昧にし「色々あるから難しいね、どっちもどっちだね」というきわめて日本人的事なかれ主義を助長するのに貢献するからだ。そのためにはヘイトスピーチとは何かについて、日本人はヘイトスピーチが投げかけられている側であるマイノリティの視線を借りず、自らのポジショナリティに立って考えていく必要があるのではないか。

＊琉球民族独立総合研究学会 www.acsils.org を参照。

「世紀の嵐」を継ぐ思い

那覇高校歌とぶーてん

松元　剛

基地の島に主要国（Ｇ８）首脳が集った沖縄サミットが開かれたのは、二〇〇〇年七月だった。その喧騒が収まった八月、夏の全国高校野球選手権大会に出場した沖縄県立那覇高校野球部が、一回戦で愛知代表の強豪中京高に競り勝った。初戦敗退した一九六〇年の春の選抜から四〇年ぶりの甲子園で、悲願の一勝を成し遂げた。会社でテレビ観戦していた私も、母校の見事な逆転勝利に興奮した。

那覇高の同期生でつくる草野球チームの二〇人ほどが応援に行っていて、メンバーの一人が携帯電話で試合終了直後に沸き上がるアルプススタンドの様子を伝えてきた。弾んだ声を聞きながら、テレビ画面に流れる校歌の字幕を目で追うと、あれっと拍子抜けした。

出だしが違うのである。本塁上に横一列に並んだ選手たちが歌ったのは、五番まである校歌の四番だった。那覇高校の名が出てくるのは四番だけだったからだ。

その直後から、学校には卒業生からの問い合わせ、抗議に近い電話が頻繁にかかった。「校歌は変わったのか」「一度聞けば、胸に刻まれるすばらしい校歌をなぜ歌わせない」。学校側も予期していなかった詰問調が大半で、戦後の草創期の卒業生の声には怒気が混じっていたという。

世紀の嵐　吹きすさみ　故山《こざん》の草木《そうもく》貌《かたち》変え
千歳《ちとせ》の伝統うつろいて　古《ふ》りぬる跡も今はなし

校歌の一番は「世紀の嵐」で始まる。まぎれもなく、一二万二〇〇〇の県民を死に追いやった沖縄戦のことである。故郷の山や川、緑濃き草木、琉球王朝時代から育まれた文化、伝統が跡形もなく、灰燼に帰してしまった。その喪失感を率直に表す歌詞だった。

戦争から始まる校歌は世界的にも珍しい。すべてを失った悲嘆と、おびただしい命を奪った戦への憎しみ、韓国語で言えば「恨」のような心情が凝縮されている。

那覇高校の前身だった県立二中は、県立一中の分校として一九一〇年に当時の首里城《しゅりじょう》内に創立され、進学名門校の地位を築いた。だが、天皇を絶対とする皇民化教育の下、四一年に太平洋戦争が始まると、生徒は飛行場や陣地構築に駆り立てられ、学校は軍事色に染まっていく。二中の校舎は四四年の「一〇・一〇空襲」で焼け落ちた。沖縄戦で、戦前の中等学校の生徒二三〇〇人のうち、男子は「鉄血勤皇隊」、女子は看護隊員に動員され、その半数が命を落とした。二中生は日本軍の命令で、二、三年生が「通信隊」として首里・南部の激戦地に配され、三〜五年生の一部が鉄血勤皇隊に組み入れられた。

二中の戦死者は職員九人、生徒一八七人に上る。母校に近い城岳《じょうがく》公園にある「二中健児之塔」で毎年、六月二三日の慰霊の日に慰霊祭が執り行われている。

沖縄戦から二年後の四七年、那覇高校は首里高校の分校として開校したあと、四九年に旧県立二中跡地に戻った。その年に作られた校歌の歌詞は、二中の元国語教師で、那覇高初代校長に就いた真栄田義見《まえだぎけん》さんが作った。二中時代の多くの教え子を失った真栄田さんは、校歌に込めた思いをあまり語りたがらなかった。二中、那覇高の卒業生でつくる城岳同窓会八〇年記念誌で開校時を述懐している。「生徒たちは絶望の底から生きのびねばならない、運命は自分で開拓するという希望を秘めていた」

真栄田校長から琉球、沖縄の歴史を学ぶよう、厳しく指導された稲嶺恵一《いなみねけいいち》さん(元沖縄県知事、那覇高五期)は「何もない時代で、みんな、ぼろ家に住んで質素な服をまとい、粗末な食事をしていた。だが、先生方は、荒廃した沖縄を救うのは教育しかないという使命感に燃え、生徒たちにぎりぎりの局面を切り開く力を培ってくれた」と振り返る。

沖縄戦が終わった後、米軍が石川市に建てた三万人が入る収容所で、風変わりな男が評判になった。戦争で受けた心の傷を癒す間もなく、生活の糧を求めてさまよう住民たちを、お笑いで励ました小那覇舞天《おなはぶーてん》である。

本名は全孝《ぜんこう》。県立二中第一期の首席だった秀才で、本職は歯科医だった。後に「沖縄のチャップリン」とも呼ばれた舞天は毎晩のように、まだ起きている家へ勝手に入り込み、「ヌチヌスージサビラ(命のお祝いをしましょう)」と言って、琉球舞踊を崩した踊りと甲高い声で即興の歌を披露した。世界の権力者を取り上げ、風刺が利いたウチナーグチの漫談は喝采を浴び、人々に活力を与えた。舞天は城岳同窓会の初代会長を一二年間、務めた人でもある。

教育とお笑い。打ちひしがれた人々を鼓舞する方法は違っても、「世紀の嵐」を克服して立ち上がれと促す気概は通じる。城岳同窓会の年一度の大懇親会が五月末にある。私も含めた卒業後三〇年の幹事期生が、今年から健児之塔の慰霊祭に参加することを決めた。「世紀の嵐」が宿す不戦の誓いに思いを馳せたい。

2014.9

「本土の沖縄化」という言葉

親川志奈子

辺野古の基地ができあがり移設が完了するまでの間、普天間飛行場に配備されたオスプレイの移転先として、政府が佐賀空港を名指しした。瞬時にたくさんの政府批判の声が上がったが、そこで使われていた常套句、「本土の沖縄化」「沖縄にいらないものはどこにもいらない」「基地はどこにもいらない」の三点セットが沖縄人の私の胸をえぐる。

言うまでもなく人口の四人に一人を戦で失った沖縄にアメリカが軍事基地を造った時も、日本の天皇がメッセージを出し、在沖米軍基地の半永久的使用を認めた時も、交渉のテーブルに沖縄が着くことも、帝国の決定に沖縄の声が反映されることも一切なかった。日米両政府が安保を結び改定するまでに、日本にある米軍基地が四分の一に減り、その代わりに沖縄では二倍に増えた事実も、沖縄が招いたものでは決してなかった。それなのに、六九年にわたり沖縄に米軍基地問題を押しつけてきた日本の人々が「本土の沖縄化を許してはならない」と熱く語り合っているのだ。

かつては「沖縄にいらないものはどこにもいらない」という声は沖縄から発せられただろう、しかしどうだろう、今回その声は、小さく小さく聞こえたにすぎない。それは、県民の一〇人に一人が集結する県民大会を開きオスプレイ配備反対を訴えても、県内四一市町村全首長・議会長が署名した建白書を政府に提出し、民主主義の限りを尽くしてもなお強行配備された事実、建白書を提出した沖縄人に投げられたヘイトスピーチ、胃を締め上げる重低音と振動、すでに起こっている落下物事故、繰り返される違反飛行、配備後起きた海外での墜落事故、そしてあれから二年が経とうとする今日も、「日本にいらないものは沖縄にいらない」という声が日本側から聞こえてこないことなどが原体験として私たちの身体に刻まれたということかもしれない。

今回、普天間基地の県内移設に抗う「カマドゥ小たちの会」が訴え続けてきた「基地はヤマトへ」という県外移設論が実現可能な選択肢であることを日本政府自らが証明した。すでに屋良朝博《やらともひろ》の『砂上の同盟　米軍再編が明かすウソ』には、沖縄の地政学的優位性は神話であり米軍トップは沖縄にこだわっていない、むしろ戦闘や訓練地に海兵隊を運ぶ艦船が佐世保にあることを考えれば普天間の代替基地は九州に位置した方が運用上好ましい、とある。『無意識の植民地主義　日本人の米軍基地と沖縄人』の著者野村《のむら》浩也《こうや》は『琉球新報』(七月二三日)で「佐賀空港が使えるのなら最初から辺野古はいらなかったはずだ。今まで普天間を動かさず被害を拡大させてきた政府の罪は大きい。五年以内の移設工事完了が事実上不可能なのも明白であり、一刻も早く佐賀空港に移設すべきだ」とコメントしている。

　辺野古の海を破壊する工事が目の前で始まってしまった。皮膚を焦がす太陽とアスファルトからの照り返しで灼熱地獄となったキャンプ・シュワブ前では、今日も抗議行動が続いている。反戦地主の有銘《ありめ》政夫《まさお》は大型トレーラー数十台が夜中に資材を運び込み工事を開始したことを「夜襲だ、戦後沖縄に対する米軍の行動とは一貫して軍事作戦なのだ」と指摘した。米軍は戦時中住民を捕虜収容所に閉じ込めている間に米軍基地を造り、戦後は銃剣とブルドーザーによりさらなる土地の接収を行なった。まさに軍事作戦だ。そして「復帰」後の四二年間は、米の同盟国日本がその前線に立ち、沖縄人に牙を剥いている。全体像が見えてくるほどに「基地はどこにもいらない」という言葉がボディブローのように私の腹にめり込む。六九歳以下の沖縄人は生まれる前から島をフェンスで囲まれ、米軍基地から派生する事件事故の犠牲となり、あるいはリスクとの共存を強いられた上で、耐久二〇〇年といわれるさらなる基地を押し付けられようとしている。私たちのかき乱れる心に「基地はどこにもいらない」という言葉が響き、私たちもそれを言うよう励まされる、断れば「こんなに応援しているのに、じゃあもう支援しませんよ」という脅し文句さえ周到に用意されている。「本土の沖縄化」という言葉は、まさに知念ウシが示す「シランフーナー(知らないふり)の暴力」なのだろう。「沖縄問題」を「沖縄問題」たらしめている、日本人としてのポジショナリティに対し、シランフーナーをすることで、無邪気に「基地はどこにもいらない」と口にできる人格形成がなされる。

　夜中のうちにゲート前に柵ができ、住民を排除する鉄の板が敷かれた。住民と沖縄県警の沖縄人同士では甘さが生じるとでも感じたか、日本政府は機動隊を守るかのように日本の警備会社から日本人警備員を大量投入し住民と向き合わせた。日本人警備員、沖縄人警察、沖縄人基地従業員、そして、そのずっと後ろからチラチラこちら側を覗く日本人防衛局員と武装した米軍兵士。幾重にも重なり非暴力の住民を威嚇する彼らの前で、抵抗運動は今日も続いている。

2014.10

ボリビア入植六〇年　不屈の沖縄魂からの激励

松元　剛

八月中旬、沖縄県系人の入植六〇周年の記念式典が開かれた南米ボリビアを訪ねた。

小麦や大豆などの畑が広がる大平原に片側一車線の直線道路が約七〇km続く。六〇年前まで深いジャングルだった地域だ。夜明け前の空港で迎えてくれた県系三世の若者が運転する車が時速一三〇km前後の猛スピードで駆ける。前を望むと、真一文字の延長線に赤く染まった朝日が姿を現した。南米の大地の雄大な光景にしばし見とれた。

沖縄から二万km離れたボリビアに、日本国外で唯一「オキナワ」の名が付く地域がある。第二の都市・サンタクルスから約一〇〇km離れた沖縄移住地「コロニア・オキナワ」である。六〇年前に「希望の大地」を求めて海を渡った県人が過酷な労働に耐え、密林を切り拓いて造った地だ。

第一から第三までの移住地が南北に約五五km、東西に約三〇kmの範囲に広がる。耕地面積は約五万ha余で母県・沖縄の全耕地を大きく超える。ボリビア政府は農業先進地を築いた県系人への尊敬を込めて、「オキナワ村」への昇格を認めた。敬意を込めた「小麦の首都」の呼称を贈られた模範農地に発展した移住地には県系人が八〇〇人余暮らしている。

戦後の貧困を脱するため、琉球政府による計画移民第一陣二七八人が送り出されたのは一九五四年だった。六四年まで一九次にわたり、三三八五人が海を渡った。

出稼ぎが主な目的だった戦前の移民と異なり、戦後の移民には「自営かつ永住」という厳しい目標が課せられた。

第一次入植から二カ月後には原因不明の風土病「うるま病」が蔓延し、移住者の半数以上が高熱にうなされ、一五人が死亡した。「話が違う」「棄民だ」という嘆き節も後の祭り。移住地を二度放棄し、五六年に落ち着いた先が今のコロニア・オキナワである。新移住地も果てしなく続く密林だった。マチェテと呼ばれる山刀で高さ三〇m近い巨木をなぎ倒し、火を放つ。近くの大河が頻繁に氾濫し、洪水と干ばつが幾度も押し寄せた。移住者の生活は困窮を極め、耐えきれずに去る人も相次いだ。

移住地内にある「歴史資料館」は膨大な写真や農具などを展示し、壮絶な開拓史を今に伝える。言葉、気候、習慣が違う異郷で沖縄人のアイデンティティを心の拠り所とし、家族や仲間がユイマールと呼ばれる助け合いの精神を貫いて苦難に立ち向かう姿に胸を打たれる。案内役の真栄城《まえしろ》弥生《やよい》さん(21)は「多くの人にウチナーンチュの不屈の精神を感じてほしい」と話した。

移住地では、ウチナーグチや三線《さんしん》などの文化を継承する活動も盛んだ。県系人が通う学校は、午前中はスペイン語、午後は日本語で授業がある。年長者を見かけると居住まいを正して「こんにちは」と挨拶する若者たち。少し離れた所にいる仲間には指笛で合図を送る。「古き良き沖縄」が若い二世、三世にも息づいている。

戦後に琉球政府が推進した南米への計画移民の起点は、沖縄戦にある。家や田畑を失った住民があふれる中、本土と海外からの引揚者が一七万人も押し寄せ、人口は四七万余に膨れ上がった。そこに「銃剣とブルドーザー」による軍用地強制接収が追い打ちをかけ、貴重な農地を奪った。

食糧不足の解決を迫られた琉球政府は、米民政府と足並みを揃えて南米移住を推進するしかなかった。

資料館の展示資料の中に、沖縄移民を調査した米スタンフォード大学のティグナー博士が米政府に提出した報告書がある。その一文は「沖縄の青年は共産主義に感化されやすい。海外に広大な土地を求めることで希望を与え、共産主義化を妨げることができる」と移民を奨励している。

米国にとっては、不満を募らせた沖縄住民が共産主義に傾倒することを防ぎつつ、人口を減らして基地用地を円滑に確保できるという一石二鳥の冷徹な計算があったのだ。

入植六〇周年を祝い、移住地が沸き立っていたこの時期、沖縄では米軍普天間飛行場の名護市辺野古移設に向け、安倍政権が海底掘削作業を連日強行した。ゲートボール大会参加者の昼食に四〇〇食以上の沖縄そばを準備していた婦人会を取材していると、四人のお年寄りに囲まれて辺野古の状況を逆取材され、「沖縄の人に伝えてほしい」と注文された。「六〇年前と同じ歴史を繰り返さないで」「今度は米軍の側に出ていってもらう番でしょ」

記念式典に参列した稲嶺進名護市長は、多くの人から「辺野古の豊かな海を埋め立てさせては絶対にだめだ。負けずにがんばってほしい」と激励されたという。

六〇年の時を超え、新基地建設の愚行を繰り返す当事者は占領者だった米軍から日本政府に代わった。地球の反対側で暮らす県系人も母県が基地押し付けの不条理から解き放たれることを望んでいる。沖縄戦後史に新たな陰影を刻ませてはならない。

2014.11

辺野古に行こう！

山城紀子

辺野古に行こう。

今、沖縄では「辺野古に行く」という行為が一大ムーブメントになっている。交通手段などで、どういうふうに行けばいいのかよくわからないとか、一人で行ってもあの場になじめるだろうかなどの理由から、関心はあっても、これまでまったく行ったことがなかった人たちも含めて、県内各地から、いや県内外、海外からも多くの人が辺野古に向かっている。理由はただ一つ。辺野古の埋立てを何としても止めたいからである。

民意は繰り返し証明されている。今年一月に行われた名護市長選では、普天間基地を辺野古に移設するという問題が大きな争点だったが、「移設阻止」を主張する稲嶺進さんが再選された。

しかし政府は「沖縄の負担軽減」と呪文のように唱えながら唯一の解決策は辺野古への移設だと強調する。あまりの欺瞞性に沖縄県民はあきれ、怒り、辺野古に向かう。

九月二〇日は「みんなで行こう、辺野古へ。止めよう新基地建設！　9・20県民大行動」をスローガンに建設作業が進む辺野古の浜で県民集会が開かれた。

辺野古での集会は八月二三日に続いて二回目である。ギラギラと太陽の陽が射す猛暑の午後だったが、会場には前回を上回る五五〇〇人(主催者発表)が詰めかけた。

浜は人で埋まっていた。杖をついて来ている人を家族らしき人が簡易な椅子を用意していて、座らせながら様子を見守っている光景も目にした。八〇代後半、いやひょっとしたら九〇代と思えるような高齢者の姿もある。子や孫の時代にまで基地を継がせるわけにはいかない、という強い思いが伝わってくる。

「辺野古強行を止めさせよう、沖縄の心を一つに」と「沖縄「建白書」を実現し未来を拓く島ぐるみ会議」の結成大会が宜野湾《ぎのわん》市民会館で開かれたのは七月二七日だった。会場は熱風が吹いているようだった。二〇〇〇人余が参加(主催者発表)、階段を椅子代わりにして詰めて座っても、スペースが足りないほどだった。

「建白書」とは、オスプレイ配備撤回と普天間基地閉鎖および県内移設断念を求めて沖縄の市町村すべての首長、議会議長らが署名した文書で、二〇一三年一月二八日、沖縄の総意として安倍総理大臣に直接要請するという行動を起こした。その「建白書」も政府に無視された格好だ。

しかし、沖縄ではこの島ぐるみ会議の結成大会以後、辺野古に行こう、というムーブメントが加速度的に広がっている。八月一八日、沖縄防衛局が海底ボーリング調査に使用するためのスパット台船をキャンプ・シュワブ沿岸部に設置し、掘削調査に着手したというニュースにも、県民は強烈な「沖縄への差別」を感じている。

八月二六日、『琉球新報』は、同社と沖縄テレビ放送が合同で行なった調査結果を掲載した。それは、政府が米軍普天間飛行場の名護市辺野古移設に向けた海底ボーリング調査を開始したことに関する県内電話世論調査なのだが、「移設作業は中止すべきだ」との回答が八〇・二％に上っている。強行する安倍政権の姿勢に対しても八一・五％が不支持である。

名護市辺野古への新基地建設が進む中で行われた九月七日の名護市議選でも、建設に反対する稲嶺与党が過半数を獲得、「辺野古ノー」の民意は揺るがなかった。

辺野古で行われた県民集会には県内各地から市民団体などが準備したバスが出た。一回目の集会の時、県庁前から発車する二台のバスをあてにして早めに向かったが、予想以上の人が来ていて乗れなかった。一台バスを増やしてくれたものの、それでも多くの人がはみ出されてしまった。

私も乗れなかった一人で、一緒に参加した友人と彼女の家までタクシーで向かい、自家用車を出してもらって辺野古に向かった。八月頃から、高速のパーキングエリアは、一見して辺野古に向かっていると思われる軽装の人たちが辺野古談義を始める場所にもなっている。

バスに乗れなかった人たちで、急遽タクシーを借りた、と話す女性にも会った。「一人二〇〇〇円ずつ出して五人で来たの。辺野古に行くと言ったら運転手さんが大負けしてくれると言ってね。行き帰りも高速代も含めて一万円だって」

初対面の人五人の咄嗟の知恵に脱帽である。

パーキングエリアはトイレ休憩の場でもある。女性のトイレの前には長蛇の列ができる。たいてい年配の男性が声をかけに来る。「男子トイレが空いたから使って下さーい」。「辺野古阻止」でつながる人たちの優しい空気が流れている。子どもや孫を連れた人も少なくない。

沖縄観光に来る人たちにも、ぜひ来て、美しい海と辺野古に集う市民の姿を見てほしいと思う。

2014.12

沖縄は「多様な日本」の一部か

親川志奈子

祖母は、戦前の沖縄人である事を恥じて隠す時代に、川崎で暮らした経験を持つ。ウチナーンチュであると他言してはいけないという暗黙のルールを生きた彼女は、差別について多くは語らなかったが、空襲で死んだ豚の足を父親が夜中にこっそり取りに行った話は何度も何度も話してくれた。「なんでソーキ(あばら肉)でもグーヤヌジー(腕肉)でもなくて必ずチマグ(足先)なの?」と無邪気に聞いた私は、彼女の「他のところは昼間のうちにヤマトンチュが取って食べてるからさー」という言葉にはっとさせられた。臭いを気にしながらコソコソと調理し、普段は沖縄を隠して生きる家族全員で、大事に大事にアシティビチ(豚足煮込み)を食べたことを祖母は鮮明に覚えている。

さて、食べ終えたところで大問題が降り注いだ。骨の処理だ。そのままゴミとして出せば「あの家は何を食べたのかしら」と言われかねない。考えた末、新聞紙や包装紙で幾重にも包み紐で縛り、父親が鞄に忍ばせ会社に持って行き、帰りに誰にも見られないようそっと取り出し手に提げ、家族に土産を持って帰る酔っぱらいお父さんの演技で道を歩き、途中「誤って」川に落としてしまう——というアイディアを絞り出して、難を乗り切ったという。

それから半世紀のうちにあれよあれよという間に沖縄ブームが押し寄せ、沖縄文化を誇りに思い、ウチナーンチュを謳歌できる時代が到来した。今では日本人観光客が笑顔でアシティビチを頬張っているのだから、一見すると差別が解消されたかのように思うかもしれない。しかし本質は変わらない。オスプレイの強行配備や辺野古新基地建設の工事開始など、まるで日本国憲法や民主主義が適用されない沖縄という特区を持つことで、日本は平和と安全を手に入れていると言わんばかりの出来事が今日も現在進行形だ。

そして日本人が作り上げた日本政府を批判する時、私たちが「私たち」という言葉遣いで歴史や系譜を語れば「血統主義者」と呼ばれ、先住民を名乗れば「ナショナリスト」と指を差され、ポジショナリティの議論になると「排外主義者」と罵られる。

私たちの祖先崇拝は「問題」なのか、教科書に載らない琉球史はすでに闇に葬られたことになっているのか、私たちのナショナルはそもそも日本人に奪われたのではなかったのか、異化と同化を巧みに使い分け「同じ日本人」という看板のもと、「他者」として扱われる差別の現状を告発することが排外主義となりうるのか。ただ一つ言えるのはアイデンティティだけは解禁となったということだ。それは「ウチナーンチュがアイデンティティを語り始めたところで、差別の構造を維持するのに何の支障も来さない」といった自信に裏打ちされてのことだろう。

いや、むしろウチナーンチュにアイデンティティを語らせることは、「沖縄の文化を愛し観光を楽しむ私」というアイデンティティの獲得でもあり、もはや抑圧者としてほんのりと罪悪感を覚える必要さえなくなる。しかしそれはこちら側から見れば「洗練された」差別主義に他ならない。

あからさまな差別からの解放によってウチナーンチュであることを誇りに思う人々が増えたが、「沖縄の人は時間を守らない」に代表される「他者」(日本人)の眼差しに常に怯え、無意識にあるいは意識的に同化を受け入れたり、敷かれたレールに乗ったりして「日本人受けするウチナーンチュ」を演じる人々も出現した。グアム大学のマイケル・ベバクアは「民族の誇りを持つこととナショナリズムの間には大きな境目がある」と、米国市民でありチャモロ人であるという多文化主義的な考え方に立つ場合、チャモロ人としての誇りを持っていても、チャモロ人が置かれた不平等に気づかないという事態が起こりうる、と指摘した。

沖縄でも同じだ。ウチナーンチュであることを誇りに思い、三線を弾き沖縄料理を食べ、沖縄の自然を愛していると公言しても、日本政府の「日本の他の場所は困難なので普天間基地は辺野古の海を埋め立てて移転し普天間にない軍港機能などを持った新基地を造るよ」という計画に対し「しかたない」と口にしてしまう人々がいる。日本人でありウチナーンチュであるという「日本の中の多様性としての沖縄」という枠に閉じ込められた場合、チュラ海に対する感情も日本という国家権力の前には小事として扱われる。

しかし、沖縄人のアイデンティティを持ち、政治的には日本人であれというデザインは、近年沖縄で活発になっている自己決定権の議論によって、その実態が暴かれ始めている。そして「私たち」は「日本の沖縄という多文化主義の中で日本人と同等の権利を獲得するために闘う」という、これまでの前提に大きく揺さぶりをかけている。「私たち」は日本と沖縄、どちらの描く沖縄を選び取り、生きて行くのか、その選択が差別を解体し自己決定権を行使することにつながるのではないだろうか。

2015年

戦後70年
変わらぬ基地押しつけ

5月　「戦後70年　止めよう辺野古新基地建設！」県民大会開催
6月　プロボクシング元世界王者の具志堅用高さんが国際ボクシング殿堂入り
〃　自民党勉強会で作家の百田尚樹氏が「沖縄2紙つぶせ」と発言，複数議員も同調．県内外で強い反発
8月　米軍ヘリがうるま市伊計島沖で墜落
9月　安全保障関連法が成立
10月　政府は辺野古新基地建設の本体工事に着工

新基地建設阻止を誓いガンバロー三唱する県民大会の参加者ら(5月17日，沖縄セルラースタジアム那覇，琉球新報)

2015.1

沖縄の尊厳を懸けた県知事選

翁長氏圧勝の真相

松元　剛

沖縄の尊厳は守られた。

沖縄が出した回答は明確な「辺野古《へのこ》ノー」である。危険な普天間《ふてんま》飛行場は閉鎖し、新たな基地を沖縄県内に造ることは認めない――。沖縄の試練は続くが、「沖縄のことは沖縄が決める」という強固な意思が後戻りすることはもはやないだろう。

米軍普天間飛行場に代わる新基地建設の是非が最大争点となった沖縄県知事選は一一月一六日に投開票され、前那《な》覇《は》市長の翁長雄志《おながたけし》氏(64)が現職仲井真弘多《なかいまひろかず》氏(75)に一〇万票の大差を付け初当選した。報道各社が投票箱が締まる午後八時ちょうどに「(開票率)ゼロ当確」を打つ圧勝だった。

初めて保革の対立構図が崩れた県知事選は、立候補した四氏がいずれも争点に辺野古移設の是非を掲げて、選挙戦を駆け抜けた。現職の仲井真氏が普天間飛行場の危険性除去と背中合わせの辺野古移設推進を主張したのに対し、翁長氏は県外移設から県内移設に転じた仲井真氏の公約違反を厳しく批判し、沖縄のアイデンティティの発揮を求める姿勢を前面に据えた。沖縄経済界の有力企業グループである「金秀」や「かりゆし」が仲井真氏に絶縁状を叩き付けて翁長氏擁立の旗振り役となり、保守、革新を超えた「オール沖縄」を標榜する支持基盤が結束を強めた。

前回まで仲井真氏を推薦した公明党も県内移設に対する支持層の反発が強く、自主投票とした。一部経済界や公明が離反した仲井真氏が引き算の選挙を強いられたのに対し、保守のエースと目された翁長氏は、自身に期待を寄せる保守層に革新票や公明票が加わる足し算の選挙となった。

仲井真氏の変節を捉えた翁長氏の「私たちはぶれない」という訴えに多くの県民が共鳴した。一三年末、「県外移設」の公約をかなぐり捨てて埋立てを承認した仲井真氏に裏切られたという思いを抱く県民は「もう、だまされない」という決意を込めて翁長氏に軍配を上げた。基地受け入れの引き換えに経済振興策を獲得する旧来型の「アメとムチ」施策を見限ったのだ。翁長氏の得票率は五一・六%に上り、敗れた三氏の票を足しても届かない。仲井真氏の強固な基盤だった経済界の票固めも不発に終わり、終盤には、優勢だった翁長氏支持に中小企業が雪崩を打った。

今回の知事選は、世論調査で常に辺野古移設に反対する県民が七割を超える沖縄の民意を一顧だにせず、辺野古沖埋立てを遮二無二推し進める安倍政権への審判の意味合いもあった。敗者は二人。仲井真氏と安倍晋三首相である。

民意の発露という点で、米軍統治下の一九六八年に実現した琉球政府の主席公選に匹敵する歴史的意義を帯びる。米軍統治下であっても、沖縄の指導者は沖縄人が決めるという民意のうねりが主席公選を実現させた。民衆のエネルギーは沖縄の施政権返還の原動力となった。沖縄の「自己決定権」が正面から問われた今回の知事選は、沖縄の未来を拓く重大な岐路として沖縄近現代史に刻まれるだろう。

一三年末、首相官邸を訪ねた仲井真氏は、安倍首相から二一年度まで毎年三〇〇〇億円以上の沖縄振興予算を付けると確約されると、顔を紅潮させてこう言った。「私は安倍政権の応援団」「有史以来の予算」「良い正月が迎えられる」――。二日後、仲井真氏が辺野古沖の埋立て申請を承認すると、保革を超えて県民の反発が渦巻いた。特に「良い正月」発言は「国に屈した知事」への怒りをかき立てる言葉として、有権者の脳裏に鋭利な記憶を宿した。

仲井真陣営幹部は「支持を引き寄せても、「良い正月」を繰り出されると票がさっと逃げた。致命的失言だが、仲井真さんは政策発表で形式的に謝罪するまで釈明せず、埋立て承認を「苦渋の決断」と言うのも嫌がった。自分の判断に誤りはなく有権者が付いてくると信じ切っていた。候補者が裸の王様になったら勝てない」と、冷静に敗因を分析した。

知事選で示された民意の深層をどう読み解くか。かつて普天間飛行場の県内移設を推進した勢力にいたにもかかわらず、今回は翁長氏を全力で支えた二人に会った。

知事選に突入し、地元二紙に仲井真氏を支援する意見広告が二度載った。翁長氏と稲嶺進《いなみねすすむ》名護《なご》市長を除く県内九市長がガッツポーズを取り、「現職知事を応援します」とPRする写真入りだった。伏線は、六月に古謝景春《こじゃけいしゅん》南城《なんじょう》市長らが呼びかけ人となって二度開かれた仲井真知事激励会だった。

相手候補が翁長氏になると想定した自民党本部の独自調査で仲井真氏がダブルスコアの差を付けられ、既に劣勢が囁かれていた頃だが、首長らによる支持表明は三選出馬へと仲井真氏の背中を押した。仲井真陣営は「四一市町村のうち三〇を超える首長が応援している」(西銘《にしめ》恒三郎《こうさぶろう》選対本部長・衆院議員)とアピール、支持拡大の起爆剤に位置づけた。

だが、首長が仲井真支援でスクラムを組んだ九市で仲井真票が翁長票を超えたのは宮古《みやこ》島と石垣《いしがき》の二市のみ。仲井真氏は市部だけで七万二〇〇〇票余差が付く惨敗を喫した。

本島南部の南城市は四町村の合併で発足して一〇年目、人口は約四万二〇〇〇。県内有数の保守地盤で、三期目の古謝市長は仲井真支持首長のリーダー格だ。前々回、前回の知事選では、仲井真氏は対立候補の糸数慶子《いとかずけいこ》、伊波洋一《いはよういち》の両氏に約一五〇〇票の差を付けた。仲井真氏有利は動かないと見られていた南城市だったが、蓋を開けてみると、翁長氏の得票は仲井真氏を三二〇〇票余も上回った。

翁長陣営の選挙母体「ひやみかち うまんちゅの会」の南城支部長を務めたのは稲嶺県政で知事公室長を務めた後、自民党で県議会議員を一期務めた親川盛一《おやかわせいいち》さん(73)だ。

青く澄んだ美しい海を見下ろす南城市の自宅を訪ねると、足を引きずる親川さんが「運動をがんばりすぎて、膝に水がたまっているんだ」と笑顔で迎えてくれた。

支部長を引き受けた親川さんがすぐに取りかかったのが一〇月初めの事務所開きだった。準備会合で「五〇人は集めたい」と弱気の声が出たが、わずか二日、ほぼ口コミだけで三五〇人超が押し寄せ、会場を急遽、屋外の駐車場に変えた。ずっと自民系候補を支持してきた市民の顔が多くあった。沖縄の土着政党・沖縄社会大衆党の元委員長で元県議の瑞慶覧長方《ずけらんちょうほう》さん(82)は「糸数、伊波を擁立した事務所開きの四~五倍の人が来た」と高揚感を隠さなかった。

親川さんは、自宅がある旧知念《ちねん》村内を支部の運動員とくまなく歩き、四種のビラを全戸配布したが、配り終えるまで長く時間がかかった。「お茶を飲んでいけ」「ご飯を食べなさい」と呼び止めて家に招き入れてくれる人と話し込んだからだ。前回は仲井真氏に投票した人が多く、「沖縄の誇りに懸けて、仲井真だけは勝たせてはいけない」「金で沖縄を売り渡してはならない」と激励された。県漁業協同組合連合会は仲井真氏を推薦したが、「辺野古を埋めると、沖縄本島東海岸のモズク漁全体の死活問題になる。翁長さんに絶対に阻んでほしい」と訴える漁民もいた。親川さんは「子や孫のために新基地は造らせてはだめという人ばかり。基地のない南城でこんなに手応えがあるのはかつてなく大いに励まされた。最初のビラ配りで勝利を確信した」と振り返った。

さらに、親川さんは、西銘恒三郎氏に対する強い反発に驚いたという。一二年一二月の衆院選で「県外移設」を公約に掲げた西銘氏は、わずか五カ月後に「県内移設容認」に転じた。半年後、自民党本部の猛烈な圧力に屈し、「辺野古容認」に転換した沖縄県連所属国会議員四氏の公約破りを先導した。南城市は西銘氏が当選した沖縄四区にあり、知事選を機に西銘氏への反発も噴き出す形となった。

恒三郎氏の父・順治《じゅんじ》氏は、大田昌秀《おおたまさひで》氏に敗れるまで県知事を二期務め、「沖縄保守のドン」とも称された。順治氏の出身地は南城市内の久高《くだか》島だ。「神の島」久高島の有力者が恒三郎氏の公約破りに怒り、「順治氏なら公約を守ったはずだ。(恒三郎氏は)酌取り(しゃくとぅい、旧正月の祭事)には招かない。もう、島に入れたくない」と語っていたという。

県知事在任中、順治氏は「沖縄の心」について「ヤマトンチュになりたくて、なり切れぬ心」と述べて話題になった。春に、恒三郎氏が「自分は日本人。親父のような微妙な心理は自分にはない」と発言したことへの反発や違和感も、久高島でくすぶっている。沖縄のアイデンティティに県民の目が向いていることを照らし出す話である。

知事公室長と県議を通し、普天間飛行場の県内移設方針を支えた親川さんはなぜ、県内移設ノーの主張を強めたのか。「稲嶺知事の辺野古移設には一五年使用期限の条件があった。将来は県民の財産にするというぎりぎりの歯止めを掲げた。今の計画通りに辺野古新基地が造られれば、永久に米軍専用となる。それは許されない。私を含め、沖縄の民意は基地負担との決別を望んでいる。私が未来に残す仕事は誇りを懸けて翁長さんを支えることだ」

那覇市中心部にあった翁長選対の事務局長を務めたのが、又吉民人《またよしたみと》さん(68)だ。一九六三年、夏の甲子園で沖縄県勢初勝利を挙げた首里《しゅり》高校野球部エースだったことでも知られ、沖縄の経済界で強い影響力を持つ県経営者協会の専務理事を六年間務めた。前回知事選まで仲井真氏の企業票の取りまとめに手腕を発揮した彼が、翁長陣営の中枢に入ったことに、経済界では驚きと反発もあった。だが、又吉さんは「保革を超えて、「オール沖縄」で歴史のターニングポイントを刻むことを目指す選挙で、私が手腕を高く評価する翁長さんを支えるのは自然の流れだ」と意に介さない。

旧来型の企業や団体票頼みの集票に力を割いた仲井真陣営に対し、翁長陣営は、個々の有権者の良心に訴え掛ける戦術を徹底し、その手応えに自信を深めていった、という。

翁長氏当選で、移設先の名護市と県政のねじれが解消され、移設反対の民意が一層鮮明になった。にもかかわらず安倍政権が辺野古の工事を強行する姿勢を改めないことに又吉さんは語気を強めた。

「私のような保守の側にいた者は、沖縄問題で差別という言葉は使いたくなかった。しかし今の状況は民意の無視が幾重にも積み重なった、まさに構造的沖縄差別と言わざるを得ない。一〇万票差を付けた翁長圧勝はその解消を望む県民の健全さを証明した。政府は正面から受け止めるべきだ」

愛楽園で語り合った「ハンセン病」と「精神病」

山城紀子

二〇一四年七月、厚生労働省は長期入院患者の退院を促すとの目的で精神科病棟・病床にグループホームなどをつくり、居住施設にすることを認めた(病床転換型居住施設)。地域であたりまえに暮らしたい、という当事者の思いを踏みにじり、病院内に押しとどめようとする政策である。一〇〇年近くも前に、呉秀三《くれしゅうぞう》が日本の精神障害者に対する隔離対策を象徴する精神病者監護法やその法によって行われた「私宅監置」の悲惨な状況を批判して言った「この病を受けたるの不幸のほかに、この国に生まれたるの不幸」は今なお続いていることを痛感する。

社会から「隔離」された二つの病――「ハンセン病」と「精神病」を語り合おう、と市民団体や当事者たちが実行委員会を立ち上げ、一一月二九日国立療養所沖縄愛楽園で「病があっても人として生きたい――「精神病」と「ハンセン病」を語る集いin沖縄」が開かれた。

愛楽園は元国立ハンセン病療養所。自治会長や退所者も実行委員会に加わり、会議を重ねる中で二つの病に向けられてきたすさまじい偏見や差別がよく似ていること、当事者が声を上げていかねば社会を変えることはできないことなどが確認された。

統合失調症の当事者や愛楽園退所者の参加を呼びかける新聞投稿などもあってシンポ当日、会場には学生や市民ら二〇〇人以上が集まり、「ハンセン病」と「精神病」を共に語る、という試みは熱気がこもる雰囲気の中で始まった。

発言の一番手は愛楽園退所者の金城幸子《きんじょうさちこ》さん。彼女は『ハンセン病だった私は幸せ』という本を著している。金城さんは、ハンセン病違憲国賠訴訟で出会った多くの支援者をはじめ、人権を取り戻すことに力を貸してくれた人たちとの出会いにどれだけ勇気づけられたかを語り、人権侵害の「らい予防法」に苦しめられた経験を持つ回復者だからこそ「これからは精神病の人々の一番の味方になろう」と声を強めた。

統合失調症の当事者で、実行委員会共同代表でもある新田宗哲《にったそうてつ》さんもシンポジストの一人だった。私は一七年前に家族の反対を押し切って結婚したばかりの新田さん夫妻を取材したことがあった。妻・智恵子さんも、宗哲さんと同じく二〇代に統合失調症を発症し、同じ精神科デイケアに通っていて知り合った。なかなか結婚を決断できないでいる智恵子さんに「四〇にもなって自分のことが決められないのか」と背中を押して決意を促したことや、アイスクリームでささやかに祝ったと語っていたことを覚えている。

当時は統合失調症の患者の結婚問題に関心が向けられ始めた時期だった。時を同じくして、三組のカップルが誕生していた。妊娠がわかり、那覇市内の産婦人科に行った別のカップルが二人とも統合失調症であることを医師に告げたところ、中絶を勧められ、仲間に相談した事例もあった。医師の勧めに従わず、出産した。

新田さんは患者会活動を通して変わりつつある当事者の意識を語った。

「以前は、患者が声を出すことはタブーだった。精神障害者だと知られたら、地域で生活できない状況だった」と述べ、「今の時代は障害の垣根を越えて、みんなで手を取り合って闘わないといけないと思う。薬で心の悩みはとれない。コミュニケーションによる治療が必要」と。

心に強く残る場面があった。討論を終えた後の自由な発言の時間に一人の女性が手を挙げた。宗哲さんの妻・智恵子さんだった。

「疲れて死にたいなあ、と思う時もあったが、その中で救ってくれたのは、医師でもなく、ソーシャルワーカーでもなく、精神病の患者である彼だった。彼の優しさ、愛情……」

宗哲さんは壇上で泣いていた。

世界各国では今や精神科の入院日数はわずか三週間ほどになっている。しかし日本は入院患者への暴行死亡事件が相次いで起きている国であり(宇都宮病院や豊明栄病院など)、平均在院日数も約三〇〇日と長い。沖縄でも約五〇〇〇人の入院患者のうち一年を超える入院は三〇〇〇人にも上る。

シンポの最後に当事者や実行委員のメンバーが舞台に上がり、声を合わせて決議文を読み上げた。「精神科病棟転換型居住系施設容認を撤回しろ」「『生きる力』に根差したピアカウンセリングを進めよう」「ハンセン病の過ちをくりかえすな」「精神障害者の人権を守れ」「障害者である前に人間だ」

参加者のアンケートに「ハンセン病と精神病という垣根を越えたことで参加しやすかった」「法や国の政策がはらむ『暴力性』について考えさせられた」などの声があった。

さらなる論議につながれば、と思う。

2015.3

沖縄への暴力

振るわれない決意と振るわせない決意

親川志奈子

「オール沖縄」とは、日本が決めたやり方では私たちは生贄にしかならないと気づき、焦りを感じたものすごく多くの沖縄人が、耐えきれず一歩足を踏み出した際生まれた、最大公約数の名前なのだろう。この名が浸透するにつれ、沖縄に住む私たちの多くが、現在直面する基地問題の実態やその理不尽さについて一定の知識を共有していった。

「オール沖縄」は県知事選で多数を獲得したが、依然として「普天間を固定化しないための辺野古移設」という「ヤマトの言い分」に理解を示そうとする沖縄人、一度は「県外移設」を語っていたにもかかわらず、ヤマトに本部を置く政党に丸め込まれたりする沖縄人がいるのもまた現実だ。ふと、「オール沖縄」に踏み出せない心境とは、DV被害者のそれと似ているのではないだろうかという考えが頭をよぎった。自分が被害に遭っていると自覚できないでいる当事者が、被害を自覚し、思い切って一歩踏み出したところからサバイバーへの道が始まるのだが、見るからにアザだらけでボロボロであっても「彼は私のことを愛してくれている」「私にも悪いところはあるから」と頑なになってしまったり、一度は別れを決意したものの「でも今度こそ分かってくれるかも」「今までの恩もあるし」とずるずる関係を維持してしまうことも多い。

私を沖縄、彼を日本に置き換えてみるとよくわかる。過去にそのどうしようもないループにいた経験がある私も、その関係を続けるもやめるも自分にかかっている、つまり私に自己決定権があるということを理解できていなかった。関係性を正当化するための言葉探しと、上辺を取り繕う努力に追われる日々、何よりその関係の終わりやその先の人生を思い描いたことすらなかったと記憶している。しかしついにサバイバーになってみると、まるで暴力のない、私が生まれ育ったあたりまえの世界があたりまえに存在していることに拍子抜けしたものだ。

自分に降り注ぐ暴力を「しょうがない」と受け入れるしかなかった沖縄人が、「もうこれ以上我慢はできない」「自分だけならまだしも子どもにまで同じ経験はさせられない」と口に出し始め、ようやく「オール沖縄」が生まれた。

もちろん「オール沖縄」を言えばすべてが解決する単純な話ではない。しかし、植民地主義という途方もないストーリーから抜け出したい、抜け出してもいいのだ、抜け出せるし自分の力で生きていく方法もあるのだという「サバイバーになるための語り」が、沖縄のあらゆる業界、あらゆる世代から生まれていることが希望となっている。一四年、沖縄人は辺野古新基地建設に反対する稲嶺名護市長を再選させ、「身を捨ててこそ浮かぶ瀬もあれ」の決意で辺野古移設阻止を訴えた翁長知事を誕生させ、衆院選では「オール沖縄」組を全選挙区で勝利させた。

しかし暴力を振るわれている自らの姿を認識できず、共依存状態に陥り加害者にしがみつくだけがやっとという沖縄人や、暴力を忌まわしいと感じながらも、加害者が怖くてSOSを発信できない沖縄人もいる。サバイバーとして生きていくことを決心し「オール沖縄」を達成した私たちは、「被害を受け入れる」と言い張る沖縄人を敵視するという「日本の仕掛けた罠」に陥ることなく、被害を受け入れない生き方にこそ未来があると示す必要があるだろう。

また、ここで私がDV加害者にカテゴライズした日本人には、自らのポジショナリティと向き合ってほしいと強く希望する。というのも、沖縄人がDV被害者やそのサバイバーであるならば、私たち沖縄人から見て、日本人はさながらDV加害者のような存在だと感じるからだ。日本においてDV問題が被害の実態調査や被害者支援に終始しており、加害者更生プログラムが不十分だと指摘されているのと同様、これまで「沖縄問題」とは被害を受ける沖縄側の問題として扱われ、被害者支援こそが最大の鍵だと理解されてきた。しかし、被害を認知することや支援は「必要最低限」の行為でしかなく、それを「解決」とするのは誤りではなかろうか。むしろ、沖縄への暴力を許さないという日本社会の意識形成こそが求められているのであり、それができるのはマジョリティである日本人なのである。

「辺野古に反対だ」という日本人の声を聞くたびに、では、なぜ自分の住む地域から一人でも多く辺野古移設反対を主張する政治家を出さないのかという疑問が沸き起こる。被害者に同情し暴力を憎むのは容易でも、「顔が嫌なら腹を出せ」と、加害者が目の前で振り下ろす拳を止めるのは困難なことだろう。しかし、日本人はそれができる立場にいるように思う。私たちが求めているのは「沖縄がんばれ」の声援ではなく、「辺野古移設を許さない」と立ち上がる日本人の姿なのだ。暴力を振るわれない決意と振るわせない決意。チュラ海の青をまとい、国会を包囲した日本人の今後のアクションに期待したい。

2015.6

戦後七〇年「喰い残し」の声

親川志奈子

琉球処分から四三年後の一九二二年、私の曽祖父は沖縄からサイパンへ出稼ぎに行き、祖父はそこで生まれた。一家は玉砕の島サイパンで戦争を迎える。汗水流して働き、沖縄の両親に送金し購入した、唯一の財産である土地を見ぬまま、曽祖父はサイパンで戦死した。戦後沖縄に引き上げてきた祖父らとて、その土地を踏むことは叶わなかった。了承なく接収され、米軍嘉手納《かでな》基地となっていたのだ。

戦争の象徴である軍事基地とフェンス。そのフェンスにしがみつくように暮らしていかなくてはならなかった、戦後沖縄の人々。親兄弟の命を奪った戦につながる基地や軍隊が、自分たちの土地を使用することなど認めないという決意で、祖父は反戦地主となった。先日八五のトゥシビー(数え八五歳の生年祝い)を迎えた彼は、それこそ戦後七〇年、沖縄の平和運動と共に生きてきた。現在も少なくとも週に一度、自宅から一時間離れた辺野古に通い、座り込みの抗議行動に参加している。そんな祖父の背中、そして同じ志で歩む祖母を見て育った母は、フェンスの街で米ドルで生活し、左ハンドルの車で右車線を走りながら「復帰」を迎えた。警察官と結婚した彼女は、フェンス前で対峙する父親と夫の姿をテレビ越しに見て、沖縄だからこその葛藤を抱えたこともあっただろう。県知事選で連呼された「イデオロギーよりアイデンティティ」の言葉通り、母は政治に翻弄されることなく、沖縄人としての平和の願い方を私に見せてくれたように感じる。

私は九五年の少女暴行事件後にできた留学制度を利用して米国留学した。沖縄で生きる誰かの身に起こった悲劇や長期にわたる基地負担は、時にアメへと姿を変え私たちに降り注ぐ。私たちは懐柔されながら、しかし同時に、沖縄人としての血を煮えたぎらせる事件・事故や政治状況と向き合いながら生きている。そして三歳になった息子は、生活圏内に張り巡らされたフェンスに気がつく年頃となった。無邪気に基地を指差し「ここ何? 行ってみたい!」とせがむ息子に、私はどのような言葉を紡ぐだろうか。

ある時祖父が「僕は戦争難民だ」と話しているのを聞い

た。考えてみれば、戦によって奪われた土地にいまだ帰れないという状態が、曽祖父から数えると、親子五代にわたり続いていることになる。沖縄には、私たちのような家族が数えきれないほど存在するだろう。

彼の好きな歌『艦砲《かんぽう》ぬ喰《く》ぇー残《ぬく》さー』は、まさに沖縄や沖縄人が体験した戦を、そして戦後をみごとに歌い上げた一曲だ。作詞は比嘉《ひが》恒敏《こうびん》、彼は戦前出稼ぎでヤマトに出ていた頃、両親と長男を呼び寄せたが、彼らが乗った対馬丸《つしままる》を米軍が撃沈。先に来ていた妻と次男も空襲で亡くした。戦後沖縄に引き揚げ、苦労を重ね、再婚し子宝に恵まれた。に上げたが、「復帰」の翌年、飲酒運転の米兵車両に衝突されこの世を去った。「父の残した曲を一つでもレコードにしたい」との思いで、娘たちが持ち込んだ中にこの曲があったという。

「鉄の暴風」といわれる地形が変わるほどの艦砲射撃を打ち込まれた沖縄。四人に一人が亡くなった戦が終わり、残された人たちは、家族の無念の死に対する深い悲しみや自らが「生き残ってしまった」という罪悪感を抱え、マイナスからの過酷な戦後をスタートさせた。「艦砲ぬ喰ぇー残さー」とは直訳すれば「艦砲（射撃）の喰い残し」という意味になる。「うんじゅん　我《わ》んにん　いゃーん　我んにん　艦砲ぬ喰ぇー残さー（あなたもわたしも、おまえもおれも艦砲の喰い残し）」、心と体に傷を負い、自らを「喰い残し」と表現する沖縄人の戦後。作詞した比嘉は自らの半生について子どもたちに多くを語ることはなかったというが、彼の死後、娘たちは「世界の人々を友にしよう」というフレーズが「恨《うら》でぃん悔《くや》やでぃんあきじゃらん　子孫末代《しすんまちでーい》遺言《ぐん》さな」と書き直されている歌詞ノートを発見した。きれいな言葉でまとめることはできない、美談にすることは許されない、沖縄人の体験をありのまま次世代に伝えることで二度と戦をしない決意を紡ぐ、それが「艦砲ぬ喰ぇー残さー」を名乗る戦争体験者の声なのだと私は受け取った。

しかし、「艦砲ぬ喰ぇー残さー」の孫世代である私は、戦後七〇年を迎え、沖縄にさらなる自衛隊・米軍基地を建設しようとする日本国で生きている。戦前の「日本を取り戻す」べく日々邁進している安倍首相は、七〇年談話に「植民地支配と侵略」や「痛切な反省」など過去の談話にある言葉は盛り込まないことを検討、と報じられている。集団的自衛権、領土問題、秘密保護法、憲法解釈変更と、目まぐるしい変革に日本国民はついて行っていないようだ。静かな足音で戦が近づいてくるのではないか、「艦砲ぬ喰ぇー残さー」が警告を鳴らし続けている。戦後七〇年を私たちはどう生きるべきだろうか。

2015.7

沖縄戦に連なる

新基地拒否の思い

松元　剛

新聞記者になる前年の一九八八年、七二歳で父が逝った。大正五年生まれ。六五歳を過ぎても「指立て伏せ」ができるほど頑健だった。生きていれば九九歳になる。父が戦火を生き抜いていなければ、私は生を受けていない。

第二の家庭に生まれた私は、沖縄の施政権が返還された七二年に小学一年生になった。小児喘息持ちで、あと数日欠席すると進級できないほど弱かった。二日おきぐらいで家に寄る父がキャッチボールの相手をしてくれて体が強くなった。少年野球チームに入っていた小学五年生の時、ほとんど怒られたことがなかった父の逆鱗に触れた。テレビの戦争映画を欠かさず見ていた私は、ゼロ戦や戦車のプラモデルを作ってばかりいた。沖縄戦の全戦没者追悼式がある慰霊の日が近づいた六月の暑い日、模型作りに夢中になっていた私に、父が怒声を浴びせた。「戦争はどんなに大変か、映画の中で撃たれて死ぬ敵の兵士にも家族がいて、悲しむ人がいることがわかるか」

動揺する私に顔を紅潮させた父が戦争体験を語り始めた。

働きながら東京の夜間大学を出た後、父は南洋群島のパラオ島に渡り、鰹節製造会社などに勤め、一九四三年に現地で召集された。沖縄出身の親しい友人たちとペリリュー島の守備隊に赴くはずだったが、集合時間に遅れ、上官からひどい鉄拳制裁を受けてパラオに残された。四四年夏、米軍の攻勢が強まり、衛生兵だった父は両手で二人の傷病兵を支えて移動中、米軍機の機銃掃射に遭った。父の右肘を切り裂いた機銃弾が命中し、血しぶきを上げた兵士はすぐに息絶えた。「二、三〇㎝ずれていれば、父さんが死んでいた。すまない思いでいっぱいだ」。ペリリュー島は玉砕し、同郷の友人は一人も戻らなかった。

沖縄戦で軍と行動を共にするよう仕向けられた多くの県民が死に追いやられ、父方の親類が犠牲になったことも詳しく聞かされた。「一緒に死ぬはずだった友を慰める責任がある」と言って、南洋群島の墓参団に毎年参加していた父は「どんなことがあっても戦争だけはするな」「新聞を毎日読みなさい。戦争で何が起きたか、沖縄で何が起きているかを学んで、自分の意見を持ちなさい」と諭した。

戦後七〇年の節目の年を迎え、戦争体験者が減り、その継承が課題となっている。凄惨な地上戦が繰り広げられた沖縄戦体験者の四割は心的外傷を持つとされる。その傷口に塩を塗り込むように、今も米軍機が爆音をまき散らし、民意に反して名護市辺野古への新基地建設が強行されている。沖縄を「同胞扱いしない」国の姿を感じ取り、悲惨な経験を語り始めた沖縄戦体験者が増えている。自らの意思で沖縄のありようを決めることができない負の歴史を終わらせ、子や孫の世代へ戦争につながる基地負担を背負わせたくないという意志をもつ人たちだ。沖縄戦と米軍統治の苦難の戦後を縦糸に、新たな基地を強要する為政者への反発を横糸にした、新基地ノーの重層的な民意が強まっている。

五月一七日、那覇市の野球場で開かれた「新基地阻止県民大会」には、三万五〇〇〇人が押し寄せた。沖縄戦当時、陸軍の野戦病院で傷病兵を看護した白梅《しらうめ》学徒で、実行委員会共同代表の中山きくさん(86)はこう語った。「お国のためにと県民総出で軍事基地造りをしたが、抑止力にならず、むしろ沖縄戦に直結した。かけがえのない多くの命を失い、自然も文化遺産もすべて失った。戦後の日本は不戦を誓ったはずだが、現政権は「国民の命を守るため」と新基地建設を進めている。基地は人権侵害の最たるものだ。次世代に戦争のある人生を歩ませてはならない」。声を振り絞った挨拶が終わると、地鳴りのような拍手が湧いた。

同じ共同代表の平良朝敬《たいらちょうけい》さん(島ぐるみ会議共同代表)は「沖縄県民のパワーは私たちの誇りと自信、祖先に対する思い、将来の子や孫に対する思いであり、七〇年前が原点だ」と訴えた。沖縄社会にとって、沖縄戦と辺野古新基地建設はまぎれもなく地続きなのだ。大会名に戦後七〇年を冠した意義が共有され、大会には熱気が渦巻いた。

開会前のアトラクションの幕開けは、平和と五穀豊穣を願う琉球古謡おもろの荘厳な詠唱だった。トリを務めたでいご娘が戦争を生き残った者の苦しみと平和を継ぐ決意を込めた『艦砲ぬ喰ぇー残さー』を歌うと、手拍子が波打つように響き渡り、参加者の心を一つにした。

翁長雄志知事は挨拶の最後で安倍晋三首相に対し、「うちなーんちゅ　うしぇーてぇーないびらんどー(沖縄人をないがしろにしてはいけません)」と結び、総立ちの拍手を浴びた。アイデンティティと重なるしまくとぅばが繰り出され、苦難の戦後史と背中合わせの文化の力も息づく新基地拒否のうねり。強権政治との力比べが続くが、七〇年間ため込まれ、強さとしなやかさを増した民意は決して屈しない。そう確信した。

2015.8

障がい者と沖縄戦 山田親幸さんの反戦活動

山城紀子

沖縄戦から七〇年のこの夏、山田《やまだ》親幸《しんこう》さん(80)はいつになく忙しい日々を過ごしている。複数のテレビ局の取材スタッフと共に、沖縄戦当時過ごした大宜味《おおぎみ》村の山中に足を運んで当時の日々を語ったり、講演依頼を受けて体験を語ったり、自らも会長を務める沖縄県視覚障害者福祉協会主催で「語り継ごう視覚障害者の戦争体験」を開催、当事者の戦争体験を語り継ぐ活動に取り組んでいる。

沖縄戦の証言や記述の中でも性暴力のことや障がい者の体験はきわめて少ない。障がい者自身も語ろうとしなかったし、その家族や遺族も多くがひたすら沈黙した。戦場に放置されたであろうと推測されているものの、そのデータすらない。辺野古の新基地建設反対の現場に足を運び、基地の機能強化やオスプレイ強行配備に反対する県民大会などの場で拳をあげる山田さんに今取材が集中しているのはある意味必然のようにも思える。

一九三四年、山田さんは名護町(現名護市)幸喜《こうき》で強度弱視児として生まれた。小学校が国民学校と名前を変える一九四一年に東江《あがりえ》国民学校に入学する。国民学校時代には「兵隊見送り」という出兵する若い先生を見送る儀式もあったというが、山田さんは七人の先生を見送り、その内の六人が犠牲になった。

六月七日、浦添《うらそえ》市で開かれた講演会「障がい者と沖縄戦」では、司会者が山田さんに質問するという形で進められたが、「なぜ、障がい者の声を残したいと思うか」という問いに答えた内容は特に印象に残った。

「戦時の状況の中で、障がい者は反戦という思想は持たない。兵隊に行けない者は「米喰い虫」と言われる。悔しい辛い思いをする。それが反戦につながるのではなく、逆に少しでもお国の役に立てるようにならなければと思わせられる。戦争協力者になるんです。だからきちんと目覚めないといけない」と明確に理由を語った。皇民化教育の中で、障がい児であればこそ、より「軍国少年」に仕立てられるという証言に、あらためて深い感慨を持った。

あの当時をいろいろな音と感覚で記憶している。山の中で三カ月の避難生活を過ごしたが、三度場所を変えた。山の上は米軍が来ないだろう、と構えていたがやすやすと車で登ってくることを知り、三度目の移動は谷底に。丸太で小屋を作り、一一人の家族が暮らした。

カーンと音がしてからしばらく間があって、ドドドドーっと地響きする艦砲射撃の音、トンボと呼んでいた小型艦載機のブーンと飛ぶ音、ヤマドリ（ヤンバルクイナ）やアオバト、コノハズクのフゥーンフゥーンと聞こえた鳴き声も耳に記憶している。

「最も辛かったのはやっぱり食べ物」と山田さんは思い返す。イナゴ、カエル、野ネズミ、ヒヨドリ、セミ、バッタと食べられるものは何でも食べた、それでも家族誰もがいつもお腹をすかしていた。山田さんは実母を早く亡くし、再婚した大宜味村喜如嘉《きじょか》出身の育ての母と過ごしていた。両親とも教師で、避難中の家族会議では「泥棒してまでは生きようとは思わない」という考えをたびたび確認していた。

その母がある日言った。「幸ちゃん（山田さんのこと）、私ね、泥棒したよ」と。知り合いの人の畑からイモを三つ、四つ掘り出して持ち帰った、と言うのである。その時の母の心情が蘇ってきたのか、山田さんは言葉を詰まらせた。

障がい者の立場から反戦・平和を訴えていかねば、と強く思うようになったのは、八一年の国際障害者年の時だった。理念や原則、さまざまなイベントを通して「戦争と障がい」を考えるようになった。戦争は多くの人々の命を奪うだけでなく、障がい者の人権や尊厳を踏みつける。さらに多くの障がい者を（暴力的に）生み出すもので、どう考えても相容れないものであることを確信した。

山田さんは一九六六〜九五年まで沖縄盲学校に勤務していたが、教師時代は労働組合活動に力を入れていた。教え子たちの自立を阻むもの、就労の壁などに多くの問題や課題を感じていたからである。国際障害者年を機に、八二年に結成された一坪反戦地主会に準備段階から加わった。同会は「自分の土地を軍隊に使わせたくない」と契約拒否する反戦地主を支援する組織。裁判闘争や反基地運動を続けている。

「戦前の盲学校の生徒二〇人のうち五人も亡くなっている。戦後もひどい。盲学校が再建されるまでに六年の空白がある。こんなことは全国で唯一沖縄だけです」

皇民化教育で軍国少年に仕立てられた、あの時代の空気に似たものを、近年の日本の政治の動きに強く感じている。

「歴史をくぐったものとして、障がい者の立場から戦争体験を語るのは使命感ですね」

山田さんの静かな、しかし強い決意を感じた。

「基地を引き取る」という日本の声

親川志奈子

私は、左翼と呼ばれていた頃、日本人が沖縄について書いた本を、教科書を読むようにして読んでいた。そうやって覚えたことを披露すれば日本人受けするのだと、無意識に知っていたのかもしれない。ある時、反基地運動の現場で私が一月六日生まれだと言うと、年上の日本人男性たちに「ジャンヌダルクと同じだね！　君は沖縄のジャンヌダルクだ！」ともてはやされた。私は気をよくして饒舌に彼らの求める言葉を紡ぎ続けていたと記憶する。最近、若い沖縄人女性が右翼界のジャンヌダルクと呼ばれ重宝されていると聞いて、封印したい恥ずかしい過去が蘇ってきた。

沖縄の私たちにとって、左翼や右翼になるとは、日本人のイデオロギーを背負うことに他ならないのだ。沖縄人が「基地はどこにもいらない」と言おうが「辺野古が唯一の解決策」と言おうが、結局のところ、その主語たりうるのは日本人でしかないのだから。戦後七〇年談話で植民地主義の主体を語らない安倍が非難されたが、私たちはまさに、自分が主語にはならない言葉で「右だ」「左だ」と対立させられてきた。それは代理戦争でしかないのだと気がつくまでに、私はずいぶん長い時間をかけてしまった。多くの沖縄人にとっても同じだろう。そして私たちは、普天間基地の県外移設論に出会った。当初多くの沖縄人は拒否反応を示したが、歴史を学び政治を見つめるにつれ、支持を表明する人々は着実に増えた。それは日本の保革構造を崩壊させるに十分な論であり、沖縄を主語にして政治が語られ始めた転機でもあったように思う。

こうして仲井真、翁長と、県外移設を掲げた知事が当選し続け、今日に至る。しかし「辺野古新基地建設反対」を日本のメディアが取り上げるようになっても、県外移設については封印されたままだった。うやうやしく響く「沖縄の声を聞く」という言葉の裏で、県外移設はタブー視され、県外移設論者に対しては「琉球ナショナリスト」というレッテル貼りが横行した。

私をジャンヌダルクと呼んだ人々も、県外移設論を口にしたとたん、「本土で米兵によるレイプ事件があったら、君は責任取れるのか」「基地のたらい回しは許さない、自分さえよければいいのか」と私を怒鳴りつけた。もちろん、彼らは沖縄でレイプ事件が起こっても責任は取らない／取れないし、基地が沖縄にあれば日本の自分たちに被害はないと承知していながら、「自分たちさえよければいい」とは口にしない。悲しくも植民地主義を挟んで、上と下に立たされた私たち。普天間基地の返還が表明されてからの約二〇年、沖縄が脱植民地化を意識し、対等な関係を結び直すべく抑圧政策に否を突きつける一方、日本では「辺野古が唯一の解決策」と「基地はどこにもいらない」のまま思考停止が貫かれた。日本の人々が、不幸にも与えられた抑圧者という立場を自覚し、その不名誉なポジションを脱ぎ捨てる日は来ないのかと、絶望的な気持になっていた。

しかし、ついに脱植民地化の産声が日本の方から聞こえ始めた。六月、高橋哲哉の『沖縄の米軍基地「県外移設」を考える』が刊行され、七月には大阪でシンポ「辺野古でいいのか―もう一つの解決策」が開催された。八月二〇日から始まった『琉球新報』の連載「「県外移設」という問い」では、これまでタブー視することで無効化されてきた県外移設論を正面から問う沖縄と日本の言葉が綴られている。「沖縄差別を解消するために沖縄の米軍基地を大阪に引き取る行動」の松本亜季は、大阪で一〇年続けてきた辺野古新基地建設反対運動を振り返って「基地はどこにもいらない」では越えられない課題があると感じ「立ち止まって考えざるを得なかった」と語る。脱植民地化の一方の当事者である日本の人々が「基地を引き取る」というプロセスをもって沖縄差別の解消を訴えている姿に、私たちの声が初めて人間の声として聞かれたという安堵を覚えた。ここで初めて「本土には基地を引き受ける場所がない」という日本政府の固持してきた論理が崩れる。そして白紙の状態で今一度、普天間や周辺の基地を返還したところで沖縄にとってはたった〇・七％の負担減にしかならない事実、「抑止はユクシ(嘘)」という沖縄の常識を見つめ直した時、薩摩侵攻や琉球処分を経て日本に植民地化された琉球、戦時中は本土防衛の捨て石にされた沖縄、主権回復のためアメリカに差し出された沖縄、ＮＩＭＢＹ《ニンビー》の精神で米軍基地を集中させられてきた沖縄の歴史が浮き彫りとなる。

日米安保の支持率が約九割(沖縄では一割弱)、日本国領土の九九・四％を占める「本土」こそ、普天間基地を引き受けるべき主体なのではないか。七〇年談話で安倍は「植民地支配から永遠に訣別し、すべての民族の自決の権利が尊重される世界にしなければならない」と述べた。ひどい談話だが、この部分だけは共感した。手始めに沖縄の自決権が尊重される社会を作ろう。

2015.12

戦後七〇年、次世代の女性たちに伝えたい

山城紀子

二〇一五年は戦後七〇年の節目に当たることから、各分野でこれまでの取り組みや足跡を振り返るイベントが開かれている。沖縄の今を築いた女性たちを知ってもらおうと、一〇月初め、県立博物館で開かれた沖縄女性財団主催の女性史パネル展もその一つ。一〇七人の女性の写真と活動歴を紹介するパネルが並ぶ会場を歩きながら、あらためて戦後の時代を切り開いた女性たちのパワーを感じた。

取り上げられた女性の多くが、戦前教師の職に就いていた。徹底した皇民化教育の中で育ち、自らも皇民化教育を担い、軍国主義の一翼を担ったという、痛烈な反省を繰り返し伝えた女性たちだ。

長年、沖婦連(沖縄県婦人連合会)の副会長を務め、退いて後は休む間もなく「1フィート運動の会」の事務局長として草の根の平和活動を続けた中村文子さん(二〇一三年没)も元教師。上海事変の時、敵陣へ突入するため、点火した破壊筒を持って突入し、爆破。戦死した三人の兵士を美談に仕立てた「爆弾三勇士」を生徒たちに英雄として教えたことを語っていた。初の女性県議会議員の上江洲《うえず》トシさん(二〇一〇年没)も、自衛隊配備反対運動に取り組むなど、平和運動の先頭に立っていた。

著書『久米島女教師』には差別され、馬鹿にされてきた沖縄は、天皇への忠誠心は他県にも劣らないくらい強いのだということを示すために、「とくに皇民化教育に熱心だった」地であり、自らも積極的に皇民化教育を推進したと書く。航空兵に志願したいという一人の少年の夢をかなえようと、成績を偽造して願書を作成、勝手に校長印まで押して、死地に送り出してしまった過ちも書き記している。

銃後の守りを生徒に説いたという伊波圭子《いはけいこ》さん(九五年没)は戦後教壇を離れた。「教壇に立つのはもう駄目だ」と思ったのだと書く。私が伊波さんにお会いしたのは復帰後、労働省沖縄婦人少年室長の頃で、女性の地位向上問題に熱心に取り組んでおられた。夫を戦争で失っていた伊波さんは、沖縄母子福祉会の結成にも関わり、七七年に同少年室を退任すると、翌七八年から一二年間、自ら第三代の会長

に就く。各分野の女性たちに呼びかけ、女性の問題を論議する「婦人問題懇話会」を毎月開催。一〇七回も続いた。伊波さんが新聞記者として、私が勤めていた同じ会社の記者であったと知ったのは、かなり後になってのことだった。

亡くなった一九九五年に出た伊波さんの著書『ひたすらに――女性・母子福祉の道』に、一九四九年、創刊間もない『沖縄タイムス』の編集部に入社したいきさつなどの記述がある。男だらけの職場、取材相手の「ヤナ イナグ記者グヮーヌ チャーニ(女記者めがやってきて)」という声が聞こえてくることもあったという。新聞社での七年の歳月のことを伊波さんは「筆舌につくせないほどのことがあった。男性記者に伍して毎日が勝負だし、子どもは小さいし、孤独感にさいなまれてノイローゼ気味になってしまった。正直いって、女性記者一人の闘いはプレッシャーが多かった」と書いている。働く女性に対する理解のない社会状況の中で、耐え難かった孤独感を綴っている文章に胸を衝かれる思いがした。

パネルの中には、比較的最近取材をさせてもらった方もいた。戦後盲教育の再建に奮闘した中村文さんだ。パネルの写真は八〇代に入った頃だろうか。私が取材させてもらったのは二〇一二年一〇月、当時九八歳。少し前に家の中で転んで左手を骨折したためお休みしていると話されていたが、回復したらまた元通り宜野湾《ぎのわん》、浦添、那覇市の点訳ボランティアの活動に出かけるつもりだと意欲を見せていた。

盲教育に取り組んだきっかけは、五歳下の弟が戦地から失明して戻ってきたことだった。戦後すぐのことである。戦争で夫をはじめ、息子、父母、夫の兄弟など多くの親族を亡くしていた中村さんは、失明した弟との再会に、何とも言えないほどの喜びを感じ、「何としても生きがいのある日々を送らせたい」と考えたのである。

戦後すぐに普通の学校は開設されたが盲学校は遅れていた。五一年に再開された盲学校に弟と共に参画。昼は教師として、夜は寮母として働き、見えない子どもがいると聞いては家を探して訪ね、親を説得し就学につなげた。見えなくても自立した人生を、というのが信念で、「ウトゥルーシンシー(怖い先生)」と生徒たちに言われていたと笑顔を見せた。一四年一〇月、一〇〇歳で亡くなったが、亡くなる直前にも「分かち書きの上手な教え方を思いついた」と、病床から家族に話していたという。

沖縄戦とその後に続く米軍統治下の二七年。今なお新基地建設の問題が横たわる沖縄で、時代を切り開いた女性たちのバトンをどう受け取り、次世代にどのように渡せばいいのか。女から女へのメッセージを考えさせられた。

2016年

米軍属が女性殺害，オスプレイ墜落 続く被害

1月　子どもの貧困率が29.9%，全国平均を約2倍上回る
6月　うるま市で起きた米軍属による女性暴行殺人に抗議する県民大会に，6万5000人が参加
7月　参院選で「オール沖縄」側候補が大勝
10月　東村高江のヘリパッド工事現場で，大阪府警の警官が市民に「土人」と発言
〃　第6回世界のウチナーンチュ大会開催
12月　オスプレイ，名護市安部に墜落

名護市に墜落し大破したオスプレイ（12月14日，共同）

歴史的不正義と先住民族の自己決定権

親川志奈子

先日アジア先住民族連合(AIPP)のシンポジウムに参加した。登壇者の一人、アイヌの阿部ユポ氏は二〇〇七年の「先住民族の権利に関する国際連合宣言(UNDRIP)」に触れこう言った。「先住民族の人権を守ろうと国連でUNDRIPが採択された際日本は賛成票を投じたが、その同じ政府はアイヌを先住民族とは認めていなかった」

当時の民主党幹事長、鳩山由紀夫は、国連で先住民族と認められているアイヌ民族を日本政府が認めていないことを国際社会にどう説明するのか、国内と国外で対応を使い分けるなどという二枚舌はやめよう、という国会答弁を行なっている。対して、首相の福田康夫は、その宣言には先住民族を定義づける記述はなく、アイヌの人々が同宣言に言う先住民族であるかについては結論を下せる状況にない。なお、政府としてはアイヌの人々が固有の文化を発展させてきた民族であることは認識しており、文化振興等に関する施策を引き続き推進する、と回答した。

固有の文化を発展させてきた「民族」であると認識はしているが「先住民族」であるかについては言及を避けますという態度だ。一体どういう意味だろうか。

先住民族とは世界の最も不利な立場に置かれているグループの一つとされ、その数は三億七〇〇〇万人といわれるが、二〇年以上協議した末、「先住民族とは誰か」を規定すればそこから外れる人々を作り出すことになるとして線引きのための定義は行われていない。しかし、国連憲章の自己決定権を有する人民でありながら植民地化により、その土地や領土、資源を収奪され、歴史的な不正義により苦しんできた人々であると全文にはっきりと書かれている。

にもかかわらず、日本政府はイノセントな仕草で「定義がないためアイヌ民族が先住民族かどうかはわからない」と述べたのだった。実はUNDRIP採択直後、日本は、①独立・分離権を認めない、②集団的権利としての人権を認めない、③財産権は第三者や公共の利益との調和を優先する、の三点に及ぶ解釈宣言を行なっている。つまり、政府が国内に先住民族(アイヌ)の存在を認めたとしても、日本人が持ち合わせている人権や自決権は認めないと宣言したに等しい。実際、アイヌを先住民族とすることを求める決議では、UNDRIPが謳っている「先住民族の政治的、経済的および社会的構造と、自らの文化、精神的伝統、歴史および哲学に由来するその生得の権利、特に土地、領域および資源に対する自らの権利を尊重し促進させる緊急の必要性を認識し」から「言語、宗教や文化の独自性を有する」の部分だけを抽出し「先住民族として認める」としている。もちろんその根拠や、先住民族と認めた上でどのような具体策を講ずるかに関する記述はなく、今日に至るまでアイヌの人々の侵害された人権の回復は叶っていない。

この翌日、日本平和学会の平和運動分科会で前泊博盛《まえどまりひろもり》氏、ちょうど前日名前が出た鳩山氏とともにパネル討議に登壇した。せっかくなので鳩山氏に「なぜ二〇〇七年の答弁で琉球民族について言及しなかったのか」と質問すると「アイヌのことにあまりに集中していたため、琉球のことまで考えられなかった。申し訳ない」という回答をもらった。

「もしあの時アイヌ民族と同様に琉球民族についても先住民族とすることを求める決議がなされていたら?」と歴史にifをつけて考えてみたい衝動にかられる。

それでも、アイヌの後ろ姿を遠くに追いかけながら、琉球でも近年「私たちは先住民族なのか?」という問いが発せられるようになった。しかし「「沖縄先住民」と言ったら、ボロボロのようなイメージ」という、先住民族に対する差別的目線の発言や「沖縄県民は誇りあるウチナーンチュとしてのアイデンティティを持った日本国民であり「先住民族ではない」」という、国籍と民族を混同した発言も見受けられる。

それはひとえに、私たちが歴史的に日本民族から受けてきた差別が関係している。単一民族国家を夢見る日本社会の中で琉球民族を名乗ることは、言語や文化そして国家や人権を奪われるほど危険な行為であり、先住民族という異化された立場を求めてはならない、日本人に同化することで差別を回避する必要がある、というメンタリティが、私たちには植え付けられているのだ。しかし、辺野古《へのこ》新基地建設問題が示すように、同化は人権侵害を払拭しないばかりか、植民地主義を告発できない体質を作り上げている。

一五年の『琉球新報』と沖縄テレビ放送による世論調査で、自己決定権について八七・八%が「広げていくべきだ」と回答した。自己決定権とは元来私たちに備わっている権利であり、それを歴史的に奪われ続けているのが先住民族なのではないか。「私たちは自己決定権を有する人民である」という国連憲章を意識する人々が増え、議論がさらに深化することを願う。

2016.3

宜野湾市長選に見える「争点隠し」と「分断統治」

松元 剛

日米と沖縄の三者にまたがる重要懸案の行方を占うとされた選挙にしては争点がぼけ過ぎた。地縁・血縁を駆使した現職の強みを、安倍政権と自民、公明の与党が総力を挙げた組織戦で補強する異例ずくめの選挙であった。

キーワードは「争点隠し」と「分断統治」だ。

政権による常軌を逸した地方選挙への過剰な介入は地方自治の崩壊にさえ結び付きかねない。その地の住民を賛否でいがみ合わせ、権力者が統治をたやすくする「分断統治」の色合いが濃厚だった。

米軍普天間《ふてんま》飛行場の移設に伴う名護《なご》市辺野古への新基地建設への影響が大きいとされた宜野湾《ぎのわん》市長選は一月二四日に投開票され、安倍政権の全面支援を受けた現職の佐喜真《さきま》淳《あつし》氏(51)が二万七六六八票を得て、翁長雄志《おながたけし》知事と県政与党が支持した元県幹部の志村恵一郎氏(63)に五八五七票差を付けて、再選を果たした。

しかし、この選挙結果は決して宜野湾市民が辺野古移設を支持したことを示してはいない。市民が求めたのは辺野古移設とは切り離した普天間返還ではないか。

前回の市長選で「辺野古移設反対」を主張していた佐喜真氏は今回、辺野古の是非に触れることを徹底して避けた。志村氏側から前回の公約撤回を追及されても、「危険性除去」の一点張りでかわし、一期目の実績と普天間の早期閉鎖と返還、跡地へのディズニーリゾート誘致などを訴えた。

安倍政権・自民党は閣僚経験者らを送り込み、業界団体を猛烈に締め付けた。一方で、安倍政権対翁長県政の構図が照らし出されないよう、街頭での応援演説は人気者の小泉進次郎衆院議員以外は封印した。

佐喜真氏の再選はこの「争点隠し」が第一の要因である。公明党県本部は「辺野古移設反対」を貫き、沖縄の創価学会員にもその思いが強い。公明の推薦を得るには、辺野古容認ではないという姿勢を打ち出さざるを得なかった。公明は軽減税率の導入決定時の安倍政権の譲歩の見返りに党本部主導で佐喜真氏推薦を決めた。本土の都道府県議会議員らを数十人以上の規模で送り込んで票を固め、学会員らの投票行動の〝監視〟要員も配置する念の入れようだった。

安倍政権は二〇一五年末、佐喜真氏を支援する露骨な選挙対策を重ねた。一二月四日、菅官房長官がケネディ駐日米大使と首相官邸でわざわざ記者会見し、普天間飛行場の一部などを返還すると発表した。菅氏は「米国との交渉が実を結んだ。目に見える成果だ」と胸を張ったが、面積は東京ドーム一個半ほどの約七ha。沖縄の米軍専用基地面積の〇・〇三%にすぎなかった。即時返還でもなく、「一七年度中の返還を目指す」のただし書き付きだった。

二〇年前に合意済みだった一部返還を、米国の大使を携えて発表し直す虚飾に満ちた政治ショーだった。しまくとぅばの「たじらしけーさー」(料理を何度も温め直すこと)であり、「話くゎっちー」(話のごちそう)である。菅氏が主導したディズニーリゾート誘致は、タレントの松本人志に「偽のニンジン」と酷評されたが、なりふり構わぬてこ入れだった。「アメとムチ」に彩られた政権の選挙支援策は、「辺野古」を争点から隠して実績を軸に据えた佐喜真氏への支持獲得に一役買ったことは確かだろう。

安倍首相は佐喜真氏再選に「よかった」と述べ、強権的に進めている移設工事を加速させる姿勢だ。自民党内には「辺野古推進にお墨付きを得た」との言説が跋扈し始めた。

しかし、市のど真ん中にある危険な飛行場の一刻も早い閉鎖・返還を市民が願うのは当然のことだ。辺野古移設か普天間の固定化かと、二者択一を迫ることは無理がある。

有権者の揺れる思いの中で、大手広告代理店の影が透けて見える「宜野湾が一番」「フェンスを取っ払う」という佐喜真氏の主張は「辺野古」と無関係な受け入れやすいフレーズとして響いた。『琉球新報』が実施した出口調査では辺野古移設に反対が五六%を占めた。約一四〇〇の回答を得たが、回答を拒む有権者がそれを上回った。市民の側には、普天間の早期返還を切望する一方で、辺野古住民に痛みを押し付けることは真の解決ではないとの思いがあった。

志村氏落選が決まった後、翁長知事はこう言った。「県内であっちだ、こっちだと悩むのは沖縄の宿命だが、沖縄の責任ではない。政府の責任だ」。今回の選挙の本質を突いていよう。

翁長知事を先頭に選挙を連勝してきた「オール沖縄」勢力にとっては手痛い敗北となった。翁長知事と二人三脚で遊説した志村氏の主張を「辺野古ノー」一辺倒と受け止めた市民は多かったはずだ。市外の運動員が目立つ選挙戦は「外様部隊」の批判を浴び、組織力の差が歴然としていた。安倍政権と渡り合う上で、翁長知事の神通力に頼る戦略の再構築が迫られている。

2016.4

アリランの碑を訪ねて

「慰安婦」と出会った人たち

山城紀子

久しぶりに宮古島《みやこ》に建つ「アリランの碑」と「慰安婦」にされた女性たちを記憶し、平和を願う碑「女たちへ」を訪ねた。以前来た時は、供えたばかりだと思われる真っ赤な唐辛子の束が置かれていたが、その日は小粒の愛らしい唐辛子が六つ七つ連なっている飾り物が三本掛けられていた。碑のことを気にかけ、訪ねて来る人の気配を感じた。

碑の建っている土地を無償で提供している与那覇博敏《よなはひろとし》さん(82)にお会いした。小学校五年生の時に「慰安婦」にされた女性たちに会ったのだそうだ。女性たちは「坊や、坊や」と与那覇さんのことを呼んだという。「日本語は流暢だったよ。唐辛子ちょうだい、と言うのだけど、僕はクース(宮古の方言で唐辛子のこと)が唐辛子ということを知らなかった。友達から教えてもらったので熟した唐辛子を五、六本取ってきてあげたところとても喜ばれた」。女性たちと出会ったあの頃を鮮やかに覚えている。自宅のすぐそばに日本軍の宿舎として使われていた建物があり、そこに女性たちが移ってきた。少年の与那覇さんには兵隊のいる場所に女性たちのいる意味がまったくわからなかった。

女性たちは与那覇さんの家の前を通ってツガガー(宮古の方言で井戸のこと)で洗濯をするため行ったり来たりを繰り返していた。碑として置かれている岩のような大きな石は、女性たちが座って休んでいた石である。大人になって彼女たちが屈辱の思いでこの地にいたことを知った。一般兵の外出日となる土日になると兵隊たちが列をなして並んでいた姿も思い出され、二〇〇六年から慰安婦問題の調査でたびたび島を訪れていた研究者の洪玧伸《ホンユンシン》さんに女性たちを記憶するための場の提案をした。

今回碑に案内してくれた上里清美さん(60)は日本軍「慰安婦」問題を考える宮古の会代表。子どもの頃から母や祖母から「朝鮮ピー」と呼ばれる女性たちがいたことを聞かされていた。母・仲里キミさん(80)は女性たちに教えてもらった「アリランの歌」を覚えていて今も歌うことがある。

上里さんが会に関わるきっかけは、二〇〇七年三月の市議会で慰安婦問題が取り上げられ、紛糾しているとテレビニュースで知ったことだった。宮古島における「慰安婦」の実態を記録するために「慰安所マップ」の作成を求めた議員に対して、市長が「戦時中、自分の家の近くにも慰安所があった」などと述べ、前向きに取り組む考えを明らかにしたところ、反発する議員らから「慰安婦の定義の根拠と発言の撤回」を求められ、議会は空転していた。傍聴に駆けつけた上里さんは、二四時まで議会の行方を見守ったが、延会に。翌日の議会開会でマップ作成を提案した議員と市長が発言を撤回するという事態にショックを受けた。

「宮古島に慰安所のあったことは多くの人が知っているし、私も聞いている。それなのに慰安所や慰安婦のことがなかったことにされるの? とても腹立たしかったし、危機感を覚えた」と上里さんは当時を振り返った。

黙って見過ごすわけにはいかない。慰安婦問題に関心を向ける女性たちと共に上里さんは議会終了時から取り組みを始めた。「宮古島の日本軍「慰安婦」について証言を聞く会」を開催。その場で与那覇さんと上里さんの母親が証言した。尹貞玉《ユンジョンオク》さんと中原道子《なかはらみちこ》さん、高里鈴代《たかざとすずよ》さんを共同代表に「宮古島に日本軍「慰安婦」の祈念碑を建てる会」も結成され、運動の輪が広がり、〇八年九月七日、与那覇さんの提供した土地に二つの碑が建った。

「毎年九月七日に集まる。ふだんは草刈りに来ることぐらいの活動だけど、知らない間に花や唐辛子が置かれていますね。碑があることで「伝える」ということができる。慰安婦や慰安所の記憶を伝え続けていかねばと思うし、今後宮古島にあった一七カ所の慰安所跡に標識を建てることもやっていければと思う」と上里さんは声を強めた。昨年末に日韓両政府が「従軍慰安婦」問題の決着で合意した時に争点となった少女像の撤去問題にもふれ、「(歴史の事実を)なかったことにするという危険なものを感じる」と語った。

日韓政府の合意に元慰安婦の女性二人が来日し、謝罪がないことを批判し、あらためて公式謝罪と賠償を求めている。その記事を読んだ時、かつて取材した元慰安婦の女性たちの言葉が重なった。一九九六年来沖したチョン・ソウンさん(当時72歳)ら韓国とフィリピンの女性三人に当時関心を集めていた「アジア女性基金」について考えを聞いた時、「チャリティはお断り」「正式な日本政府からの謝罪と賠償を求めている」との返事が戻ってきた。

「合意」は慰安婦問題の解決には程遠い。沖縄は全域にのべ一四五カ所もの慰安所が作られたことがわかっている地。だからこそ、すさまじい戦時の性暴力があった事実と歴史を忘れることなく伝え続けねばならないとあらためて思う。

2016.6

人類館事件と豊見城市議会意見書

親川志奈子

「内地に近き異人種を聚め其風俗、器具、生活の模様等を実地に示さんとの趣向にて北海道アイヌ五名、台湾生蕃《せいばん》四名、琉球二名、朝鮮二名、支那三名、印度三名、瓜哇《ジャワ》一名、バルガリー一名、都合二十一名の男女が各其国の住所に摸したる一定の区画内に団欒しつゝ日常に起居動作を見すにあり」、一九〇三(明治三六)年に大阪市で開催された内国勧業博覧会の場外パビリオン「学術人類館」についての記述である(『風俗画報』二五九号、一九〇三年)。

異人種を展示・観察するという帝国主義的視点は問題視され、瞬く間に「人類館事件」へと発展する。展示された地域の人々が非難の声を上げ、沖縄からも事件に対する抗議の声が上がり琉球人の展示が取り下げられた。ここだけを聞けば、日本人による人種差別に抗ったハッピーエンドのお話だと思うかもしれない、しかし現実はそうではない。

人類館のニュースを聞いた沖縄の言論人、太田朝敷《おおたちょうふ》が地元紙に掲載した抗議文は次のようなものであった。

「陳列されたる二人の本県婦人は正しく辻遊廓の娼鮎にして、当初本人又は家族への交渉は大阪に行ては別に六ヶ敷事もさせず、勿論顔晒す様なことなく、只品物を売り又は客に茶を出す位ひの事なり云々と、種々甘言を以て誘ひ出したるのみか、斯の婦人を指して琉球の貴婦人と云ふに至りては如何に善意を以て解釈するも、学術の美名を藉りて以て、利を貪らんとするの所為と云ふの外なきなり。我輩は日本帝国に斯る冷酷なる貪欲の国民あるを恥つるなり。彼等が他府県に於ける異様な風俗を展陳せずして、特に台湾の生蕃、北海のアイヌ等と共に本県人を撰みたるは、是れ我を生蕃アイヌ視したるものなり。我に対するの侮辱、豈これより大なるものあらんや」(『琉球新報』一九〇三年四月一一日)。

つまり「展示されたのはお茶汲みのような仕事だとだまされて日本に連れていかれた遊女であり、琉球の貴婦人ではなく、ましてや私たち沖縄県民を台湾の原住民や北海道のアイヌと一緒に扱うとは何事か」という内容だったのだ。

差別を内在化することの悲しさと恐ろしさを思う。それは差別に反差別で抗うことがいかに困難であるかの証拠でもある。差別の根が深い場合はなおさらだ。被差別者はさらなる弱者を探し出し、自らを差別している人々の側に立ち、共に石を投げる。差別者に同化することで、自らが差別されているという事実からの逃避を試みるのだ。しかしながら、その努力は決して実らない、そのことを証明する事件が起きた。

　人類館事件から一一二年後の二〇一五年一二月二二日、沖縄県豊見城《とみぐすく》市の市議会は「国連各委員会の「沖縄県民は日本の先住民族」という認識を改め、勧告の撤回を求める意見書」を可決した。そこには「私たち沖縄県民は米軍統治下の時代でも常に日本人としての自覚を維持しており、祖国復帰を強く願い続け、一九七二(昭和四七)年五月一五日祖国復帰を果たした。そしてその後も他府県の国民と全く同じく日本人としての平和と幸福を享受し続けている。それにもかかわらず、先住民の権利を主張すると、全国から沖縄県民は日本人ではないマイノリティーとみなされることになり、逆に差別を呼びこむことになる。私たちは沖縄戦において祖国日本・郷土沖縄を命がけで日本人として守り抜いた先人の思いを決して忘れてはならない。沖縄県民は日本人であり、決して先住民族ではない」とあった。

　ハンマーで殴られたような痛みを覚えた。一〇〇年の月日が流れても、私たちが人類館事件の頃と同じメンタリティでいることに動揺を隠せなかった。逆説的に、豊見城市議会は、日本人による琉球人差別が一〇〇年後まで脈々と受け継がれ維持されてきた事実を明らかにしたのだ。「沖縄県民は日本人であり決して先住民族ではない」と叫ばなければマイノリティと見なされ、差別されると考える被差別者の恐怖心。差別との闘いを放棄し、差別などないと思い込むため彼らは「(沖縄県民は)他府県の国民と同じく日本人としての平和と幸福を享受し続けている」「私たちは沖縄戦において祖国日本・郷土沖縄を命がけで日本人として守り抜いた先人の思いを決して忘れてはならない」と、痛々しいまでの言葉で日本への忠誠心を誓ってみせた。

　一体、私たちは人類館事件から何を学んだのか。生身の人間を展示する行為ではなく「我を生蕃アイヌ視したるもの」への憤りをみせた琉球人、植民地主義の哀れを乗り越えるべく先住民族として名乗りを上げ、闘う人々を見下すような意見書を可決した琉球人。「歴史を学ばない者は歴史を繰り返す」という言葉があるが、私たちは悔い改めるべき歴史を繰り返してしまった。差別を前に、方法論の違ういくつものアクションが取られている。私たちは琉球人同士の対話をスタートさせなければならない。差別の主体である日本人は、どのようなアクションを起こすだろうか。

2016.7

「沖縄の怒り」でいいのか　第二の容疑者の責任問え

松元　剛

心の中にどす黒いよどんだ液を注がれたような重いしこりが支配している。悔い、悲しみ、切なさが覆い、鋭く沸く怒りをどこにぶつければいいのか、分からない。多くのウチナーンチュがやりきれない思いを抱いている。

沖縄に米軍基地が集中するがゆえの悲劇がまた起きた。だが、「全基地撤去要求」が広がるほど渦巻く憤りは「沖縄の怒り」と報じられ、「国民の怒り」にはなっていない。本土から遠い南の島は基地を抱える宿命から逃れられないという見立てが支配しているのだろう。容疑者が兵士でなく、軍属であることも作用しているようだが、沖縄社会にとっては何の影響もない。在沖海兵隊勤務経験があり、表彰されるほど優秀な元軍人の犯行だった事実は動かない。

四月末の夜に行方不明になっていた沖縄本島中部に住む二〇歳の女性が五月一九日、変わり果てた姿で見つかった。嘉手納《かでな》基地内に勤める米軍属の元海兵隊員の容疑者(32)が逮捕され、女性を襲い、乱暴して殺したと供述した。

米軍当局から依頼された弁護士の助言を受け、黙秘に転じる前の容疑者が供述した内容は卑劣の極みだ。犯行当日、二〜三時間も乱暴する女性を車で探し回り、ウォーキングしていた被害者の背後から棒で殴って襲い、草むらでレイプした。その上で、ナイフで骨に達するほど刺して殺害し、スーツケースに詰めて運んだ遺体を捨てた、という。

三月には那覇《なは》市内のホテルで宿泊していた米兵が、宿泊客の女性に牙をむく事件が起きたばかりだ。沖縄では民間地域であっても安全な場所はない。どうやって女性は身を守ればいいのか。米軍基地が広がる本島中部の小、中、高校では、下校時に女児と女生徒を迎える親が増えている。

「遺影を見て下さい。彼女の笑顔を忘れないで下さい」。二一日の告別式。最愛の一人娘を奪われた父親はむせび泣きながら、参列者に語り掛けた。母親は娘の遺体が見つかった後、魂を戻す沖縄の風習「魂込め《まぶいぐみ》」にならい、さまよう娘の魂を探そうと、遺体発見現場などを巡って手を合わせ、行く先々で泣き崩れた。

被害者の告別式が終わった頃、遺体発見現場に出向いた。

花束を買った花屋の女性店主が「現場に行かれるのですか」と尋ねてきた。うなずくと、「残念ですね。私の思いも届けて下さい」と倍の花を包んでくれた。店主は「米軍基地の存在はしかたないと思ってきたが、基地があるから犠牲者が出る。私の考えを改めないといけないですね」と話すうちに涙声になっていった。

亜熱帯の樹種が茂る雑木林内の現場には、数え切れない花束が手向けられ、喪服姿の同級生グループが声を上げて泣いていた。化粧品の専門資格取得の夢を追い、恋人との結婚を控えた幸せな日々を一夜にして奪われた被害者の無念さ、両親の悲しみを思うと猛烈な怒りが沸いた。

米軍統治下で起きた、幼女殺害を含む数多くの女性暴行事件、九五年の少女乱暴事件、そして今回の事件は、軍隊組織で培われた暴力が女性の尊厳を容赦なく蹂躙する構図で共通する。泣き寝入りした被害者を含め、基地あるがゆえに奪われ、傷つけられた命は無数にある。七二年の沖縄返還以来、米兵らによる強姦事件は二〇一五年までに一二九件も起きた。逮捕者が一四七人に上る事実は、十数件は集団強姦だったことを示す。年平均三人の女性が米兵らによるレイプ被害に遭う地域が他の日本のどこにあるのか。

被爆地・ヒロシマを訪れるオバマ米大統領が二五日夜、来日し、安倍晋三首相との日米首脳会談が前倒しされた。二日前に安倍首相と会談した翁長雄志沖縄県知事が「県民の命を守るため、オバマ米大統領に直接話したい」と求めていた。聞き置くだけの日本政府への抗議では県民の命は守れないと、沸点を超えた不信感をぶつけていた。会談前倒しは火消しを図る「迅速対応」を演出したものだ。

会談の成果はゼロに近い。若い女性の命を守れなかった為政者は、在沖米軍の基地、兵員の削減は求めず、米軍特権を温存する日米地位協定を改める要求を封印した。首相は「厳重に抗議」して見せ、お決まりの「実効性ある再発防止策」を求めたが、具体策は何一つない。大統領は哀悼の意を表してお茶を濁しただけだ。

二日後に迫ったオバマ氏の広島訪問への同行時の雑音を封じ、参院選での支持獲得につなげる——。首相は自らの「政権益」の「最大化」を「最優先」したにすぎない。翁長知事が「大変、残念だ」と評したように、沖縄県民はそれを鋭く見抜いている。

過重負担の是正、辺野古新基地断念を求める沖縄の民意には、民主主義的正当性がある。それを無視し、実効性を欠く「負担軽減」「再発防止」「綱紀粛正」の空虚な文言を繰り返すだけの無策の果てに、新たな犠牲者を生み出した日米両政府は紛れもなく第二の容疑者だ。重い責任は不問に付されようとしている。

「処分」され続ける沖縄

親川志奈子

身体の二割がガンに侵されている。医者は言った、「一番深刻な肝臓のガンを摘出しましょう、代わりのガン細胞を喉に移植します」と。私は耳を疑った。「ガン細胞を移植?」。医者は続けた「脳腫瘍も対処しなくては。半分を摘出し、残った部分に新しいガン細胞を移植しましょう」。私は思わず声を荒げ「摘出するだけじゃダメなんですか?なぜ私の身体に新しいガンを?」と詰め寄ったが、医者は無表情で「これで負担は軽減されますよ」と返すばかりだった。この奇妙な物語のモチーフは、もちろん「県内移設」だ。私たちの「基地撤去」という人権回復のストーリーが、いつの間にか「新基地建設」という軍事強化のストーリーへと回収されていく。県内移設では負担軽減や問題解決には繋がらない、それを私たち沖縄の人間は、この二〇年の間にすったもんだしながら、根拠を積み上げながら、意識調査や選挙で繰り返し示してきたはずだった。

参院選では県内移設反対の伊波洋一《いはよういち》が、現職であり自民党沖縄県連会長、沖縄担当大臣である島尻安伊子《しまじりあいこ》に一〇万票以上の大差を付け勝利した。それにより衆参計六議席をオール沖縄が独占する形となった。つまり沖縄は、二〇一三年に石破茂に並べられ、県外移設の公約を撤回し、辺野古容認に寝返った自民党議員を全員落選させたのだ。さて、快挙を成し遂げた私たちが見たものとは一体何だったのか。

それは目を疑う光景だった。参院選から一夜明けた七月一一日早朝、沖縄防衛局は高江《たかえ》のヘリパッド建設工事のための機材搬入を開始し、反対する市民の強制排除を始めた。市民一三人に対し沖縄県警機動隊一〇〇人以上が派遣され、さらに沖縄県外の五〇〇人の機動隊が投入された。

それはまるで一八七九年の「琉球処分」の再現だった。独立国であった琉球国が「処分」という名で日本に併合される際、処分官であった松田道之《まつだみちゆき》が随員、軍隊、警察六〇〇人を従え武力的威嚇した史実。歴史は繰り返されている、私たちはいまだに「処分」され続けている。

米軍属女性暴行殺人事件を機に、防衛省が沖縄に派遣した七〇名の職員もまた、基地建設の抗議行動の警備要員に充てられている。米軍関係者の起こす犯罪から私たちを守るはずが、文書には「妨害活動への対応（警備関係）」とあった、監視されるのは「私たち」だったのだ。彼らのパトロールが始まってからも、米軍関係者による飲酒運転や事故が起こり続けている。

高江をぐるりと取り囲むように配置されるヘリパッドのうち、すでに二つが完成され、運用されている。沖縄防衛局の測定データによると、一六年六月だけで夜間の騒音回数は三八三回に上り、その数は一四年度の月平均の二四倍だ。『琉球新報』が東村全小中学校を対象にした調査では「学校で飛行機やヘリコプターの音が気になったことがあるか」との質問には七七％が「ある」と回答、「オスプレイの音で怖いと思ったり、嫌な気持になったことがあるか」には三八％が「ある」と回答している。騒音の影響で睡眠不足となった児童らが小学校を欠席する例も出るなど、健康被害や学習環境の悪化についても報告されている。

また、『沖縄タイムス』が報じているように、米海兵隊がまとめた報告書には「米軍北部訓練場の使用不可能な土地を返還する代わりに利用可能な訓練場を新たに開発し米軍に提供される」「普天間代替施設建設が進行しているキャンプ・シュワブなど北部は目覚ましい変化を遂げる」と明記されていたことがわかった。老朽化した施設をより運用しやすい場所にまとめ、最新鋭の基地施設が日本のお金でまかなえる、米軍にとっては「理想の基地」が完成する。すでに米司令官は、上院軍事委員会で「高江ヘリパッド工事は年内に終了する」との見通しを伝えているのだ。

菅義偉官房長官はいつも通りのトーンで「ヘリパッド建設で北部訓練場の過半返還が実現すれば沖縄の米軍基地の面積約二割が減少する。基地負担軽減にも大きく資する」とコメントした。いくつもの証拠を前にしてもなお正当化を押し通す政府、政府発表を鵜呑みにする報道、そして日本人の多くはこの経緯に目を向けることもなく、自らの血税を投入してその遂行を承認している。とても自然に、無意識に、「知らなかった」という言葉を並べる必要もないままに。

そして追い討ちをかけるように国は、辺野古移設に関し沖縄県を提訴した。県側は「まず問題の根本解決を」と協議を求めていたが、この四カ月半の協議開催時間の合計は、わずか四五分だ。国はなりふり構わず辺野古陸上部の工事再開も予定している。四四年前の「復帰」で、基地からの脱却と平和憲法を求めた私たち、しかし私たちに与えられたものがあったのか。改憲に向けた動きや国の沖縄に対する態度を目の当たりにし、沖縄が日本である意味はどこにあるのかと考えている。

2016.10

やんばるの要塞化と「負担軽減」の虚飾

松元　剛

パズルは、バラバラのピースを組み合わせていくうちに、実像が浮かび上がる。安倍政権が呪文のように繰り返す「沖縄の基地負担軽減」というパズルは、ピースが埋まるほど、全く逆の「軍事機能強化」の像を結んでいる。今、沖縄本島北部の「やんばる」で起きていることは「負担増」という言葉だけでも言い表せない。沖縄の「軍事要塞化」を遂げるためのむき出しの権力が行使されている。

思想・信条の自由に基づいた市民による新たな基地建設に抗う行動を、屈強な機動隊員が抑え込む。そんな現場は日本全国で、東村高江と名護市辺野古以外にあるまい。そして、警備が苛烈さを増した八月下旬以降、市民の側にけが人が相次いでいる。人口約一五〇人の高江集落を取り囲むように配された、北部訓練場内のヘリ着陸帯の建設現場に投入されている機動隊員のうち、約五〇〇人は警視庁などからの応援部隊だ。名護市辺野古への応援部隊投入は約一〇〇人だったが、その五倍に上る機動隊員が数十人規模の市民を連日取り囲む。力ずくで排除される人たちの中には、七〇～八〇代の高齢者が少なからずいる。

五〇〇という数は、二〇一四年に実施された北九州市の指定暴力団・工藤会の壊滅作戦の際、戒厳令を敷いたかのように投じられた機動隊員数と同じ規模だ。強権極まる高江の警備に対し、政権内からも疑問視する声がある。

長く沖縄の基地問題に関わってきた防衛省関係者は、自嘲気味に話した。「安倍政権を支える菅義偉官房長官は不都合な事実に目を背け、沖縄の基地問題では引くことができない。頑迷さ、硬直さが際立つ。銃を持っているかもしれない暴力団と対峙するのと同じ規模で、一般市民を組み敷く機動隊を投入するのは尋常ではない。これが本土なら到底あり得ない。沖縄の反発を強めることにしかならない」

沖縄は基地を抱え続ける宿命から逃れられないと見下す安倍政権の体質と背中合わせだが、新基地に対する頑強な抵抗がやまない状況への焦りも反映していよう。

この国の民主主義の成熟度が問われる、市民と警察のせめぎ合いを歴史に刻むことは報道機関の責務だが、問答無用の警備は、取材中の記者の排除、拘束に行き着いた。

八月二〇日午前、機動隊は資材を搬入する工事車両を止めようと座り込んだ市民約五〇人の排除を始めた。現場を撮影していた『琉球新報』の記者は機動隊員に羽交い締めにされ、体を押された。弁護士が「新報の記者だ」と怒鳴り、いったんは解放された。ほどなくして、今度は両腕をつかまれて背中を押され、四〇ｍも移動させられ、機動隊のバスと隊員の人垣の間に押し込められた。一五分間の不当な拘束により、市民が排除される現場取材が途絶えた。『沖縄タイムス』の記者も排除、拘束された。

『琉球新報』の腕章を示し、腕をつかむ機動隊員に「記者だ」と大声で抗い続けたが、記者は解放されなかった。明確な意図に基づく取材妨害であったことは間違いない。標的になった記者は報道の自由の侵害と捉え、すぐに編集局幹部に報告した。『琉球新報』は翌二一日付一面で報じ、「現場には県民に伝えるべきことがあった。警察の妨害によってその手段が奪われた。報道の自由を侵害するもので、強く抗議する」とする普久原均《ふくはらひとし》編集局長のコメントを掲載した。社会面では緊迫した現場の状況を見開きで詳報した。

二日後の二二日には、気温三五度近い炎天下、機動隊に排除された約九〇人が一時間半も閉じ込められた。人垣の外に出さず、飲み物の補給も許さず、トイレにも行かせない。熱中症寸前になり、体調不良を訴える人も出た。市民の命にかかわる弾圧に等しい警備がやむ気配はない。

この日、基地機能強化そのものの米軍直轄工事が始まったが、本土ではほとんど報じられなかった。米軍伊江島《いえじま》補助飛行場内にある着陸帯の改修である。ヘリ空母とも称される強襲揚陸艦の甲板を模した「ＬＨＤデッキ」と呼ばれるもので、面積は約二倍の約一一万㎡、正方形の一辺も八〇〇ｍ超と倍以上に拡張される。この着陸帯では、海兵隊の危険機種である垂直離着陸輸送機ＭＶ22オスプレイや最新鋭のステルス戦闘機Ｆ35の訓練が計画されている。不快な低周波を発するオスプレイと、騒音値が大きいとされるＦ35が、米軍機の飛来が大幅に減っていた伊江島でそろい踏みすれば、静かな生活環境を脅かすことが避けられない。米軍直轄工事だけに、伊江村民にまともな情報はもたらされず、不安は募るばかりだ。

辺野古新基地、高江着陸帯、そして伊江島。民意を無視し、「改修」と「移設」を名目とした軍事要塞化が進む。在沖海兵隊の実戦部隊の大半がグアムに移転するにもかかわらず、輸送と訓練に用いる新基地が築かれ、機能が格段に強化される壮大な無駄と、「負担軽減」の虚飾にこそ、光を当てねばならない。

世界のウチナーンチュが見た辺野古・高江

親川志奈子

琉球処分から二〇年後、二六人のハワイ移民団を乗せた船が那覇を出港したのが沖縄移民の始まりだと言われている。沖縄からの移民は一九〇五年には日本全体の移民総数の一〇%を占め、二五年には住民一万人当たりの出移民数統計全国第一位となった。その頃の県歳入総額における移民送金額は実に六五%を超えており、沖縄の経済は海外移民によって支えられた。また、戦後は焦土と化した沖縄に届けられた世界のウチナーンチュからの救援物資が戦後復興を支えた。移民政策は米軍統治下の琉球政府においても維持され(米軍基地として土地を取られたということも関係した)、「復帰」の翌年一九七三年まで続けられた。

現在、世界各国に県系人とその子孫四〇万人が居住していると推定される。九〇年には、世界に広がるウチナーンチュネットワークの構築を目的に「第一回世界のウチナーンチュ大会」が開催され、五年に一度の大会も今年で六回目を数えることとなった。

私も過去の大会で、ペルーから来た親戚に初めて会う機会を得た。私と同じラストネームを持つ、私にそっくりの顔をした、しかし言葉の通じない県系三世の彼女と片言のスペイン語と片言のウチナーグチでなんとか対話し、彼女が地球の反対側でウチナーンチュとして誇りを持って生きていることを知った。ウチナーグチを学び、エイサーを踊り、ウヤファーフジ(祖先)を敬い、遠く離れたペルーの地でルーツのある沖縄への「ウムイ(想い)」を強く持ちながら生きている彼女、対して沖縄生まれ沖縄育ちでありながら日本人としての教育を受け沖縄の歴史や言語・文化をほとんど知らないまま大人になった私。私たちの持つ沖縄へのウムイの温度差から多くを学んだ。

同じような経験をした若者たちが二〇一二年「世界若者ウチナーンチュ大会」を立ち上げたのは、ものすごくうれしいニュースだった。世界に飛び立った先人たちのウムイを引き継ぐべく若いウチナーンチュが集まり、沖縄や移民先の歴史を学んだり交流を通して未来のウチナーンチュについて語り合う「若者の祭典」はこれまでにブラジル、米、独、フィリピンで開催されてきたが、五回目の今年は、第六回大会と合わせて沖縄で開催され、大きな注目を集めた。

私も二つの大会の多くの催しに参加したが、中でも興味深かったのは、若者大会に出席するため来沖した若いウチナーンチュたちと辺野古・高江を訪問したことだ。那覇を出発したバスは、米、カナダ、ペルー、ブラジル、台湾、豪、アルゼンチンからの参加者たちを乗せて北上した。道中は英語、スペイン語、ポルトガル語、そしてウチナーグチで話し、誰かが三線《さんしん》を弾けば皆で歌った。彼らにとって沖縄とはどういう存在なのか、海外でウチナーンチュとして生きるとはどういうことか、じっくり話すことができた。

私はレクチャーをお願いされていたので、一二年に参加した国連のEMRIP(先住民族の権利に関する専門家機構)でのスピーチを配り、私たちはウチナーンチュであること、私たちには日本人に同化することなくウチナーンチュとして生きる権利があることだということについて話した。

自らの言語や歴史を学ぶ権利があること、自らの土地をどうするかを決めるのは私たちなのだということを「ことさら」強調して話さないといけない私の姿を見て、世界のウチナーンチュは「そんなのあたりまえでしょう」というような大変不思議そうな顔をしていたが、現在の沖縄の状況を知るにつれフツフツと湧き上がる「ウムイ」があったようで、たくさんのフィードバックをもらうことができた。

参加者は高江で座り込みをする住民から大阪からの機動隊員がウチナーンチュに向かって「土人」と発言した事件について聞き、啞然としていた。「ペルーでは沖縄のニュースはほとんどやらないので、こんなことになっているとはまったく知らなかった」「一〇〇年前に移民先で一世が日本人から受けた差別が、そのまま現在も繰り返されているというのはショックだ」「ネイティブアメリカンがパイプラインの建設で迫害されているのとまったく同じだ」「オーストラリアでも先住民族の土地で米軍基地建設の話が持ち上がり話題になっている」。参加者は次々と感想を述べ、ブラジルからの参加者は「日本人との同化を余儀なくされているウチナーンチュが、ウチナーンチュとして自己決定権を行使するために立ち上がろうとしているということがよくわかった、世界のウチナーンチュネットワークを活かして一緒に発言していこう」と呼びかけてくれた。

私たちが私たちとして生きるのは「あたりまえのこと」なのだと、世界のウチナーンチュが教えてくれた。私たちは祖先の残した言語と文化を継承し、日本の安全保障の道具として利用され抑圧されることなく「あたりまえ」に生きていきたい、それがウチナーンチュとして生きるということではないだろうか。

2017年

好調の県内経済
相次ぐ米軍事故，
止まらぬ新基地建設

1月　米トランプ政権発足
4月　辺野古新基地建設で護岸工事着手
10月　第48回衆院選で自民大勝，民進は分裂.「オール沖縄」3勝，自民1勝
〃　上半期の入域観光客数が過去最高の504万6100人，8月は単月で初の100万人突破
12月　7日に宜野湾市の保育園に米軍機の部品，12日に普天間第二小学校運動場に米軍ヘリの窓が落下

観光客や県外へ旅行した県民のＵターンラッシュ，混雑した空港ロビー(5月6日，那覇空港，琉球新報)

2017.1

「土人」発言の本質

構造的差別の地下水脈

松元　剛

バブル経済まっただ中の一九八〇年代後半の大学生活を東京都狛江市にある沖縄県人学生寮「南灯寮」で過ごした。沖縄特有のヨコ社会で上下関係が緩く、先輩にも自由に意見を言える居心地のいい寮で暮らしながら、「沖縄人」であることを突き付けられる出来事がいくつかあった。

寮生仲間と繰り出した池袋の居酒屋で沖縄のしまくとぅばを交えて語り合っていると、カウンターの並びにいた男性が「沖縄出身でしょ。言葉でわかるよ」と声をかけてきた。受け取った名刺を見ると、中小企業の社長だった。紳士的な語り口で沖縄の海や観光名所の話をしているうちに酔いが回った男性が、声のトーンを上げてこう言った。

「君たち、沖縄の人間であることを卑下するなよ。はじめから劣っているわけじゃないんだ。勉強して力を付けて、本土の人を見返せよ」。ヤマトンチュから繰り出された思いもよらぬ「卑下」という言葉に驚いた。「何でですか。沖縄出身に誇りはあっても、卑下する気持はないですよ。ウチナーンチュは一つ下の人間と言うことですか」と返したが、さらに酔った男性は「卑下するな」を連発した。「焼酎のボトルをあげる」と言われたが、断った。

国家公務員一種試験を突破して官僚になることを目指す大学生でつくるサークルから「沖縄を知りたい」と招かれ、寮の先輩らと参加する機会があった。彼らは沖縄振興をテーマに、官僚になったらできることを研究していた。沖縄経済の統計資料を集め、具体的な沖縄振興策を立案して競う「政策コンペ」を催すと言っていた。

会が始まると、あけすけな物言いに面食らった。「全国二倍の高い失業率は永遠に改善できない。基地をうまく利用して政府から予算を引き出せばいい」「沖縄は嫌がらずに米軍基地を受け入れるべきだ。保革対立の政治風土の中で、主義主張が割れているからいけない。もっとお利口さんにならないと」「県民の自立意識が弱すぎる」

おとなしそうな女子学生がしきりにうなずいていた。リーダー格の学生は「成績優秀で日銀に入行した者は初任地が那覇《なは》支店になる。俺も日銀に入れたら、経済政策の実験場の沖縄で眼力を養いたい」と、したり顔で話していた。「上から目線」そのもので沖縄論を振りかざす。直接的な表現は避けていても、沖縄を見下す響きがあった。反論する私たちとの議論はまったく噛み合わなかった。「沖縄はだからだめなんだ」と吹き込み、自覚を促してあげよう——という場だったのだろう。彼らの何人かは官僚になった。

一〇月一八日、東村高江《ひがしそんたかえ》の米軍北部訓練場のヘリ着陸帯の建設工事を止めようと体を張っている芥川賞作家の目取《めどる》真俊《ましゅん》さんらに対し、大阪府警の機動隊員が「どこつかんどんじゃ、ぼけ、土人が」と言い放った。

この差別発言が報じられた際、私を含め、沖縄に向けられた差別や侮蔑を実体験した人の多くが、苦い記憶を呼び起こされただろう。

米軍普天間《ふてんま》飛行場の代替新基地の建設問題が全国ニュースになるようになって、本土の大学に通う沖縄出身の学生が訪ねてくることがある。沖縄の基地過重負担についてゼミなどで論理立てて発表しても、理解が得られないというのだ。友人の娘の女子学生は「沖縄のためにも日本のためにも、沖縄には米軍基地が必要だ」「基地があるから潤っていると譲らない。どう話せばわかってもらえるのか」と声を詰まらせた。

彼女に近い学生が吐く言葉は、バブルの時代に、「上から目線」で沖縄論をぶった彼らが言っていたこととほぼ同じだ。違いがあるとすれば、若い世代の中に、沖縄を蔑むネット言論に引きずられる見方が増殖し、沖縄の不条理から目を背けさせていることかもしれない。「土人」と口走った機動隊員も二〇代だった。勤務外の時間に同僚らと県民を蔑む言動を重ねていない限り、この差別的言辞が口をついて出ることはあるまい。

「土人」発言を受け、松井一郎大阪府知事はツイッターに「命令に従い職務を遂行していたのがわかった。ご苦労様」と書き込んだ。鶴保庸介沖縄担当相は「差別と断じることはできない」と言い張り、結局、安倍政権は鶴保発言の延長線で「差別とは断じられない」とする答弁書を閣議決定した。「土人」発言を差別でないとする政権が、ヘイトスピーチ規制法が目指す差別解消などできるはずがない。

圧倒的な力を持つ権力の側が市民を組み敷くために派遣した機動隊員が公務中に吐いた暴言をたしなめようとしない鶴保氏や松井氏の認識は、言葉に宿る差別意識を意図的にぼかし、結果的に沖縄県民への偏見を助長している。

沖縄人の尊厳を否定する構造的差別の地下水脈、活断層は動いている。土人発言とその後も続く騒動は、鋭利な物で傷口を突かれるような痛みを沖縄社会に与えている。

オスプレイ墜落事故にある既視感

山城紀子

一九五九年六月三〇日、米軍のジェット戦闘機が石川市(現うるま市)の宮森小学校周辺に墜落炎上した。その時間、宮森小学校ではミルク給食の時間で、児童たちの席にはすでにミルクが注がれ、口に運ぼうとしていた時だったという。事故は児童一一人を含む一七人の死者と負傷者二〇〇人以上を出す大惨事になった。およそ五〇年を経て、同事故は沖縄社会で再び大きな関心を集める。「忘れたい　忘れてほしくない　忘れてはいけない」と遺族や当時の同校教師・児童、市民らが声を挙げたのである。二〇一〇年三月にはNPO法人「石川・宮森630会」を設立。ジェット機事故の真相を語り継ぎ平和と命の尊さを訴える活動を続けている。市民グループ「ハーフセンチュリー宮森」も立ち上がった。当時の関係者にインタビューを重ねて制作した演劇『フクギの雫』を県内外で公演。証言集『沖縄の空の下で』(石川・宮森630会編)も発行された。ハーフセンチュリー制作の絵本『六月の空』が発行されると、県内各地の小中学校で読み聞かせや朗読会が開かれた。二〇一三年には本土の映画人と手を携えて、沖縄復帰四〇年記念作品として映画『ひまわり―沖縄は忘れない、あの日の空を』も公開されている。

五〇年以上も前の出来事にこれだけの関心が向けられたことは大きな意味がある。当事者のトラウマがいかに深いものであったかは言うまでもないが、基地があるための事件・事故の多発。さらに原因の隠蔽。沖縄の地で起きたにもかかわらず、米軍関係の事故・事件になると現場に県民を立ち入らせず、住民や報道陣を排除するなど占領下さながらの状況が続いていることへの反感と苛立ちである。

墜落三日後の五九年七月三日、『沖縄タイムス』は墜落機を操縦していたパイロット、シュミット大尉の空軍発表の談話を写真入りで掲載している。「最善を尽くしたにもかかわらず不幸が起きた。不可抗力のものであった」と述べている。米軍当局も「機が爆発し、発火してのちもシュミット大尉は機を住民のいない方向に向けようとあらゆる努力をしたことを知っている」とパイロットを称賛した。

一六年一二月一三日、米軍普天間飛行場所属のMV22オスプレイが名護《なご》市安部《あぶ》の海岸に墜落した。翌一四日、安慶田光男《だみつお》副知事が在沖米軍トップのローレンス・ニコルソン四軍調整官に抗議をしたのだが、「住民や県民に被害を与えなかったことは感謝されるべきだ」と不快感を示したのだという。沖縄の新聞・テレビは県の抗議に反論する四軍調整官の様子を詳しく報じた。同じ一四日の記者会見でも同調整官が真っ先に語ったのは、「彼の行動は沖縄を守った」というパイロットへの称賛であったことを伝えている。

宮森のジェット機墜落では、事故から四〇年後の九九年六月に、琉球朝日放送が米軍から入手した資料で米軍機の整備不良が墜落の原因であることがわかった。それまで事故原因とされていた「エンジン故障による不可抗力の事故」ではなかったのである。

米軍の事故調査委員会はエンジンの整備不良の他、機体の問題が解決されていない状態で飛行させた整備管理者の判断、離陸時のパイロットの技術責任、飛行前の点検を怠った整備担当者の責任など詳細に分析をしていた。米軍のミスという真相が長期にわたって隠され続けていたことに啞然とする。しかし、米軍による事件・事故の真相は知る手立てがないという実態は、宮森の「事件」から五七年を経た今も何も変わっていない。

今回の墜落でも、米兵が規制の黄色いテープをさっそく張り巡らせた。〇四年八月、宜野湾《ぎのわん》市の沖縄国際大学に米軍ヘリが墜落した時、宜野湾市の市長や大学の関係者なども事故現場に近寄れなかった異常さと重なる。事故現場である名護市の稲嶺進《いなみねすすむ》市長は一四日、朝、昼と現場を訪ねているが、規制線で県警に「許可は取っているか」と制止された。市長は記者団に対して「市長は市民の安全を守る義務がある。地元の人たちも私も含めて現場に近寄れない。こんな不合理な世界があるのか」と語っている。

「空飛ぶ恥」「未亡人製造機」などと揶揄されるオスプレイである。一二年一〇月、普天間飛行場に強制配備される以前から欠陥機であることは広く知られていた。だからこそ同年九月九日に開催された「オスプレイ配備に反対する県民大会」には、炎天下、一〇万人以上が駆けつけた。今回の墜落では奇跡的に人命の被害こそなかったが、県民の懸念は現実になった。「やっぱり墜ちた」のである。しかも、同じ日に別のオスプレイも普天間飛行場で胴体着陸する事故を起こしていたこともわかっている。

墜落からわずか六日目の一九日、オスプレイの飛行が再開された。日本政府は「合理性が認められる」と飛行再開を容認する。そういう政府の態度こそまったく容認できない。

2017.3

「沖縄ヘイト」をどう受け止めるのか

親川志奈子

二〇一三年、建白書を安倍政権に提出した沖縄代表団が東京でデモ行進をした際、沿道から「売国奴」「生ゴミはゴミ箱に帰れ」「日本から出ていけ」という罵声が浴びせられた出来事は記憶に新しい。

「私たちは立派なニッポンジンだ」と自らに言い聞かせ、日の丸を振って復帰を迎えたウチナーンチュ、そして在日コリアンに対する凄まじいヘイトスピーチを「他人事」あるいは「対岸の火事」として捉えていたウチナーンチュにとって、それは信じ難い「事件」だったに違いない。一度はオスプレイ配備反対で「オール沖縄」という保革を超えたウチナーの民意形成がなされたものの、ウチナー保守陣営は沖縄差別に抗う道に背を向け、「ニッポンジンに同化する」ことで差別の火の粉を振り払うコラボレーター戦法を取ることにしたのか、「チーム沖縄」の道を歩んでいる。

彼らは中国脅威論に同調し、一五年には「国境の島」与《よ》那国《なぐに》島への自衛隊配備を問う住民投票で賛成過半数を勝ち取り、翌年には陸自が配備された。一六年には中山義隆《なかやまよしたか》石垣《いしがき》市長が自衛隊配備受け入れを表明、一月の宮古《みやこ》島市長選挙では、自衛隊配備容認を表明する下地《しもじ》敏彦《としひこ》氏が再選を果たした。国連から日本政府に出された「琉球・沖縄の人々を先住民族と認めその人権を保護するように」という勧告に対し、豊見城《とみぐすく》市と石垣市の市議会が「私たちには先住民族としての自己認識はなく常に日本人としての自覚を維持している」「日本人としての平和と幸福を享受し続けている」とし、勧告撤回を求める意見書を通した。しかし、彼らがどんなに植民地エリートとして日本政府に迎合したところで、沖縄差別は消えるどころか悪化の一途をたどっている。うるま市で起きた元海兵隊員による強姦殺人事件発生の一報を受け日本政府・与党から上がった「(伊勢志摩サミット前であり)最悪のタイミングだ」という発言や、大阪府警の機動隊員が高江でウチナーンチュ活動家を「土人」と呼んだ事件(政府は「(土人発言は)差別と断定できない」と閣議決定した)、辺野古《へのこ》違法確認訴訟では県側の弁論の場が与えられないまま敗訴となり、安倍総理が「安全性は十分に確認されている」（一三年衆議院予算委員会）との認識を示したオスプレイが墜落・大破し、在沖米軍トップのニコルソン四軍調整官の記者会見で、実は同日もう一機が胴体着陸していたことが明らかになるも日本政府は六日後にはオスプレイの飛行再開を容認。そして抗議の声が冷めやらぬ中（翁長雄志《おながたけし》知事が中止要請・欠席表明したにもかかわらず）、まさにそのオスプレイのためのヘリパッド建設を条件に一部返還される北部訓練場の返還式典を開き、「沖縄の負担軽減に大きく資する」と笑顔で記念撮影を行なった。

政府に同調しようが反対しようが、降り注がれる沖縄差別。一月一日に『琉球新報』が発表した県民意識調査では、「今後の日本における沖縄の立場」を問う質問に「現行通り日本の一地域（県）のまま」と答えたのは、六年前と比較して一五・七ポイント減の四六・一%と出ていた（独立を含め内政・外交面で沖縄の権限を現状より強化すべきだと考える人の割合は三四・五%）。政治が、そして無意識の植民地主義を生きるマジョリティの日本人が、沖縄を追い詰めている。

もがき苦しむウチナーンチュをあざ笑うかのごとく、東京都も出資する東京MXの「ニュース女子」という番組が沖縄ヘイトを垂れ流した。交通費や弁当代がかかってでも「新たな基地建設を許すわけにはいかない」と平和運動に参加する、沖縄戦や米軍統治下時代を生きぬいたウチナーンチュを画面に映し出し、「逮捕されても生活の影響もない六五〜七五歳を集めた集団、過激デモの武闘派集団シルバー部隊」というテロップをつけ、名護市の二見トンネル手前から「トンネルの先が高江ヘリパッド建設現場」（実際は東村高江まではそこから車で一時間以上かかる）とレポート。事実確認も実際の取材もないまま、地上波に流れるデマ。さらに地域住民の話として「過激派が救急車を止めた」「防衛局、機動隊の人が暴力を振るわれている」という嘘を流し、排除される住民の写真に「テロリストみたい」「なぜ犯罪行為を犯すのだろうか？」というテロップをつけ、印象操作を行なった。スタジオでは卑しいものを見るような視線と薄ら笑いが飛び交い、沖縄の苦難の歴史が無視された上、抗う人々の姿さえエンターテインメントとして消費されていた。きわめつけは、右翼活動家が大事そうに抱える謎の茶封筒と合わせて「反対派は日当をもらっている」とデマを流した上で、「のりこえねっと」がカンパを募り、市民特派委員へ「往復の飛行機代相当五万円を支援」としたチラシを掲げ「韓国人が運動に参加」とし、沖縄ヘイトを利用して韓国人差別を助長したことだ。

日本という国家でマイノリティを生きることは、差別にさらされることになるという恫喝だ。その恫喝に対してウチナーンチュはどう反応するか、それが問われている。

2017.4

常軌を逸した長期勾留

警察国家の危うさ増す

松元　剛

社会部の事件・司法記者だった一九九〇年の前半、現場取材で刺激を受けた『毎日新聞』元那覇支局長の大賀和男さんから、昨年秋、「今だから話せる」という秘話を聞いた。

九五年一〇月二一日、九月に起きた少女乱暴事件に抗議し、約八万五〇〇〇人が結集した沖縄県民大会が開かれた。その翌日の日曜日だった。夕刻、沖縄市にある中部支社の電話が鳴った。本社社会部のデスクからだった。「キャンプ・ハンセン内で毎日新聞東京本社の記者とカメラマンが刑事特別法違反で逮捕された。支局の応援に行ってくれ」

戦後五〇年の節目の年に起きた二〇代の若い兵士三人による蛮行をきっかけに、基地の島に激しい怒りが渦巻いていた。県道を封鎖して155㎜榴弾砲を撃ち込む実弾演習が頻繁にあった金武《きん》町のキャンプ・ハンセンの着弾地をルポしようと、A記者らは地元の人の案内で基地内に入った。だが、憲兵に見つかり、三人とも拘束された。その身柄は、海兵隊から沖縄県警石川警察署に引き渡された。

釈放される記者を引き取るよう連絡を受けた大賀さんは、重い気持で石川署に入った。副署長室に入ると、『琉球新報』『沖縄タイムス』の石川支局長がいた。大賀さんはそこでまず驚く。「ご迷惑をお掛けしました」と頭を下げると、ふだんは競い合っている両紙の支局長が「報道の自由を侵害する不当逮捕だ。県民の土地を奪ってできた基地に入って何が悪い。早く釈放せよ」と副署長を突き上げていた。大賀さんはさらに驚いた。取り調べ室から出てきたA記者らは憔悴していたが、刑事課長は「ご苦労さんです」と言い、記者の肩をもみほぐす仕草をした。危険を冒して演習場内に入った記者魂への敬意が込められていた。釈放されたA記者とカメラマンが署から出てきた時、私と同僚は「お疲れさまです」と声をかけ、シャッターを切った。

翌日の『琉球新報』は社会面トップで「基地あるが故の法律　識者ら刑特法に疑問」と見出しを取り、記者逮捕を厳しく批判する紙面を展開した。

〝事件〟が略式起訴で早期決着した後、大賀さんとA記者が石川署へ挨拶に出向くと、署長室のテーブルにオードブルが用意されていた。署長は「東京から遠い沖縄に来て、基地問題を書いてくれて、感謝している。今後も沖縄の現状を報じてほしい」とねぎらった。副署長は別の日にA記者を自宅に招いて酒食でもてなし、「落ち込まず、今後も積極的に取材してほしい」と激励した。大賀さんは振り返る。「逮捕した記者を励ますのは、公になったら責任を問われかねない行動だ。過重な基地負担にあえぐ沖縄の声を本土に届けてほしいという気持、ウチナーンチュの魂を失っていない県警幹部に感動した」

当時、石川署は県道一〇四号越え実弾砲撃演習に対する市民団体の抗議行動への警備を担う一方、海兵隊の若い兵士が起こす事件・事故に立ち向かっていた。厳しい警備を敷く局面もありはしたが、沖縄県警全体に、市民の思想・信条の自由に配慮するバランス感覚があった。

東村高江のヘリパッド建設や名護市辺野古の新基地建設に対する抗議行動を巡り、公務執行妨害などで一六年一〇月に逮捕・起訴された沖縄平和運動センターの山城博治《やましろひろじ》議長の勾留は、四カ月を大きく超えている。反対する市民側のリーダーを何が何でも長期間拘束し、安倍政権に盾突く抗議行動を萎縮させる狙いがあることは間違いない。

山城さんは白血球数が三〇〇〇まで落ち込んでいる。基準値は三三〇〇〜九〇〇〇の間であり、ギリギリの状態だ。二年前から悪性リンパ腫を患い、再発が懸念される中で勾留が続く。免疫力が落ち、出血を抑えるためひげもほとんどそらない。体調悪化が懸念される山城さんには接見禁止が付き、家族との面会さえ許されていない。警察・検察の意向に唯々諾々と従い、憲法の番人であるはずの裁判所が常軌を逸した長期勾留を認める深刻な構図だ。

人権団体の世界的権威「アムネスティ・インターナショナル」が山城さんの早期釈放を求めるキャンペーンを開始し、「良心の囚人」の認定を検討している。安倍政権の人権侵害が世界にさらけ出される機会となるかもしれない。

市民の思想・信条の自由を慮った抑制的な警備が一変し市民を抑え込む苛烈さが増したのは、辺野古新基地の陸上工事が着手された二〇一四年夏だった。安倍政権の力の行使の先端に沖縄県警を含めた警察が立たされた。

治安維持を名目にして市民を弾圧し、警察が国を戦争に導く役割を担った戦前、戦中を猛省し、今の警察法がある。警察法が定める「不偏不党」「公正中立」「権限濫用の禁止」がないがしろにされ、警察が新基地建設に加担する。強権的な政権に迎合し、主体性を欠いたまま警察が変質することは危うすぎる。

私たちは「警察国家」に後戻りする瀬戸際に立っている。

2017.5

正子さんのメッセージ

辻遊郭、OKINAWA、アメリカを生きて

山城紀子

一六年九月二四日、『沖縄タイムス』は一人の沖縄女性が米アリゾナ州ユマの自宅で死去したことを伝えた。女性の名前は正子・ロビンズ・サマーズさん。八八歳。米国人男性と結婚して一九五二年に渡米。画家として活動し、晩年には、自身の生涯を手記に記した。元「ジュリ」であることを明らかにした彼女の人生を多くの人に知ってほしいと考える有志の取り組みで、郷里の沖縄で絵画展が開かれるわずか一カ月前のことだった。

アメリカの地で画家として生きた正子さんの絵画展は「辻《チージ》、OKINAWAそしてアメリカ」と題して一六年一〇月二五日から三一日までの一週間、沖縄タイムスホールで開催された。期間中何度か足を運んだが、そのつど会場には多くの参観者がアリゾナ州の砂漠や木の風景、草花などの水彩画、油絵、また、生前の写真や彼女の人生や言葉を伝えるパネルを食いいるように見ていた。実行委員の一人でフリーの映像ディレクター原義和《はらよしかず》さんが渡米して正子さんをインタビューした一八分の映像も繰り返し上映された。一週間の来場者は三四〇七人に上った。

映像の中で正子さんは手記を書いた気持を、「自分の人生を明らかにしたくない。でも書き残しておきたい」と語った。そういう揺れる気持で綴ったのだという。

正子さんの存在を初めて知ったのは一五年四月二七日、『沖縄タイムス』の海外通信のページに掲載された一本の記事だった。「北米のメキシコ国境近くの砂漠の町に、今年トーカチ(数え八八歳の祝い)を迎えたウチナー女性がいる」という書き出しで、三歳の時に那覇の辻に売られた幼少時代の経験など、戦前・戦後にわたる自伝を英語で書き綴った女性がいることが取り上げられていた。

原さんによる正子さんのインタビューは一六年一二月、琉球放送で「Born Again—画家正子・R・サマーズの人生」として一時間半の番組に、また今年二月には九州沖縄地区のドキュメンタリー番組ムーブでも編集を変えて「Hope—暗闇のなかで」のタイトルで放映された。

映像の中で正子さんは胸の内を語っていく。父親に連れ

られて那覇の辻にあった遊郭「並松楼」に売られた時の気持を「その時の寂しさ……なんと説明したらいいか、すごく、とても悲しかった」と。六歳の頃から踊りを習い始め、一〇歳の時には客の前で踊りを披露するようになったそうだ。十八番は「鳩間節《はとまぶし》」だったと笑顔を見せる。

辻では経営主のことをアンマー（お母さんの意味）と呼んだ。そのアンマーにはとても優しくしてもらったと正子さんは語る。出かける時には幼い正子さんを連れることがあり、おいしいものを食べさせてもらったり、オモチャを買ってもらったりすることもあった。

しかし、それもこれも計算ずくのことである。一六歳の時に初めて客をとらされることになった時のことも正子さんは鮮やかに記憶していた。「嫌だからと逃げました。でもお母さんにつかまえられ髪を引っ張られ、叩かれて「何のためにお金をかけたか！」と言われて……」。悔しくて、怖くて、悲しかったと、七〇年以上前の、一晩泣いて過ごした日のことを振り返った。

正子さんは沖縄戦時、日本軍に集められ、「軍隊と行動を一緒にするように」との命令を受け、先輩の「ジュリ」たちと共に辻から浦添《うらそえ》に移動したこと、そして自身はまぬがれたものの先輩の「ジュリ」たちが順番待ちをする兵隊の性の相手をさせられたことも間近に見ていた。第三二軍司令部壕（那覇市首里）に移動した際に辻から行かされた女性も含めて、二〇人から三〇人の女性が兵隊らと共同生活をしていたことも語っている。

この証言には大きな関心が向けられた。というのは、県が一二年二月に設置した第三二軍司令部壕の説明板から「確証が持てない」などの理由から、「慰安婦」と「日本軍による住民虐殺」の文言が削除されたことがあったからである。説明文をまとめた「第三二軍司令部壕説明板設置検討委員会」の元委員長・池田《いけだ》榮史《よしふみ》琉大教授らが「慰安婦」の文言復活と再検証を求めるきっかけになった。

沖縄戦当時、のべ一四〇カ所以上の慰安所が県内各地にあったことがわかっている。貧しさのため、「ジュリ」として売られた女性たちもまた戦況の悪化で日本軍の部隊が大量に沖縄に集結すると「慰安婦」とされたが、多くの女性たちはそのことを自ら語ってはこなかった。

絵画展のアンケートでは身近な辻の女性に対する感想もあった。「私の義母も小さい頃山原《やんばる》から辻に売られてそこで成人し結婚し、そこを離れたそうです。本人から直接聞きましたが、若かった私には受け入れられないことでした」。

日本語版の自伝の準備が進められていると聞く。正子さんをもっと知りたいと思う。

2017.8

あらゆる軍事化に抗う

軍事主義を許さない国際女性ネットワーク会議

山城紀子

「軍事主義に抗し、持続可能な未来を！」と六月二二日から五日間にわたって「軍事主義を許さない国際女性ネットワーク会議 in Okinawa 2017」が那覇市内を中心に開催された。米軍基地がある国や地域の女性たちが二〇年前に発足させた国際女性会議で今回は九回目。フィリピン、韓国、グアム、アメリカ、ハワイ、プエルトリコから三二人の女性が来県、県内外の女性たちと合流し、「慰霊の日」の二三日には、糸満《いとまん》市の摩文仁《まぶに》で平和集会を、翌二四日は辺野古や、一六年、うるま市内で女性会社員が元米海兵隊の軍属の男に暴行され、殺害された事件の遺棄現場である恩納《おんな》村《そん》安富祖《あふそ》の雑木林に立ち寄った。たくさんの飲み物や花が供えられている現場は、多くの人たちが訪れていることを伝えている。一行は言葉もなく静かに手を合わせた。「基地あるがゆえに」と、被害者の父親が新聞に書いていた言葉が頭に浮かんだ。

　ジェンダーの視点から安全保障の脱軍事化・脱植民地化を検証し、基地・軍隊がもたらす暴力、環境破壊、差別、植民地支配などをとことん話し合うという集会は共に食事をし、親しく交流するところからスタートした。琉球舞踊の「四つ竹」で幕開け。続いてそれぞれの国の歌、ダンス、寸劇などの出し物が披露された。

　主催者の「基地・軍隊を許さない行動する女たちの会」共同代表の高里鈴代《たかざとすずよ》さんは「一九九五年、三人の米兵による少女への性暴力の事件に痛みと悲しみを持っていた。当事国であるアメリカの女性たちに訴えたいと九六年、女たちが「ピースキャラバン」として訪米し、交流した。その時マーゴ（サンフランシスコ州立大学名誉教授）からみんなで話し合おう、と提案があった。問題を出し合い、話し合い、共感して歩み出す。それがこの二〇年だった」と振り返り、「課題はまだまだあるが、一緒につながって取り組もう」と呼びかけた。

　分科会討議や公開のシンポジウムの中で、女性たちは率直に自国の厳しい実態を語り合った。ハワイの女性は「ハワイではアメリカ人兵士の性暴力は語られていない。こういう問題を働きかける団体がないからだ」と述べ、その背景に性差別と民族差別があると強調した。ハワイの経済は軍隊と観光ということでミリツーリズムと呼ばれたりする。特に先住民の女性に対しては、アメリカではあるけれどエキゾチックと性的イメージが強調され、ターゲットにされる。性暴力の問題などはニュースにもならない、と述べた。

フィリピンの女性は一九九二年まで、フィリピン政府と米軍が性産業に従事する女性に性病検査を義務づけていたと述べ、検査を受けないと働けないようになっていたが、その検査の費用は女性の負担で、性病が見つかった場合は軍に報告するなど、兵士の安全のためのもので、女性を保護するものではなかったと糾弾した。

韓国の女性は、米軍基地の周辺に設置された「基地村」の女性に対する支援活動を通して「記録されない者は記憶されない。長いこと女性の声は記録されなかった」と、売春をさせられた女性たちが声を上げられなかったことを指摘、三年前に米軍人相手の売買春行為を助長したとして韓国政府を相手取って女性らが裁判を起こしたことや、今年一月ソウル地裁が政府の責任を一部認めたことなどを報告した。

基地・軍隊は構造的に支配、男性主義の考え方が固定しているとし、女性と子どもの人権は、軍隊がある限り守られないことを繰り返し確認し合った。今後の取り組みや課題について話し合った最終日は、具体的な意見や提案が次々と語られた。オーラルヒストリー・プロジェクトを提案した女性は、沖縄で高里さんたちが取り組んでいる米兵による女性への性犯罪のデータに目を向けた。一つひとつの事件のストーリーを調べ、ハワイ各地でパフォーマンスしていく取り組みを提案した。

犯罪年表については、フォーマットを統一して世界的規模で記録をとり、軍隊の暴力性を知らせようとの意見もあった。今後は軍事基地のない国や地域の女性の参加を求めてはどうか、と提案したプエルトリコの女性は「彼女たちのサポートも必要だと感じている。ラテンアメリカの女性たちにも参加してほしい」と希望した。

閉会に当たって「武力増強と行使ではなく外交による対話を求め」「ジェンダー平等と社会正義に基づく持続可能な未来に向け、ネットワークづくりを進めていきたい」とし、「高江のオスプレイパッド・辺野古新基地建設の中止、韓国へのＴＨＡＡＤミサイル配備の撤回、プエルトリコのビエケス島などでの撤退後の汚染浄化」など、一六項目の課題解決に向け連帯する声明文を発表した。

熱く、パワフルに語り、交流し、反軍事のネットワークの強化を確認し合った五日間だった。

2017.9

グアムに脱植民地化へのうねりを見る

親川志奈子

世界一周航海の途にあったマゼランがグアムを「発見」したのは一五二一年。先住民族であるチャモロ人は、その後三三三年に及ぶスペイン支配を受けた。スペインからの宣教師は祖先崇拝を禁じ、反抗的な村を焼き払うなど厳しい罰を与え、一〇万人いたチャモロ人は五〇〇〇人以下に減少した。一八九八年には米西戦争が勃発して米領となり、米海軍の補給基地として使用されるようになる。一九四一年には日本が占領、戦時中は日本兵による住民虐殺もあり日本軍「慰安所」も置かれた。四四年に米軍が上陸、再び米領となり、五〇年のグアム基本法の制定により正式に米国の「非編入領土」となる。グアムは国連の「非自治地域」リストに名を連ね、脱植民地化を要するとされている。

「非編入領土」とは「アメリカであってアメリカでない」という意味だ。米国の市民権を持ちながら米大統領選挙に投票する権利はなく、下院議員を一人送り出すことはできるものの、その代表には投票権がない。一方で軍に入隊する権利があり、ベトナム戦争での戦死者は一〇万人あたりで、グアム出身者が全米平均の二・五倍となっている。「対テロ戦争」においても全米では入隊者が減少する中、グアムでは増加。グアムは意識決定プロセスからことごとく外され、経済的な不安定さを強いられた上で、米軍に兵士を送り込むために絶好のコミュニティとなっている。

第二次大戦までは人口の九割を占めていたチャモロ人は現在では三割台となり、島の三割は軍用地となっている。一九七〇年代以降、チャモロ人の自己決定権を主張する運動が展開され、消滅の危機に瀕した自らの言語と文化を取り戻す運動も始まった。グアム政府の中にある脱植民地化委員会も活動を再始動させた。チャモロ人で前理事長のエドワード・アルバレスは、すべての学校を回り「アメリカであってアメリカでない。グアムは従軍者が人口比において全米一高くこの島の三割は米軍基地が占める。また経済の七割を観光産業が占めているが、米軍再編やグアムの観光など生活に直接関わる問題に対し、私たちは何の決定権も持たない」と若者たちに話しかける。グアムにはグアムが置かれている状況を学ぶ機会が存在するのだ。沖縄県の中に脱植民地化委員会があり、私たちウチナーンチュが沖縄の歴史や現状を学ぶ機会があるといいのに、と心から思った。

先日来沖したエドは「日本軍が来て言葉を禁止され、島は日本とアメリカの戦場になった。多くの人が戦争に駆り出され、逃げまどい、戦死した、そして米軍基地が残った。グアムと沖縄は奇妙なくらいに同じだな」と語った。「これ以上軍事化しないでほしいという声が上がり、消滅の危機に瀕するまで追い詰められた言葉をもう一度取り戻す動きもある」と付け加えた。私は彼の言葉を聞いて植民地主義の恐ろしさを確認しながらも、互いにエンパワメントし合える仲間の存在に力づけられるのを感じた。しかし同時に胸が苦しくなり、こう言った。「本当にそうなんだけど、私もそうだったように、グアムと沖縄の共通点を知らない人は沖縄にも日本にも大勢いる。私が「基地はヤマトへ」と言うと「人道的でない」と咎めながら「基地はグアムへ」とは平気な顔で言ってのける人たちもいる」

一九五〇年の基本法によりアメリカに組み込まれた結果、日本は戦勝国に付属するグアムに対しては戦後補償を行なっていない。日本人戦没者の立派なモニュメントを建てても、日本人により慰安婦にされたり虐殺されたりしたチャモロ人に対する慰霊のモニュメントを日本人が建てたことはない。グアムの観光客の大半は日本人だが、日本人はグアムを日本が占領していた事実を知らない。「日本から一番近いアメリカ」として消費しながら、日本の税金でグアム移転費を捻出し、グアムに米軍基地を造ろうとしている。

「なぜグアムが日米安保の尻拭いをしなければならないのか。在日米軍基地が必要ならば普天間飛行場の移設先はグアムではなくヤマトだと思う」と嘆く私に、エドは「確かにそうだ。だから脱植民地化の視点は大切なんだ。若者にグアムや沖縄の歴史を教え現実を知るチャンスを与えること、そしてみんなで議論し、この島は植民者のためにあるのではなく私たちの島なのだと、まず私たち自身が理解する必要がある」と返した。

脱植民地化委員会の中には独立、自由連合、州への昇格という三つのタスクフォースがあり、それぞれが市民に対しヴィジョンを示し、議論を促している。一六年は高校生によるディベート大会がテレビ放映されるなど、グアムの人々の自己決定権に対する関心や脱植民地化を求める声は大きくなっている。

沖縄もそこに続くことができるだろうか。そして、日本人は奪われた自己決定権を取り戻したいと声を上げる沖縄人を、どのような眼差しで見るだろうか。

いつか墜ちる危険機種

誰が責任を取るのか

松元　剛

この不気味な輸送機が民間用なら、調達する航空会社はどこにもないだろう。軍用機だから飛び回っていられる危険機種が世界中で墜ち続けている。

米海兵隊普天間基地所属の垂直離着陸輸送機ＭＶ22オスプレイが米豪合同演習中の八月五日、オーストラリア東部の沖合に墜落した。長崎県の佐世保基地を拠点とする強襲揚陸艦を飛び立った後、別の揚陸艦に着艦する際、甲板に衝突して水没した。乗員三人が死亡した事故は良好だった天候のせいにすることができない。機体の構造上の問題か、操縦ミスなど人為的な要因のどちらかが墜落原因だろう。

普天間基地を拠点にするオスプレイは昨年一二月にも名護市の海岸に墜落した。二四機のうち、一二機に一機に当たる二機が九カ月足らずで墜落する異常事態に慄然とする。オスプレイは、離着陸コースに住む沖縄県民の頭上を飛び交う。普天間基地から約一㎞足らずに自宅を構える友人は、機影が目に入るたび、子どもたちに家の中へ入るよう促している。友人は「「いつか墜ちる」という恐怖感が募り、妻はほとんど近所を出歩かなくなった」と嘆いた。

沖縄への配備が強行された二〇一二年にモロッコと米フロリダ州、一三年はネバダ州、一四年はペルシャ湾、一五年はハワイ州で墜ち、兵士計四人が死亡した。さらに、一六年一二月一三日、夜間の空中給油訓練中に制御不能に陥ったオスプレイが、名護市辺野古沖の新基地建設現場に近い安部集落の海岸に墜落した。機体がバラバラに砕け、波間に漂った。その翌日に普天間基地で胴体着陸する事故を起こし、六月には伊江《いえ》島と奄美《あまみ》空港で緊急着陸している。

危険機種と呼ぶしかないオスプレイの「安全性」は地に落ちている。日本政府が「安全」と強弁することはもうやめるべきだ。結論は一つ。オスプレイは飛べば飛ぶほど、どこかで墜ちる確率が高まるのだ。墜落するたびに米軍は小手先の点検をするだけで、すぐに「安全性に問題はない」と結論付ける。軍事最優先の運用に飛行を止める選択肢はない。

八月三日の内閣改造で就いたばかりの小野寺五典防衛相

は事故後、米軍に「飛行自粛」を求めたが、中止は要求しなかった。会見で菅義偉官房長官は「運用上必要なものを除き……」と口を滑らせ、最初から抜け道をつくっていたと明らかにした。後で修正したが、推して知るべしだろう。米政府の顔色をうかがう腰砕けの自粛要請はまるっきり無視され、在沖海兵隊はオスプレイの通常訓練を何食わぬ顔で続けた。八日には伊江島補助飛行場を往復したオスプレイが午後一一時前まで飛び、深夜に響く不快な低周波音が住民の不安をかき立てた。

案の定、小野寺防衛相はわずか五日後に自粛要請を撤回した。「安全性」が確認されたとする米側の説明をうのみにして原因さえ究明されないまま、飛行容認に転換した。米国に迫られ、安倍政権は二〇一九年度にも陸自へ一七機を導入する。国民に不安が広がるのを避けるため、飛ばし続けるしかないという判断があるのだろう。日米が仕組む詐術をまとった茶番が演じられている。県民が「政府には当事者能力がない」(翁長雄志知事)と憤るのは当然だ。

対米従属に甘んじ、米軍の運用に口を挟まない日本政府が、この国の民を危険にさらしている。沖縄県民、国民の命を守る自覚があるのだろうか。半年以内の約束だった名護の墜落事故の中間報告は九カ月たっても公表されていない。在沖海兵隊は日本政府に渡したとするが、安倍政権内で黒塗りの操作がされる可能性がある。オスプレイ墜落への怒りと不安は、八月一二日に開かれた辺野古新基地を阻む県民大会で形となって表れた。気温三五度の酷暑にもかかわらず、予想を超えた四万五〇〇〇人(主催者発表)が結集し、新基地ノーと配備撤回を強く訴えた。

「自衛隊がこんな代物を導入することはあり得ないだろう。固定翼と回転翼をスイッチする機体構造は危ない。横と後ろからの風に弱く、操縦は難しい。世界一の技術を持つ米軍の操縦士が手を焼いている。万が一、自衛隊に配備しても国内のあちこちで事故やトラブルが起き、最終的に飛べなくなって国費の無駄になりかねない」

二〇〇六年、元ヘリ操縦士の航空自衛隊幹部に、将来、自衛隊がオスプレイを導入する可能性はあるか、と聞いた際の答えである。一一年も前だが、記憶に鮮明に残っている。自衛隊の操縦士が「代物」呼ばわりしたオスプレイが飛ぶ沖縄社会の危機感は強い。その訓練が全国に拡散すれば、沖縄と同様に多くの国民が危険にさらされる。

オスプレイが国のありかたを厳しく問うている。人命に関わる事故が起きた場合、一体誰が責任を取るのか。オスプレイの危険性を厳しく再検証し、日本政府の対米従属をただすことが急務だ。それは報道機関にも課せられた重要な課題である。

2017.11

記憶をつなぎ記録する

伊江島ＬＣＴ事件の検証

山城紀子

今から六九年前の一九四八年八月六日、未使用の爆弾や不発弾を運び出す作業中だった米軍ＬＣＴ(上陸用舟艇)が爆発し、入港が重なった本部町《もとぶちょう》渡久地《とぐち》港からの定期船の乗客を中心に一〇二人が死亡、七〇人余が負傷した。

甚大な被害を出し、遺族をはじめ被害者と関わりのある人たち、あるいは事故を間近に目撃した人や鮮やかに記憶している住民が多数いたにもかかわらず、米軍統治下で起こった爆発事故で、これまで沖縄でも島外ではあまり知られてこなかった。

今年二月、「島の埋もれた悲劇を記録したい」と村出身の事故を体験していない六〇代の人たちが中心になって「伊江島・米軍ＬＣＴ爆発事故連絡会」を発足させた。体験者からの聞き取りなどを進めており、関心を集めている。

二〇〇八年一〇月、「事故から六〇年に当たる今年、米軍の調査報告書が発見され、事故概要が明らかになった」として『沖縄タイムス』の編集委員・謝花直美《じゃはななおみ》さんと社会部(当時)の安里真己《あさとまき》さんが「戦世《いくさゆ》は終わらない—伊江島米軍ＬＣＴ爆発」の連載に取り組んだ。

一二五ｔもの爆弾を積んだ米軍のＬＣＴが干潮で出港できず、停泊していた光景を多くの村民が見ていた。「米兵が砲弾の山を駆け上がった。その時、砲弾の山が崩れた」と、爆発の場面の近くにいた目撃者も取材に応じている。爆風で定期船から飛ばされた乗員の一人は「炎が上がり海の中は真っ黒だった。重油の中を懸命に泳ぎ、岸を目指した」と語った。浜には真っ黒な遺体が散乱し、もぎ取られた手足があちこちにあったなど事故現場の凄まじい状況も記憶されていた。

伊江島は沖縄戦後、米軍によって住民が慶良間《けらま》島に強制移送され、久志《くし》村での収容を経て二年後の一九四七年三月に帰島することのできた島である。二年ぶりの帰郷に喜んだ住民だったが、島に戻って見たのは「焦土と化した島、大きな道路のある米軍基地」だった。本土上陸作戦のために用意された弾薬が戦後数年そのまま残され、それによってさらなる被害が生じた島でもあった。

最初の連載から九年経った今年八月、謝花さんは再び「砲弾の島」と題し連載を打った。今回は「伊江島LCT事件」とサブタイトルをつけている。「事故」ではなく「事件」と明言するまでに七〇年近い時を必要とした。それはそのまま、この事件がいかに闇の中にあったかを示している。資料の発掘や体験者の証言、またそれらに目を向け、耳を傾けていくことで七〇年近い過去の出来事がリアルに浮かび上がる。

連載では大量の砲弾の保管状況がいかにずさんであったかというところから書き出している。一九四八年一月の米軍の貯蔵月報では「読谷《よみたん》、嘉手納《かでな》、那覇など安全管理に問題があることから、専門家を配置し対処を検討した」とあるが、伊江島は放置された。それもまた、県公文書館の資料で今年明らかになったことだと記事にある。

当時、島には本部警察署の要請で巡査(民警)として島の青年三〇人が勤務していた。二人の元巡査と近くに住んでいた住民が取材に応じているが、島に弾薬がどれほどあるかも知らず、徒歩で巡視するだけだったと証言している。

爆発の前兆ともいえる火災も弾薬集積地域の三カ所で起きていた。一九四八年六月一三日に起きた火事は三日三晩燃え続け、爆発が続き、一六日の大雨で鎮火する。これだけの大きな火災が生じたにもかかわらず、なおも問題は放置されたままだった。

「事故」とは思いがけず起こることである。連載では起こるべくして起こった「事件」であることを丹念に追っている。連載の最後、島に戻りたいと願いながら疎開先で死亡した男性とその一族の悲劇が綴られている。故郷に連れて帰ろうと、遺骨を持ち帰った定期船を親族多数が出迎え、爆発に巻き込まれ親族一四人が死亡した。

謝花さんは言う。「最初の取材の頃は話してくれる人を探すのも難しかった。この事件について「語る」ということが根付いていなかった。やっと局面が変わったと思う。もっともっと語ってもらいたい」

九月一〇日のNHKスペシャル「沖縄と核」を見た。テレビ画面に登場するのはかつて沖縄の米軍基地に勤務していた元米兵たち。復帰前の沖縄に一三〇〇発の核兵器が貯蔵されていたことや現在の那覇空港にあった那覇の基地で核ミサイルの誤発射があったこと、キューバ危機の際、共産圏に向けて発射寸前の状態にあったことなどが語られた。「沖縄は消滅すると思いました」。元兵士は真顔で語った。

「核武装論」が飛び交っている。沖縄の住民が何も知らされないまま世界で最も危険な場所にさせられる——、その危険性は昔も今も何も変わっていないと痛感する。

2018年

翁長知事死す
玉城デニー新知事誕生

2月　名護市長選，政府が推す渡具知武豊氏が初当選
〃　史上初の米朝首脳会談
3月　森友問題で公文書改竄が発覚
8月　翁長雄志知事が死去
9月　県知事選で玉城デニー氏が初当選
〃　歌手の安室奈美恵さん，引退

号外

琉球新報
THE RYUKYU SHIMPO

2018年(平成30年)
8月8日(水)
発行所 琉球新報社
郵便番号 〒900-8525
那覇市泉崎1-10-3
©琉球新報社2018年

翁長知事 死去

67歳 1期目途中

辺野古新基地反対貫く

翁長雄志知事が8日午後6時43分、入院先の浦添総合病院で死去した。67歳。4月に膵臓がんの手術を受け、治療を続けていた。辺野古新基地建設の阻止を最大の公約に掲げ、歴代の県知事の中でも高い県民支持率を背景に、米軍普天間飛行場の辺野古移設を推し進める国と鋭く対峙してきた。

膵臓がん切除も肝臓転移

8日夕に記者会見した謝花喜一郎副知事は、翁長知事が7月30日から緊急入院し、今月7日からは次第に意思決定に支障を来し、意識が混濁する状態となっていることを明らかにしていた。

翁長氏は2014年11月の第12回県知事選で、辺野古移設反対の世論を背景に保革を超えた「オール沖縄」の枠組みを構築し、36万820票を獲得して初当選した。

辺野古埋め立て承認撤回方針を表明する翁長雄志知事＝7月27日、県庁

翁長氏死去を伝える琉球新報
号外(8月8日)

2018.1

日の丸焼き捨て事件から三〇年

息苦しさ増す日本社会

松元　剛

「無我夢中だった。沖縄戦で米軍が上陸した海岸線と東シナ海がわずかに目に入った記憶がある程度だ」。僧侶（浄土真宗大谷派）で元読谷《よみたん》村議会議員の知花昌一《ちばなしょういち》さん（69）は、人生を左右したあの出来事をこう振り返る。

一九八七年一〇月二六日朝、沖縄海邦国体の少年男子ソフトボール競技の開始式が「読谷平和の森球場」で開かれていた。沖縄戦戦没者への黙禱の後、村商工会副会長を務めていた知花さんはバックスクリーン上のポールに掲げられていた日の丸を引きずり下ろし、火を放った。

ニュース映像に収まったこの行為は全国に波紋を広げ、大学生だった私も驚いた。那覇《なは》地検が知花さんの起訴状で、「焼かれた旗」を法的根拠がないまま「国旗」と記したことで、事件は歴史的な「日の丸裁判」として争われた。

読谷村は県内でもとりわけ反戦感情が強い地域だ。一九四五年四月一日、圧倒的な戦力を持つ米軍が村の海岸線に上陸した。翌二日、同村波平《なみひら》の自然壕チビチリガマに身を潜めていた住民が米軍の攻撃を恐れてパニックとなり、肉親同士らが殺し合う「強制集団死（集団自決）」が起きた。皇民化教育が浸透する中、日本軍から米軍に追い詰められた際は自決するよう指導されていた区長らが主導し、約一四〇人のうち幼児を含む八四人が亡くなった。

「日の丸・君が代」が天皇制を核とした戦前の軍国主義、皇民化教育を想起させるとして、読谷村は「日の丸・君が代」抜きの国体を目指した。村議会は掲揚反対を決議し、六〇〇〇を超える村民の反対署名も集まっていた。

国体直前になって、当時の日本ソフトボール協会会長が「掲揚・斉唱がなければ、会場を変更する」と通告し、村当局は「断腸の思い」（当時の山内徳信《やまうちとくしん》村長）で日の丸掲揚だけを受け入れた。チビチリガマの惨劇の証言発掘と継承に取り組んでいた知花さんが村職員に確認すると、村当局は協会長に抵抗し、メインポールには国体旗を掲げ、日の丸は端に据える段取りになっていた。知花さんは「村長の努力も理解し、当日は「日の丸・君が代強制反対」の横断幕を掲げて抗議するつもりでいた。ところが、会場に行くと日の丸が真ん中にはためいていた。村民の思いを無視した掲揚強制が許せず、後先を考えず行動を取った」

自ら出頭して器物損壊などの容疑で逮捕された後、経営していたスーパーに知花さんを「国賊」と見なす右翼団体が押し寄せて二度襲撃し、放火もされた。留置場にいた知花さんは、警察官から「大変なことになっている」と放火の件を伝えられた。その翌日、弁護人から二人目の子となる長男が生まれたことを知らされた。

地域の青年会員ら有志がスーパーに泊まり込んで警戒するようになると、右翼団体の構成員がチビチリガマの犠牲者を悼む「平和の像」を破壊する挙に出た。知花さんは「私の行動のために平和の像が壊されたことには、言いしれぬショックを受けた」という。

知花さんの公判は、日の丸や天皇制に対する複雑な県民感情を照らし出した。「焼き捨て行為は政治的表現行為で、正当な抵抗手段だ」と無罪を主張したが、九五年に有罪が確定した。その後、二〇〇〇年の村議会議員選挙で知花さんは初当選を果たした。知花さんの行為を「やり過ぎだが、理解できる」と言ってくれた多くの村民の支えを得て、知花さんは村議を三期務め、その後、沖縄の強いられている不条理を全国で説法する僧侶に転身した。

多くの国民を死に追いやった皇民化教育、戦前日本の中心にいた昭和天皇との関連で、沖縄は三度切り捨てられている。近衛文麿元首相による早期和平の進言を入れず、沖縄は本土防衛のための「捨て石」にされた。ソ連との和平工作の要綱は小笠原、樺太と共に沖縄放棄を示した。米軍による長期の沖縄占領を望んだ「天皇メッセージ」は異民族統治の決定的要因となった。宮内庁が一四年に公表した『昭和天皇実録』は、沖縄の命運を暗転させた史実の解明を避け、「戦争責任」と「戦後責任」は問われていない。

一方、辺野古《へのこ》新基地阻止を掲げた翁《お》長雄志《ながたけし》氏が一四年一二月に県知事に就任した後、沖縄を標的にした憎悪扇動表現（ヘイトスピーチ）が激しさを増している。「国賊」「売国奴」など、膨大な量の嫌沖ヘイトがネット上で飛び交い、新基地ノーの民意を無視し、安倍政権は沖縄を組み敷く姿勢を強める。

知花さんは「戦争できる国への転換を進め、異論を許さない安倍政権の体質が沖縄ヘイトを増幅させている。今、日の丸焼き捨てが起きれば、激しい暴力によって命が危険にさらされるのではないか。日本社会の息苦しさが増している」と話す。

思想・信条の自由、表現の自由が揺らぐ中、「日の丸焼き捨て事件」は三〇年の時を超え、日本全体に鋭い問いを発している。

2018.2

今に残る私宅監置跡と沖縄の精神医療

山城紀子

「わが邦十何万人の精神病者は実にこの病を受けたるの不幸の他に、この邦に生まれたるの不幸を重ぬるものというべし」。精神医療に関心を持つ人の間ではよく知られている呉秀三《くれしゅうぞう》の言葉である。大正七(一九一八)年、国内の三六〇カ所以上の私宅監置室の状況をまとめた『精神病者私宅監置ノ実況及ビ其統計的観察』を刊行、私宅監置の悲惨さをはじめ、患者や地域社会との関わりなど、近代日本の精神医療の多様な面を浮き彫りにしたことで知られている。先の言葉はその中に登場する一節である。「二重の不幸」に集約される私宅監置の実態調査の結果の刊行からちょうど一〇〇年に当たる今年は、呉秀三の業績に、あるいはこの一〇〇年の日本の精神医療の歴史に、あらためて関心が向けられる年になると思う。

沖縄でも昨年以来、精神医療に関心を持つ人の間で私宅監置に大きな関心が集まっている。私宅監置跡が県内に二カ所確認されていることを踏まえ、どうにかこの私宅監置跡を残せないだろうかと現地を訪ね、関係者との話し合い、また私宅監置に関わった人たちからの聞き取りなどが始まっている。

なぜ、残すのか。それは、私宅監置跡が沖縄戦、米軍統治下にあった沖縄の精神医療の歴史を示すものだと捉えられているからだ。

戦前、沖縄には精神医療専門医はおらず、医療施設もまったくなかった。戦後も米軍統治下に置かれたことで、精神医療を必要とする人々が放置されたままの状況が長く続く。一九五〇年に精神衛生法で私宅監置を禁止にした「日本」の中に沖縄は含まれず、沖縄では復帰の年(一九七二)まで私宅監置が容認されてしまったという歴史を持つ。そのため沖縄では私宅監置を記憶している人が少なくない。

与那原《よなばる》町の住民、上原正己《うえはらまさみ》さん(69)は小学校低学年の時、「牢屋グヮー」と呼ばれていた建物に閉じ込められていた叔父(父の弟)のことを記憶している。県内に残る私宅監置跡を撮った写真を見てもらうと、「似ている。広さは畳三枚ぐらいだったような気がする。中にトイレはあった」と話した。コンクリートで鉄の扉。住宅のすぐ後ろにあったという。叔父はノイローゼのような状況になり、大声で騒ぐようになったことで閉じ込められたのだった。

食事を運び、窓から入れた記憶がある。「最初はおやじも持っていったりしていたが、ケンカになるので、お袋が持っていくようになった。お袋が行くと、「姉さん、ンジャチキミソーレー(出して下さい)」と泣いて訴えていましたよ。それで母も行きたがらなくなって、子どもの私だけが持っていくようになった。僕の名前を呼んでいた。マサミ、マサミと」

名前を呼ばれても、「出してほしい」と言われたらどう対応すればいいかわからなかった上原さんは、食事を置くと逃げるようにその場を離れたと当時を振り返る。

叔父はだんだんおとなしくなった。叔父が閉じ込められていたのは数年間と記憶する。ある日亡くなっていたが、その日がいつか、今ではわからない。叔父の死後、家族の間で話題になったことはまったくない。あれから六〇年以上経った現在、時折あの状況を思い浮かべる。「僕の名前を呼んだ時、叔父はどんな気持で呼んだのかなあと思ったりするし、おやじもお袋も(語らなかったのは)苦しかったんじゃないかなあ、と思う」

一方で、「牢屋グヮー」と呼ばれていた私宅監置の存在が、当時の沖縄ではそれほど特別なことではなかったのではないかとの考えも示した。「(監置室は)住宅のすぐ後ろにあったのだけれど、僕も含めて近所の子どもたちが普通に遊んでいたし、閉じ込めているということが地域で噂になることもなかった」という記憶があるからだ。

「復帰後は沖縄でも(私宅監置の禁止が)適用になる、と言って大騒ぎだった」と、元県職員で復帰当時名護《なご》保健所に勤務していた安富祖朝正《あふそちょうせい》さん(75)は、復帰前年の七一年、厚生局の実態調査に関わった当時を振り返る。「ひどかった。豚小屋やヤギ小屋のようなところに閉じ込めて五寸釘を打ってあったりした。足が曲がって、膝が硬直し、立てない人もいた。動物以下の扱いだった」と話した。

『沖縄タイムス』(七一年九月七日)は「動物以下の扱い」「十数年も監禁生活」の主見出しで調査結果を伝えている。

今に残る県内の私宅監置跡。こんな恥ずかしいものは壊した方がいいなど、保存に否定的な見方やプライバシーの問題もある。残すことは容易ではないだろう。しかし、監置されていた一人ひとりに固有の人生があったことを考える時、沖縄戦や米軍統治の中で尊厳を奪われた精神障害者の人生や、障害者と戦争をあらためて捉え直す機会になることも確かだと思う。私宅監置の議論がここ沖縄で静かに始まっている。

2018.4

野中広務氏の死去と名護市長選

際立つ自民党の変節と狭量

松元　剛

「閉塞感」「基地より振興」「暮らしが優先」「争点を隠す、外す、ぼかす」――。何度も繰り返されてきた印象操作が選挙を覆う。既視感を通り越し、「ああ、またか。まだ、これか」という感情をかき立てられた。

米軍普天間《ふてんま》飛行場の名護市辺野古移設を伴う新基地建設問題が争点からかすんだ沖縄県の名護市長選挙は、安倍政権が全面支援した無所属新人の渡具知《とぐち》武豊《たけとよ》氏(56)＝自民、公明、維新推薦＝が、新基地建設阻止を訴えた無所属現職の稲嶺進《いなみねすすむ》氏(72)＝民進、共産、社民、自由、沖縄社会大衆推薦、立憲民主支持＝を破り、初当選を果たした。

政権・与党を挙げ、三桁に及ぶ国会議員を送り込む総力戦を展開し、国に抗う自治体を力ずくで組み敷く選挙手法が奏功する悪弊は、大きな禍根を残すだろう。

こんな選挙をされたら、人口一〇万人以下の自治体はひとたまりもない。民意を背にした翁長県政、稲嶺市政の反対を無視し、安倍政権は移設作業を強行してきた。「反対しても工事は進む」という諦めを名護市民に植え付けようとした目論見は当たり、選挙結果を大きく左右した。

沖縄二紙と共同通信が合同で実施した出口調査では、約六五％が辺野古新基地に反対している。名護市民は決して辺野古新基地を認めたわけではなく、渡具知氏も「辺野古を容認したのではない」と述べている。だが、案の定、自民党内や霞が関の官僚には「地元の民意だ」と喧伝する輩がはびこっている。沖縄の民意と自治を一顧だにしてこなかった安倍政権側に「民意」を口にする資格はない。

市長選告示前日の一月二六日付『琉球新報』一面は、沖縄で後を絶たない米軍機トラブルをめぐる国会質問に対し、「それで何人が死んだんだ」と野次を飛ばした松本文明内閣府副大臣が辞任したニュースがトップだった。米国防総省高官が三度も続いた不時着を「予防着陸なので、心配していない」と言及したニュースも載った。

ウチナーンチュの命を軽んじる二つの言動と共に、沖縄に寄り添った最後の大物政治家、野中広務《のなかひろむ》氏の死去も報じられていた。

一九九六年の普天間飛行場返還の日米合意後、自民党幹事長代理、官房長官、幹事長として、自公連立政権を樹立させ、今の辺野古移設案の源流にも深く関わった。九七年末の名護市民投票の結果が反対多数となった際、移設容認派の事務所にいた野中氏は僅差だったことを挙げ「事実上の勝利」と語り、反対派の勝利をあからさまに矮小化した。

九八年の県知事選では、橋本龍太郎元首相と一七回も会談した大田昌秀《おおたまさひで》氏への対抗馬を立てぬよう、当初は翁長雄志自民党県連幹事長(現県知事)らを説き伏せようとしたが、大田氏が辺野古移設を拒み、県連が結束して稲嶺恵一《いなみねけいいち》氏を擁立すると、一転して大田県政打倒に豪腕を発揮した。普天間全面返還を米国と合意した橋本首相が退陣した際、挨拶に来なかったとして大田知事を「人の道に反する」と非難し続けたことは記憶に新しい。

評伝の多くが野中氏を「二つの顔を持つ政治家」と伝えた。歴史観を宿した社会的弱者への温かい目線と、政敵への攻撃の手を緩めない峻烈な姿である。沖縄に来て演説するたび、六二年に「京都の塔」建立調査で初来沖した際、タクシーの運転手が「妹を日本兵に殺された」と号泣したことに衝撃を受けたこと、沖縄の苦難の歴史に寄り添うことが政治家の使命であること——をまず語った。沖縄戦は民間人の犠牲が多かったにもかかわらず、沖縄県内の都道府県の慰霊碑の大多数が殉国哀悼調で、住民被害に触れたものは二基しかない。普天間飛行場を見下ろす嘉数《かかず》の丘に建つ京都の塔は「多くの沖縄住民も運命を俱にされたことは誠に哀惜に絶へない」と刻む。沖縄県民も悼む碑文には、野中氏の沖縄原体験が反映されている。

九七年、米軍基地強制使用手続きへの自治体の長の関与を排除した「米軍用地特別措置法」の改定案が、国会の圧倒的賛成多数で可決した際、特別委委員長として「沖縄県民を軍靴で踏みにじる結果にならないよう、大政翼賛会のようにならないようにお願いしたい」と述べ、数の力で沖縄に基地を押し付けることに警鐘を鳴らした。

政界引退後の語録をたどると、新基地を造ることへの懐疑と悔いを深めていたように映る。沖縄の歴史と民意に背を向け続けている安倍政権批判の舌鋒は鋭さを増していた。稲嶺恵一氏は野中氏の訃報にこうコメントした。「橋本さん、小渕恵三さん、梶山静六さん、山中貞則さん、そして野中さんが亡くなった。戦争を体験したり、若い頃から沖縄に関わりを持った政治家とそうでない政治家の落差は大きい。これから沖縄はそういう前提で本土側と接していかなければならない。一つの時代の終わりだ」。保守陣営に身を置きながら、狭量が際立つ自民党の変節を見抜いた元沖縄県知事の見識である。

2018.5

「子宝の島」を問い直す

山城紀子

望まない妊娠や予期せぬ妊娠をした若い親の自立支援や特別養子縁組のあっせんに取り組もうと、このほど一般社団法人「おきなわ子ども未来ネットワーク」が発足。三月一七日、那覇市内で設立記念講演&シンポジウムが開かれた。シンポでは、特に一〇代で子どもを産む若年出産を取り巻く状況に関心が集まり、支援の重要さ、早期の性教育の必要性、産む女性の学業中断を防ぐなど、母と子を守る手立てのありかたを話し合った。

立ち上げたのは「沖縄子どもの貧困解消ネットワーク」共同代表の山内優子さん(70)、沖縄県子どもの貧困対策支援コーディネーターの若松るみさん(42)ら、女性や子どもの問題に関心を持つ女性たち。代表理事に就いた山内さんは元県庁職員。児童相談所や女性相談所など、母と子の問題に長く関わってきた経験を持っている。発足のきっかけは三年ほど前、うるま市の団地で生後間もない赤ちゃんが置き去りにされる事件があった際、保護責任者遺棄の疑いで逮捕されたのが、当時中学三年の女生徒であったことだった。

山内さんは「まだ児童福祉法の対象で守らなければならない子ども、その子どもが逮捕されたというショック。さらにその翌年には、那覇市内のベンチに生まれたばかりの赤ちゃんが遺棄されていた。生まれたばかりの赤ちゃんといえば、ベビー服とか産着とかを着ているはずなのに、その子はTシャツを着せられていた」「遺棄した赤ちゃんの上に子どもがいて、子育てをしている母親だろうと思った。もし、問題を抱えている女性たちに気軽に相談する場があったり、育てられなければ育ててもらえるしくみがあれば、犯罪者にならなくてもすんだんじゃないのかと考えた」と話す。

沖縄県の出生率の高さはつとに知られている。四三年連続全国一位であることから「子宝の島」といわれることも多く、精神的な心の豊かさの表れ、と見る向きもある。

しかし、出生率の高さと同時に、乳児死亡率も高く、低体重児出生率も高いことは案外知られていない。離婚率も高く、一四年連続トップである。

特に、沖縄は一〇代で子どもを産む若年出産の割合が二・六％と高く、全国平均一・三％の二倍に上る。もちろん若くても子を持つことの意味をきちんと自覚し、日々育児に励んでいる若者もいるが、予期せぬ妊娠による若年出産も少なくない。とりわけ女子が妊娠・出産により学校を中退し、そのことによって将来の母と子の自立の見通しが困難になることもあれば、家族や身近な人の支援もないという貧困の連鎖に陥ることもある。

設立記念講演＆シンポで記念講演をしたのは、妊娠したもののさまざまな問題を抱え、孤立する女性たちに寄り添い、社会へつないでいくという取り組みをしている一般社団法人「にんしんＳＯＳ東京」の代表理事で『漂流女子』（朝日新書）の著者でもある中島かおりさん。中島さんは妊娠にまつわるすべての「困った」「どうしよう」に寄り添うことをモットーにしていることや、少しでも相談者に心を開いてもらうため、あえて妊娠を「にんしん」と平仮名にしていることを説明。母子手帳も持たず、未受診のままのハイリスクな妊娠・出産の状況などを報告した。

中島さんの講演を受けて、後半は県内講師によるシンポとなった。発起人の一人である沖縄大助教の砂川恵子さんは、「子どもが子どもを産む、と指摘する声もあるが、子どもを産み育てる中で親の自覚が内在化して芽生える。長期にわたる支援が必要」とアピール。特に、人生の選択が狭まる学業の中断が大きな問題だと強調した。

二〇年前から県内の子どもたちへの性教育に取り組んでいる県助産師会会長の桑江喜代子さんは、一〇代の人工妊娠中絶が増える傾向にあり、沖縄は全国より高い、と指摘。幼少期からの性教育の必要性を訴えた。私もパネリストとして登壇した。山内さんからは、今から三一年前に当時勤務していた『沖縄タイムス』紙面で連載した「社会の谷間に　赤ちゃん置き去りの背景」を軸に、ということであった。

一九八七年の年明けから二月初旬の一カ月余に、立て続けに四件の赤ちゃん置き去りが起きた。産婦人科病院や医師、児童相談所などを取材したが、最初に問題にしたのが「駆け込み出産」のことであった。妊娠してから一度も受診せず、母子手帳も持っていない。陣痛が起きて初めて病院に駆け込むというお産があることを知った。さらに若年出産に伴うリスク、特に性教育が「路地裏教育」で、科学的で正しい性知識を持っていないことや妊娠したことを誰にも相談できない孤立状況、子の父である男性の姿が見えない問題など。問題は三〇年以上前からあったのである。

問題に向き合う社会の力が問われている。

2018.7

元学徒兵・安里祥徳さんの贖罪

生きて戦後沖縄に尽くす

松元　剛

戦後七〇年の節目だった二〇一五年六月二一日。「慰霊の日」の二日前、杖をついた高齢の男性が糸満市摩文仁《いとまんしまぶに》の公民館を訪れた。戦後の米軍統治下で三二社がしのぎを削った沖縄の飲料メーカーの中で、一社だけ生き残った沖縄バヤリースの元会長・安里祥徳《あさとしょうとく》さん(88)がその人だ。

訪問の目的は、沖縄戦当時、配属されていた部隊が、摩文仁の住民を自然壕から追い出したことへの謝罪だった。摩文仁区の役員に対し、「住民から壕を奪い、死に追いやった人がいたかもしれない。戦後、ずっと罪の意識がぬぐえなかった。おわびしたかった」と述べ、深く頭を下げた。

日本軍による壕追い出しは数えきれないほどあるが、沖縄県民だった元学徒兵が住民側に直接謝罪したケースが報じられたことはない。沖縄経済界の重鎮による贖罪は『琉球新報』一面で報じられた。あれから三年。安里さんは鮮明な記憶を分刻みで描写するようにたどってくれた。

沖縄戦直前の一九四五年三月、県立第一中学（現首里《しゅり》高校）二年生一一五人が、沖縄に駐屯する第三二軍の電信第三六連隊に鉄血勤皇隊員として動員されることが決まった。「国のために戦う」と意気込んだ安里少年はためらいなく、那覇市にあった通信隊本部壕にはせ参じた。第五中隊に配属され、陸軍の軍服と軍靴、二等兵の襟章を与えられた。

学徒二等兵の任務は過酷だった。安里さんは「首里の高台にあった司令部との伝令を命じられると、機銃掃射や砲弾を避けながら命からがら走った。東シナ海を覆う無数の米艦船から砲火が噴くのを見ると、『日本は勝てない』という思いが湧いたが、懸命に打ち消した」と振り返る。

第三二軍は出血持久戦に臨み、第五中隊は、五月二七日未明から糸満市摩文仁に撤退した。豪雨が注ぐ暗闇の中、負傷兵を担架に乗せ、ぬかるみに足を取られながら進んだ。

空が白み始めると、無数の兵士と住民の死体が散らばり、多くの負傷者が泥の中を四つんばいになってもがき、助けを求めていた。家族とはぐれた住民の叫びも響いた。「私は生きてるぞ。踏むな」と怒声を上げる兵もいた。撤退中に軍靴の底が抜けた安里さんは、戦死した兵士に「許して下さい」と敬礼し、脱がせた靴に履き替えた。

一昼夜かけて摩文仁にたどり着くと、第五中隊は海岸の斜面にあり、隠れるのに適した自然壕を使っていた。一中の学友が小さな声で打ち明けた。「摩文仁の住民が先に身を潜めていたが、軍が命じて追い出した。老人や子どもが鍋や釜を持って嘆き悲しみながら出て行くのを見るのはつらかった」

安里さんは自分の家族が同じ目に遭うことに思いを巡らせ、悲憤しつつ、強い罪悪感を抱いた。

米軍が間近に迫った六月二一日、一四～一五歳の二等学徒兵は呼び集められ、解散命令を受けた。米軍の掃海艇の拡声器から日本語の投降呼びかけが響いた二三日、海岸に身を潜め、学友三人で敵陣を突破して沖縄本島北部に逃れることを決めた。死を覚悟し出発準備をしていると、別の部隊の下士官から声を掛けられた。「お前たちは捕虜になれ。アメリカは捕虜虐待を禁じたジュネーブ協定を守るはずだ。戦争はもう終わる。これからの日本は君ら青少年が立ち上がり再建せねばならない。明日手を挙げて投降しろ」。熱意と愛情を感じ、三人は捕虜になった。

「生きる意味を見出した命の恩人」(安里さん)だった下士官は「今晩、斬り込み攻撃に出る」と言っていた。おそらく戦死したであろう下士官の名は、今もわからない。

戦後、米本土に捕虜として送られ、辛酸をなめた安里さんは帰沖後、「沖縄外語学校」を卒業し、経済界で頭角を現す。そうした中、県立一中の同級生の戦死状況が明らかになり、安里さんは罪悪感を一層深めた。

壕で過ごした第五中隊の学徒二等兵三五人のうち、戦死者は五人に留まった。一方、壕に入らなかった第六中隊は三五人中、二九人が命を落とし、摩文仁の住民の多くも犠牲になっていた。六月を迎えるたび、安里さんは「いつか謝罪を」という思いを強めた。沖縄バヤリース社は一四年に解散。戦後七〇年を迎えた年、安里さんは摩文仁区への謝罪に出向き、戦没者の慰霊にと、一〇〇万円を託した。

当時の摩文仁区長だった伊集盛純《いじゅせいじゅん》さん(57)は「壕追い出しには関与していないのに謝罪に来られ、多額の香典まで渡された。戦後ずっと苦しんできたと思う。それも沖縄戦がもたらした悲劇だが、安里さんに沖縄の良心を感じた。肩の荷は降りただろうか」とおもんぱかった。

「心の荷が少しは降りた」と語る安里さん。少しずつ戦《いくさ》世《ゆ》への道のりをたどっているように映る安倍政権の感想を聞くと、「戦は絶対悪。戦争ほど愚かなものはない。国防軍を持つことは一〇〇%、絶対に反対しなければならない」。安里さんは今年の慰霊の日、初めて県立一中健児の塔で学友への弔辞を述べる。

2018.8

母と子、少年たちの沖縄戦

山城紀子

六月になると「慰霊の日」にちなんだ朗読会、絵本の読み聞かせ、県内各地の資料館での沖縄戦展示などが開催される。今年の資料館の沖縄戦展示では、母と子、少年をテーマにした企画が目立つ。「家族を守った女性たち」をテーマにした豊《と》見城《みぐすく》市歴史民俗資料展示室では、写真やパネル、証言映像で「大切な家族を守らねばならない責任と戦争への不安を抱えながら沖縄戦を迎え、戦闘に巻き込まれていった」女性たちの様子を展示した。証言パネルで、一際目についた見出しがあった。

「一度捨てた乳飲み子」

沖縄戦も終盤、証言者は家族と共に南へ、南へと避難する。艦砲弾の嵐の中、「沖縄は玉砕だ。部落へ帰ろう」と言う夫の言葉で引き返すことにするが、その途中で米兵の銃弾を受け、長女が即死。語り手である母親も大けがをし、乳飲み子と四歳児を抱えて避難することに絶望的な気持になる。どうせ、との思いから「乳飲み子を置き去りにしたまま壕に向かった」

しかしそこで目にしたのが負傷した兵士の死んでいく様子。「夫は自分の子どものことを思い出し、「生きている自分の子どもを見殺しにはできない」と放置した場所に連れ戻しに行き、壕に連れ戻った」と語っている。戦時下で子を守るということの困難をありのまま、あからさまに語る証言の迫力が胸を衝く。

糸満市の平和祈念資料館では、同館一階の「ひろば・ゆいまーる」で「母と子が見た沖縄戦」が開催されている。体験者の証言や、写真、絵など約八〇点が展示されている。証言では、泣き声が敵に知られて爆弾を投げ込まれるとの理由で、赤ちゃんを抱えた母子に「出ていけ」「殺せ」と声が飛んだとの証言や、その声に従わざるを得なかった母親が、おっぱいを押し付けて赤ちゃんを窒息死させた場面などを目撃した証言が続く。死んでいる母親の乳を飲む子、家族を失った戦争孤児の写真は、どの子もあばら骨が浮き出ている。守られるべき存在の母と子の人権や尊厳が、戦時下にはないことがひしひしと伝わってくる。

ゲリラ戦部隊として一〇代の少年ら約一〇〇〇人が動員された護郷隊についても、恩納《おんな》村博物館で「戦場となった恩納岳―少年第二護郷隊のゲリラ戦」を開催、また、去る四月に著書『陸軍中野学校と沖縄戦―知られざる少年兵「護郷隊」』(吉川弘文館)を出した川満彰《かわみつあきら》さん(58、名護市教育委員会文化課市史編さん係嘱託職員)を招いての平和学習が、県内各地の学校で行われている。

護郷隊は近年明らかになった歴史的事実だ。諜報員養成機関として知られる、陸軍中野学校出身者ら四二名が沖縄に潜伏、沖縄本島では護郷隊のもとに少年らを召集し、遊撃戦を行わせていた。

六月一四日、川満さんは浦添高校の平和学習の講話で同校体育館にいた。受講したのは全生徒一二〇〇人。名護市の市史をまとめる過程で、証言の聞き取りが始まったところから話し始めた。一五年放映のNHKスペシャル番組「あの日、僕らは戦場で―少年兵の告白」に協力者として四年間関わったという川満さんは、アニメで再現した映像と講話を織り交ぜながら生徒たちに語りかけていった。

「一五、一六、一七歳の少年たち。一四歳の少年もいます。みなさんは、僕だったら逃げる、行かない、と思うかもしれない。しかし、逃げられないのです」。そう言って、少年たちが意識を変えられていくマインドコントロールの様子を見せる。

「お国のために死ねるか」と真剣を首に当てられ、繰り返し意思確認をされ、敵を一〇人殺すまでは死んではならないとする「一人十殺」の精神を叩きこまれる。憧れの軍服を着るという喜びや、故郷を守るという誇りはいつの間にか消えている。殴り殴られる日々。仲間の失敗の連帯責任としての罰。友の死を間近に見ても何も感じなくなった自身を、画面の中の元少年兵は「妄動」だったと証言した。

川満さんは「妄動という言葉を僕もその時調べて、初めてわかりました。自分の親が死んでも何とも思わないし、機械のようになってしまっていること」と説明した。少年兵のうち、わかっているだけでも一六二人が命を落としている。映像の最後では、自ら動けないということで軍医に銃殺された少年兵の弟が、戦後七〇年を経て初めて兄の死の真相を知る場面もある。

戦時下の同世代の少年たちの身に起きたことだけに、自らに重ねて考えるのだろうか。生徒たちの聞く態度にも真剣さと緊張が広がる。締めくくりに川満さんは「沖縄戦を語れるウチナーンチュになってほしい」と呼びかけた。生徒を代表して三年生の嘉手納知己さんは「戦争は人を人でなくしていくのだと思った。隣にいる友が亡くなっていくということは想像もできないことでした」と感想を語った。

安室引退

沖縄への視線は変わったか

親川志奈子

私が剣道を始めたのは一九九二年、一一歳だった。新しくできた友達と稽古にのめり込んだ。小六の夏、初めての全国大会に出場する私たちを見送るため、空港に集まった大人の誰かが「小さな体に大きな夢、ウチナーンチュだからと卑屈になることはないよ、ヤマトでも堂々と闘ってきなさい」とスピーチしたのを、私は今も覚えている。「なんねー、卑屈になるわけないさー」とチームメイトと笑い合った。しかし、ヤマトに降り立ち、見たこともない大きな体育館で、私たちは思いがけない奇異の目に晒されてたじろいだ。「あの子たち沖縄なんだって」「見て、あの名前なんて読むんだろうね、変なの」という声が聞こえた。ウチナーとヤマトの間にある「何か」を初めて意識した。

ところが、中学に入ると状況は一変。私たちをジロジロ見ていた剣士たち（剣道は垂れに大きく名前が書いてあるので、私はどこの誰が発言したのかを記憶していた）が、キャッキャという黄色い声と共にやってきて、こう言った。

「一緒に写真撮って下さい」「沖縄の人ってみんな可愛いですね、ダンスも上手なんですよね？」。呆気にとられていると、彼女たちは今では懐かしい使い切りカメラのシャッターを押し、嵐のように去って行った。居心地の悪い思いをした私たちは「なんだわけー、何がダンスよー、意味わからん」と言いながら、彼女たちに変化をもたらしたものは何か考えに考え、たどり着いたのは安《あ》室《むろ》奈《な》美《み》恵《え》だった。

安室奈美恵の登場は、私たちが背負う沖縄のイメージを一新させた。「辺境の地から来た変な名前の私たち」が「楽園から来た日本人離れした私たち」となり、チヤホヤされた。卑屈どころか、ある意味誇らしいというか、自慢できるというか、そういう心境であった。

ヤマトの地で沖縄出身を名乗ることができなかった多くの人たち、沖縄出身とわかる名前をヤマト風のそれに変えなくてはならなかった多くの人たちの歴史も、一人の沖縄《ウチナー》女性《イナグ》の活躍によって癒されていくように思えた。差別や偏見は過去のものであるかのような気分になった。高校時代は週末になると剣道着を脱ぎ捨てアムラーファッションに身を包み、カラオケで安室奈美恵を歌った。「後輩たちはもう「ヤマトでも堂々と」なんて言われる必要ないはずねー」と思ったりした。

あれから二五年、突然の引退発表は多くのウチナーンチュを驚かせたが、彼女への賞賛と感謝の声が沖縄を包んだ。彼女は私たちに沖縄現代史を振り返る機会を与え、その存在は、沖縄出身者を小馬鹿にした多くの日本人の態度を改めさせた。「沖縄人だからと卑屈になるな」という言葉遣いで子どもたちを励ます沖縄の年長者の数も減らした。沖縄ブームは目に見える形で「何か」を変えていった。

私は当初、それを差別や偏見を克服する兆候だと考えていた。しかし残念なことに、「変わった」という実感から四半世紀経った今でも、沖縄差別はこうしてここに横たわっている。もしかすると、中学生の私たちが感じた「居心地の悪さ」は、その本質を捉えていたのかもしれない。変わったのは私たちでも、彼らでもなく、「ひどい偏見」が「少しましな偏見」へと変わったということなのか。偏見といえば、社会心理学の用語に「接触仮説」がある。偏見を持ってしまう原因は知識の欠如にあるとして、接触の機会を増やし真の情報に触れることで偏見を減らすことができるという仮説だが、沖縄に当てはめてみるとどうだろう。

沖縄ブームに伴い、沖縄を訪れる日本人観光客の数は増え、沖縄に移住する人も増えた。また、沖縄からも多くの人々がヤマトに渡り生活している。沖縄人と日本人のカップルも増え、私たちが接触する機会は右肩上がりで増えているはずなのだが、その割に偏見は解消されておらず、むしろ「少しましな偏見」が化石化することによって沖縄差別は「あからさまな形」からより目に見えにくい「洗練された形」へと進化してはいないか。

「洗練された差別」において、差別者のポジショナリティを持つヤマトンチュの多くは、自らが加担させられている差別行為について「それは構造上の問題で、個々人が自覚を持つ必要などない」と考えることができ、被差別者のポジショナリティを持つウチナーンチュの中にも「ずいぶんマシになったのだし、これからは差別を告発するより迎合する方が賢いのでは」と考え始める者が増えてきた。怪しげなループが完成し、維持され飽和状態になると、満足のいかなくなった一部の差別者たちが一周回って「あからさまな形」を復活させてしまった。

安室奈美恵の切り開いた新しい世界をゴールと捉えてはいけない。かつて彼女がアイドルの殻を破り一歩を踏み出したように、私たちも与えられた「少しましな偏見」や「洗練された差別」に満足することなく未来のウチナーンチュのための一歩を踏み出す時期に来ているのではないか。

魂の政治家が遺したもの
翁長雄志知事と沖縄の尊厳

松元 剛

沖縄のことは沖縄が決める

「身を捨ててこそ、浮かぶ瀬あれ」

翁長雄志氏が二〇一四年一一月の知事選に打って出る決意を固めた頃から語るようになった座右の銘である。初めて翁長氏本人から聞いたのは、県知事選の七カ月前、ゴールデンウィークの直前だった。翁長氏の母校である沖縄県立那覇高校（前身は県立二中）の卒業生でつくる「城岳《じょうがく》同窓会」の広報誌に、那覇市長だった翁長氏に登場してもらった。一五期後輩にあたる私が聞き手として出向いた。

前年の暮れ、沖縄振興予算の増額と引き換えに、「良い正月が迎えられる」と言って辺野古埋立てを容認した仲井《なかい》真《ま》弘多《ひろかず》知事への批判が強まり、保革を超えた幅広い勢力から翁長待望論が出ていた。

座右の銘を問うと、一一年の四期目の市長選挙まで「人生は重荷を負うて遠き道を行くがごとし」を挙げていた翁長氏がよどみなく、「身を捨ててこそ、浮かぶ瀬あれ」と答えた。はっとした私が「（知事選への）出馬表明と受け止めていいですか」と柔らかい語調で問うと、茶目っ気たっぷりの笑顔を浮かべた翁長氏は「政治家としての最高到達点は那覇市長。それは今も変わらない。君、変なこと書くなよ」とはぐらかした。

その前段で、翁長氏は「なぜウチナーンチュは自分で持ってきたわけでもない基地を挟み、いがみ合うのか。上から笑う誰かがいる。それは沖縄に対立を持ち込んで基地を押し付ける強大な日米政府だ。それに対峙するには、イデオロギーの対立を克服し、県民の心が一つになれるかが大事だ」とも語っていた。翁長氏の知事選出馬を一〇〇％確信した、いくつかのやりとりが記憶に新しい。

戦後七三年たってなお、沖縄県民が示す民意を無視し続ける安倍政権の強権に抗い、「辺野古新基地」を阻止するため、心血を注いだ翁長知事は八月八日、逝った。

沖縄のことは沖縄が決める。「自己決定権」を軸足に据え、ウチナーンチュの尊厳を守るため、歴史観に根差した発言を繰り出し、翁長氏は「誇りある豊かさ」を目指した。

県民が望んで置かれたわけではない米軍基地への向き合い方をめぐり、ウチナーンチュ同士が対立する歴史を断ち切り、翁長氏は県民の心を一つに結ぼうとした希有な政治家として、多くの県民の心に生き続けるだろう。東京滞在中には公務外で会う人物を探られ、公安当局とおぼしき一群に何度も尾行された。安倍政権の常軌を逸した「沖縄いじめ」に対抗するため、力を振り絞ったことが死期を早めたのは間違いない。「あるべき沖縄の姿」を「身を捨てて」たぐり寄せようとした末の「殉死」と言えよう。

翁長知事が急逝した日、『琉球新報』は一日に二度、号外を出した。膵臓がんが肝臓に転移していた翁長氏の意識が薄らいだことを受け、謝花喜一郎《じゃはなきいちろう》副知事が夕刻に会見し、四日前の知事本人の指示通り、「職務代理者」に就くと発表した。それを伝える二万部の号外が出てから二時間足らずで翁長氏は息を引き取った。激しい痛みを抑えるモルヒネが投与される、壮絶な最期だった。頬がこけた亡きがらは高い鼻が際立っていたものの、安らかな表情をたたえていた。

愛着を寄せた栄町商店街

最初の号外から三時間後、「翁長知事、死去」の号外五〇〇〇部が出た。二つの号外は、那覇市や辺野古新基地を抱える名護市の中心部などで配られた。私は二度とも、四〇〇部入りの梱包二つを抱えて那覇市安里《あさと》の栄町《さかえまち》商店街に足を向けた。ふだんは号外の配布区域には入らない地域だ。

「栄町」は那覇市への合併前の旧真和志《まわし》村(市)域にある。翁長氏の母・和子さんは、真和志村長などを務めた夫の助静《じょせい》氏ら政治家一家の生計を支えるため、かまぼこなどを売る店を構えていた。母親の店を手伝った幼少期から過ごした翁長氏が、深い愛着を寄せ続けた特別な場所である。

教員出身の助静氏は、沖縄戦で焦土と化した糸満市摩文仁に集められた真和志村民に呼び掛け、野ざらしの遺骨を祀る「魂魄の塔」を建立した中心人物だった。戦後の沖縄の保守の源流には、悲惨な沖縄戦を二度と繰り返してはならないという平和への強い思いが宿る。翁長氏も幼い頃、父に連れられ、魂魄の塔に手を合わせた。一九八五年の那覇市議選以来、自身が打って出た九回の選挙の告示日には、早朝の魂魄の塔参拝を欠かさなかった。平和を希求する保守像を踏まえ、翁長氏は「それが沖縄の保守本流だ」と強調してきた。

一四年の県知事選の最終日。午後七時半に「オール沖縄陣営」の打ち上げ式が終わると、翁長氏は誰にも告げずに栄町に向かい、一人きりで〝遊説〟した。「候補者を探せ」と騒ぎになっていた選対本部に九時過ぎに戻った時は赤ら顔だった。栄町商店街振興組合の新年会には那覇市長、知事になってからも顔を出し、大好きな石原裕次郎のメロディに乗せて「那覇市歌」を披露しては、拍手喝采を浴びた。

「知事死去」の号外を携えて栄町に着いても、私は翁長氏急逝の現実を受け止めきれずにいた。どこかふわふわした感覚で、「残念ですが、翁長さんが亡くなりました」と前置きし、狭い路地にひしめく総菜店や赤提灯がともる居酒屋などの店主や客に号外を手渡した。ネットやSNSと縁遠い年配の方が多い店主たちは、号外で死去を知る人も多かった。「早すぎる」と驚き、悲しむ人ばかりだった。

閉店後の乾物屋の女性店主は「(仲井真前知事による)埋立て承認の撤回を発表した翁長さんの会見(七月二七日)は力強かった。一〇日足らずで亡くなるなんて信じられない」と話したきり、絶句した。数分後、店の前を通ると、店主は商品の陳列台に置いた号外に手を合わせ、肩を震わせていた。その姿を目にした途端、私の涙腺も緩んだ。

那覇市長として

九九年一一月、「沖縄保守のエース」と称された翁長氏は「政治家としての夢」と公言していた那覇市長に初当選し、三二年間続いた革新市政に風穴を開けた。「落下傘で相手方に降り立つような状況」(翁長氏)だったが、新市長は革新市政の幹部を要職にとどめた。翌二〇〇〇年四月の定期異動で翁長氏はさらに周囲が驚く人事を敢行する。市職員労働組合の元委員長で、次の市長選で翁長氏の有力な対抗馬になると目されていた宮里千里さん(67)を、最側近の役職となる市長公室長に就けたのだ。

内示された宮里さんは、「私は市長に投票してませんよ」と断ろうとしたが、翁長氏は「わかってるさ」と素っ気なく答えた。

二人には、父親同士が真和志地区で保革を率いる政敵だったという深い因縁がある。一九四八年に翁長助静氏が初出馬した真和志村長選の相手候補は宮里さんの父・栄輝氏だった。三回に及ぶ選挙は、真和志北部を地盤とする助静氏と南部で強い栄輝氏が「真和志の南北戦争」と称される熾烈な戦いを繰り広げ、助静氏の二勝一敗だった。米軍統治下の立法院議員選挙で助静氏が宮里氏に敗れた小学六年生の時、翁長氏は担任の教師が宮里氏当選に万歳する姿を見た時の悲哀が忘れられない。翁長少年は涙を流す母に自宅で抱き締められ、「お前だけは政治家にさせない」と言われた。翁長氏は折に触れ、「不思議なことだが、母に抱き寄せられて諭された時、将来、必ず政治家になると決めた」と述懐していた。

人事に渋々従ったものの、ぼんやりと辞職を考えていた宮里さんは、市長公室長就任から四日目、翁長市長にまた驚かされる。ノーベル平和賞受賞者のゴルバチョフ元ソ連大統領が沖縄訪問を希望しているという、『琉球新報』の東京発の記事を目にした翁長氏にすぐ呼ばれ、「東西冷戦を終わらせたゴルバチョフ氏を招きたい。イデオロギーの時代が終わったことを沖縄の地で語ってもらう意義がある。ぜひ挑戦してくれ」と指示された。

翌秋、那覇市政八〇周年記念事業として実現するゴルバチョフ氏招聘に情熱を傾けるうちに距離が縮まり、ライバルだった父を持つ同学年の二人は栄町などで杯を重ねた。市の政策や、基地問題で党派を超えた政治状況をどうつくり出すか――などについて忌憚なく語り合う盟友となり、宮里さんは翁長氏の〝懐刀〟になった。

翁長氏が石原裕次郎のカラオケを楽しんだことがある栄町のカフェバーで、宮里さんはしみじみ語った。「翁長雄志は住民本位の新しい政治を築こうとした庶民政治家だった。保守に軸足を置きながら、原点である栄町で市民の暮らしぶりを肌で感じ、イデオロギーを超える新しい沖縄の政治家像を思い描き、自らが何をなすべきかを考える礎にしていたように思う」

今年二月の栄町商店街の新年会の後、二人で飲み直した際、宮里さんは、翁長氏から「(知事)二期目、絶対やるかな」と耳打ちされたという。

知識欲に溢れた学生時代

ここで、今につながる翁長氏の学生時代をたどりたい。

一九七〇年四月、翁長氏は二浪した後、法政大学法学部に入学する。なぜ、二浪したのか。助静氏と兄・助裕《すけひろ》氏(県議を経て西銘県政の副知事)が立候補した翁長家の選挙は八勝七敗だった。政治家の浮き沈みを見てきた母・和子さんの強い望みで、三男の翁長氏は医師を目指した。だが、助静氏が「行きたいところに行かせよう」と話し、政治家を目指していた翁長氏は、心躍らせて法政大に入った。

上京した翁長氏は、親しいとこで、法政大の三期先輩の国吉真太郎《くによししんたろう》さん(71)の下宿に入り浸った。読書家だった国吉さんの本棚をなめ回すように見ては、「これ借りる」と言って、かなりの冊数を借りていった。多感な学生時代を東京で過ごした翁長氏は、ジャンルを超えた知識欲にあふれていた。後に国吉さんは『琉球新報』の敏腕記者となり、ゴルバチョフ氏招聘事業を那覇市と共催した実務も担った。

翁長氏に請われ、後援会長に就任した国吉さんは翁長さんに貸した本を今も大切にしている。『歴史とは何か』(E・H・カー)、『ゲバラ日記』、アウシュヴィッツ収容所での過酷な体験が記録された『夜と霧』(V・E・フランクル)、精神分析医が黒人差別の深層を読み解いた『黒い皮膚・白い仮面』(フランツ・ファノン)、『三酔人経綸問答』(中江兆民)、『市民自治の憲法理論』(松下圭一)などだ。どの本も、少し赤茶けた頁にたくさんの赤線が引かれているが、国吉さんは「雄志と私のどちらが引いたか、ほとんど思い出せない」と話す。

貸した本で特に印象に残っているのは、沖縄出身の詩人・山之口貘の遺稿詩集『鮪に鰯』だ。山之口は放浪と貧窮の中で詩を作り、沖縄への無理解とヤマトとの〝断絶〟を照らし出す多くの作品を世に問うた。翁長氏は「特に『博学と無学』に考えさせられた」と感想を語った、という。

あれを読んだか
これを読んだかと
さんざん無学にされてしまった揚句
ぼくはその人にいった
しかしヴァレリーさんでも
ぼくのなんぞ
読んでない筈だ

なぜ翁長氏はこの詩に注目したのか。交わした会話を振り返りながら、国吉さんはこう読み解く。

「ヴァレリーさんを「ヤマト」、ぼくを「ウチナーンチュ」と解釈すると、翁長雄志が訴える「アイデンティティ」という言葉の底流にさかのぼることができる。それが自己決定権につながり、保守の側で政治のキャリアを積みながら、沖縄の現実を知らない、知ろうともしないヤマトンチュへのいらだちをかき立てたのだろう。「博学と無学」を読み替えると、ヤマトンチュはウチナーンチュの心など、全然読み取っていないではないかというプロテスト(抗議)に行き着く」

今年の慰霊の日(六月二三日)に執り行われた「沖縄全戦没者追悼式」の前日、国吉さんは抗がん剤治療を受けていた翁長知事と知事公舎で会った。体調を気遣い、席を立とうとする国吉さんを引き留め、翁長氏は約三時間にわたって、ほぼ一方的に語り続けた。

辺野古新基地建設を阻むため、ゲート前や海上で闘う人たちに深く敬意を表し、埋立て承認撤回を急ぐよう求める市民が県庁に押し寄せるなど、知事を批判する声にも理解を示していた。一方で、県民の思いを一つに束ねることの難しさ、安倍政権と対峙するしんどさを吐露する場面もあったが、新基地阻止の公約を貫く県政運営への強い意欲に変わりはなかった。

国吉さんは「翁長雄志の人生、懐の深さがにじむ発言を解き明かすと、推測の域は出ないが、アイデンティティを核にして県民を一つにする理想を追い、「保守」の仮面を被っていたのではないか」との見方を示した。

　宮里さんは「安保が必要と言いながら、負担は負わずに沖縄に基地を押し付ける安倍政権、それを見て見ぬふりする本土の世論に「勝ちたい」という一心で、命を懸けた」と評した。

尊厳を守る譲れない闘い

　翁長氏は、沖縄戦を生き延び、五〇年代の米軍用地一括買い上げを党派を超えた島ぐるみ闘争で阻止した先達への敬意を込め「ウヤファーウジ(先祖)」という言葉を好んで使い、E・H・カーの「歴史とは現在と過去との対話である」をよく口にした。翁長氏にとって辺野古新基地阻止は、国策への同調を迫るばかりで狭量と独善が際立つ日本の危うい政治への屈従を拒み、沖縄の尊厳を守る譲れない闘いだった。

「沖縄の歴史、アイデンティティに裏打ちされた言霊を発して、県民の心根を鼓舞した歴史に名を残す政治家」(比《ひ》屋根《やね》照夫《てるお》・琉球大学名誉教授)の遺志を継ぎ、「浮かぶ瀬」をもたらす後進は現れるか。

　安倍自公政権が推す前宜野湾《ぎのわん》市長の佐喜真淳《さきまあつし》氏(54)と、翁長氏が後継指名した衆院議員・玉城《たまき》デニー氏(58)の一騎打ちとなる県知事選は、九月三〇日に投開票される。

2018.12

ヤマトもピッチに立っている

親川志奈子

二〇一八年九月三〇日、翁長雄志知事の死去に伴う沖縄県知事選挙が行われ、過去最多となる票を獲得し、玉城デニーが初当選を果たした。全国的に注目された選挙でもあり、当確が報道されるや否や、ヤマトからも多くの声が上がった。沖縄の選挙はつくづく特殊だと感じる。ある時は政府と対峙、またある時は迎合と左右に揺れるのを、ヤマトの皆さんが娯楽のように消費しているのだから。SNSに大量に上がってくる「沖縄の勝利だ！」や「沖縄は終わった！」という投稿を目にするたびに「まるでスポーツ観戦ね」と、私の心にミーニシ(北風)が吹き荒れる。

観客席から降り注ぐ、的外れな論評ばかり読まされるのも癪なので、今回の選挙でピッチに立つ沖縄の私が注視した二つのポイントを記述しておこう。

一つ目はカウンター集団の存在。今年二月の名護市長選挙の際、現職市長であった稲嶺進の三選は相手陣営の、①候補者は討論をしない、②辺野古の「へ」の字も出さない、③大量のデマやミスリードを流す、という戦略に阻まれた。正々堂々と政策論争ができなかったこと、そして、流されたデマを検証し、根拠を添えて論破した上で正しい情報を拡散するという作業の煩雑さは、稲嶺陣営や彼を応援するすべての人たちの頭を悩ませた。

選挙後に稲嶺元市長が「最後まで自分が誰と戦っているかわからなかった」と語る記事を読み、一八年の選挙イヤーを走りきるため、名護での教訓を生かし、カウンターを続けていこうと誓い合った。カウンター集団という言葉を使ったが、実体があるわけではない。選挙になると湧いてくる大量のデマの一つひとつに対し、地道なカウンターを行う名も知らぬ個々人が、「相手陣営を倒す目的」ではなく「デマ撲滅」のためにつながり合い、ファクトチェックを行なったという具合だ。ネット以外でも『琉球新報』やNPO法人がデマの検証に乗り出したことも、大きな後押しとなった。これらの動きは、有権者が正しい情報をもとに投票先を決める上で、きわめて重要な役割を果たしたのではなかろうか。

二つ目は若者たちの存在だ。県庁前でマイクを握った三〇代のウチナー女性は「私たちは沖縄の保守じゃないですかね、新基地建設はあたりまえ反対、以上。県知事選は雇用や経済、子育てとか、これからどんな沖縄を作っていくかを私たちが決めるための選挙ですよね」と言い、「保守か革新か」「基地か経済か」という、オールドスクールの構図を一蹴して見せた。世界一危険な普天間飛行場を撤去せよという訴えは、ウチナーンチュ共通のものであり、辺野古新基地建設賛成と訴える候補者もいない。そうであるならば、「普天間から出て行って、辺野古に来ないで」と明言した上で、沖縄が抱える諸問題を解決する具体的な政策についてわかりやすく説明し、若者同士の対話を作っていくことに集中しようというのが、彼らのスタンスだった。

基地問題の争点化が避けられれば避けられるほど「基地問題の重要性を語らなくては」と躍起になっていた大人たちは、若者の方法論に驚いていたが、それでも若者を信頼し、彼らに活躍の場を与えていた。ライブハウスを貸し切ったDJイベントなど、候補者と若者をつなぐ斬新なアイディアを出してくる若者に「今時の若者は」と眉をひそめモグラ叩きのように若者の頭を打つ大人がいなかったことで、「(LINEの)タイムライン見て来ました」「さっきあっちでフライヤーもらったから来ました」と、若者が若者を呼ぶ現象が生まれた。若者と選対をつなぐ難しい調整役を買って出た人たちの存在も大きかった。

選挙期間中、東京都小金井市で「米軍普天間飛行場の県外・国外移転を国民全体で議論し、公正で民主的な手続きを経て決定するよう求める陳情」が賛成多数で採択されたとの記事が『沖縄タイムス』の一面を飾った。玉城デニーは、当選のインタビューで「普天間飛行場は閉鎖・返還こそが道理。代わりに新しい場所を造れというなら、どうぞ日本が全体的に考えてどこに持っていくか考えて下さい。多くの国民がいらないというなら米軍の財産はアメリカに引き取っていただく」と明言し、ボールを持っているのはヤマトの皆さんなのだと強調した。しかし数日後「県外移設が含まれている」ことを理由に共産党市議団が賛意を翻して意見書は見送られ、デニー知事と初の会談を果たした安倍総理が「県民の気持に寄り添う」と書かれたカンペを読んだ五日後には、防衛省が国土交通相に不服審査請求を行なった。国が国に審査請求する自作自演が繰り返された。

「基地はどこにもいらない」も「辺野古が唯一」も、沖縄からは差別を維持するイデオロギーに見える。監督になったつもりで私たちを戦わせるのはやめてほしい。ヤマトの皆さんはすでにピッチに立っている、ボールを蹴ってほしい。

2019年

首里城焼失

2月	辺野古新基地建設を問う県民投票，7割を超える43万4273票が「反対」
4月	米兵が元交際相手の女性を殺害後，自殺
5月	今上天皇が即位，令和へ代替わり
10月	首里城が火災．8棟が焼損，収蔵品400点失う

号外

琉球新報

THE RYUKYU SHIMPO

2019年（令和元年）
10月31日（木）
発行所 琉球新報社
郵便番号 〒900-8525
那覇市泉崎1-10-3
©琉球新報社2019年

首里城 全焼

正殿と北殿崩れる

未明に発生、消火続く

炎上する首里城＝31日、午前4時42分那覇市首里当蔵

31日午前2時50分ごろ、那覇市首里当蔵町の首里城で火災が発生した。同日午前5時前には正殿と北殿が全焼し、南殿など城内にあるほかの建物にも次々と燃え広がっている。県警や消防によると、同日午前5時半現在、けが人や首里城関係施設以外の建物への延焼は確認されていない。消防車約40台が現場付近で消火活動を続けている。那覇署が火災の原因や詳しい被害を調査する。

那覇市消防局によると、同日午前2時41分に警備会社から正殿の火災報知器が反応したとの通報があった。同日午前5時ごろには爆発音も確認された。広範囲にわたって火の粉が飛び、県警は周辺一帯で交通規制を敷いて立ち入りを規制。周辺住民に避難を呼び掛け、周辺公民館など避難所への誘導をしている。

近くに住む宮城武雅さん(44)はサイレンの音と真っ赤に染まった空を見て火災に気がついたという。「夜は正殿まで簡単に入れないはずだ。なぜ」と信じられない様子で語った。

琉球王朝の華やかな儀式や行事を再現する首里城祭（主催・同実行委員会）が27日、11月3日までの日程で開幕したばかりだった。

首里城は琉球王国時代の約500年前に建てられ、1879年の廃藩置県まで国王の居城として琉球王国の象徴だった。人類共有の文化遺産として普遍的価値が認められ「琉球王国のグスク及び関連遺産群」として2000年に世界遺産に認定された。

炎上する首里城，那覇市首里当蔵(10月31日，琉球新報)

2019.1

「主席公選」と「B52墜落」

半世紀経て何が変わったのか

松元　剛

二〇一八年一一月は、「主席公選」と「B52戦略爆撃機墜落事故」から半世紀の節目だった。沖縄戦後史にくっきり刻まれる大きな出来事である。

東京五輪が開かれた翌年、一九六五(昭和四〇)年度に生まれた小学校の同級生一五人でこの秋に酒を飲んだ際、記憶に残った最初の大きな出来事は何か――が話題に上った。

私を含む一二人は、一九七二年二月、小学校入学の二カ月前、沖縄の施政権返還の三カ月前に起きた「あさま山荘事件」を挙げた。残り三人は一九六八年の主席公選とB52墜落事故と言う。三歳児が覚えているのかと突っ込まれていたが、親に連れられて投票所に行ったおぼろげな記憶があり、地元二紙とテレビの報道を埋め尽くしたB52墜落事故のインパクトは大きく、恐怖感もあったので覚えているということだった。

米軍占領下の基地の島で、自治権拡大を求める住民にとって、琉球政府行政主席の公選実現は、最重要目標だった。沖縄を四群島に分割して一九五〇年に群島知事選挙が実施された。米軍が「沖縄を民主主義のショーウィンドーにする」と喧伝していたこともあり、自治と民主化への期待が高まったが、反米的な知事が多かった群島政府は一年半足らずでなくなった。

極東情勢の緊迫も相まって米軍は沖縄の恒久統治をにらみ、五二年に琉球政府が設けられた。そのトップの行政主席は米軍による任命制とされ、沖縄の住民は主席を選挙で選べなかった。公選実現を求める声は強く、立法院も「行政主席選挙法」を制定したが、米国民政府は布令で施行期日を延期し、行政主席選挙法を骨抜きにした。

日本軍陣地を占有したのに加え、米軍は強権的に民有地を組み敷き、基地にしていった。米軍が自治権要求と復帰運動を力ずくで抑え込もうとしたのと反比例して、住民の自治権拡大闘争と主席公選要求がうねりを増していくが、米国民政府は公選を拒み続けた。日本の平和憲法が適用されず、軍事最優先の沖縄で公選が実現すれば、反米的主席が選出される可能性が高かったからだ。

六五年には、屋良朝苗《やらちょうびょう》沖縄教職員会長、市町村会会長、琉球大学長、『琉球新報』と『沖縄タイムス』の両社長が主席公選実現を求める「五人有志アピール」を出すなど、島ぐるみ運動の様相をみせた。同年一二月、米軍は行政主席を立法院での選挙で決める間接民主制を導入したが、直接選挙を求める請願隊が立法院を包囲して警官隊と衝突した。

党派を超えて自治と民主化の実現を目指す根強い民意を抑えることは困難と判断した米国民政府は、六八年二月、ついに主席を公選にすると発表し、一一月一〇日に初の公選が実施された。

選挙は、「米軍基地の即時無条件全面返還」を訴えた革新統一の屋良氏と、本土との一体化政策を掲げた沖縄自民党の西銘順治《にしめじゅんじ》氏による事実上の一騎打ちとなった。選挙期間中、当時のアンガー高等弁務官や沖縄自民党は、屋良氏が当選すれば戦前の生活に後戻りするという「イモ・ハダシ」論を唱えた。佐藤政権と自民党中央は西銘氏勝利に総力を挙げ、福田赳夫、中曽根康弘両氏ら有力政治家を沖縄に送り込んだ。後に明らかになるが、自民党は水面下で西銘陣営に七二万ドルもの巨額の選挙資金を援助してもいた。

翌日開票の結果、西銘氏に三万票超の差を付けて当選した屋良氏は、一一月一一日の日記にこう綴った。「殺到する権力、金力に完全に打ち勝ったのである」

屋良氏当選を受けた『琉球新報』の社説は、「それはいかなる権力や金力や干渉にも侵されぬ自主「たましい」である」と主張していた。八九・一一%という驚異的な投票率が住民の期待の大きさと「主体性」を示していた。

屋良氏が日記に残した感慨は、先の県知事選で「辺野古《へのこ》新基地ノー」を掲げ、安倍政権が全面支援した対立候補に大勝した玉城《たまき》デニー知事にも通じるであろう。政府・自民党が沖縄の重要選挙に露骨に介入し、為政者側が選挙で示された沖縄の民意を無視する構図は今も変わらない。

主席公選から九日後の六八年一一月一九日未明、ベトナム空爆に向かうB52爆撃機が嘉手納《かでな》基地での離陸に失敗し墜落した。二〇tの爆弾が次々と爆発し、火柱と一〇〇m超の黒煙が立ち上った。地響きと爆風にさらされた周辺住民は、ベトナム戦争の報復攻撃を受けたに違いないと震えた人も多かった。

B52墜落から満五〇年の節目の七日前、FA18戦闘攻撃機が南大東島沖合に墜落した。実に、沖縄の施政権返還から四六年間で五〇機目の墜落である。沖縄では年一回以上、米軍機が墜ちている。米軍基地がウチナーンチュの命を危険にさらす環境も変わらないが、いつまでも耐え忍ぶわけにはいかない。

仲本とみ先生と風疹聴覚障害児の交流

山城紀子

二〇一八年一二月、沖縄市内のホテルで、かつての教え子たちとその母親が集まって「仲本とみ先生を囲む会」を開いた。九三歳の仲本先生との交流は五〇年に及ぶ。教え子も母親たちも仲本先生とそれぞれ年二回ほどの集いを持っているが、今回は合同での賑やかな集まりとなった。

幕開けは島袋義彦《しまぶくろよしひこ》さんと島袋恵さんによるエイサーと嘉《か》陽町子《ようまちこ》さんのフラダンスだった。エイサーの曲として広く知られる「ミルクムナリ」に合わせて二人は目で動作の確認をとりながら勇壮にエイサーを披露した。二〇歳でデフ・シアター（聴覚障害者による演劇）を立ち上げ、二五歳で琉球ろうあエイサークラブを、そして現在は五年前に結成した「天龍舞《てんりゅうまい》」でイベント活動を展開している島袋さんのがんばりを知る仲本先生は、「すごい、すごい」と笑顔で拍手を送り、嘉陽さんのフラダンスが始まると、「町子は、小さい時から踊りが好きな子だった」と幼い頃の町子さんを思い浮かべながら鑑賞していた。

一九六四年から六五年にかけて沖縄全域に風疹が大流行した。当時、私の周辺でも罹った人が多数出た。はしかとよく似た症状であることや三日ほどで発疹が治まるということから「三日はしか」と言っていた。沖縄で流行する少し前に米国で大流行して、二万人にも及ぶ先天性風疹児が生まれ、大きな社会問題になっていたと聞く。米軍占領下にあったことが沖縄での流行と関わっているのではないかとも言われるが、はっきりしたことはわからない。胎児への影響についても正しい知識はなかった。

四〇〇人余りの風疹障害児が生まれて保護者をはじめ関係者が混乱に陥る中、六九年、沖縄における風疹による聴覚障害児への教育が始まった。

当時、仲本さんはコザ小学校教師。「明日から講習を受けるように」と言われ、内容もよくわからないまま講習会に参加した。日本政府から派遣された専門医などの指導団による沖縄で初めて開かれた風疹児教育の指導者のための講習会だった。春休み返上の厳しい一〇日間となった。

一日でも早く言葉の指導をするべきである、ありとあらゆる音を聞かせなくてはいけない、たくさんの言葉を理解できるようにするために子どもに言葉をかけ続けていくことが重要等々と繰り返し教えられた。聴覚の測り方、乳幼児の心理、難聴の病理について、また母親への指導。那覇《なは》、北・中・南部、宮古《みやこ》、八重山《やえやま》の六地区にそれぞれ二人ずつ計一二人の巡回教師が任命された。仲本さんは中部地区の巡回教師として風疹児のいる家庭を訪問することになった。

すでに東京の大きな病院で診察を受け、医師から「聴力は回復しない」と言われ、帰りの船では母子ともども海に飛び込もうとしたと話す母親もいた。「必ず話せるようになります」と親たちを励ますところからスタートした。

以後一五年にわたって風疹児教育に取り組むが、最も大変だったのは三歳から五歳の幼稚部だったと振り返る。「言葉というのは三〜四歳の時期が大切」と本土派遣団の指導者から叩き込まれたものの、いざ始めようとすると早期教育の重要性をなかなか理解してもらえず、場所探し一つをとっても難航した。公民館や集会所を貸してもらって訓練を始めた。「ママ」「パパ」と何度も言葉に出しながら伝え、絵カードを見せる。カードの上にはその子の父母の写真を貼って見せるようにした。果物、野菜、花、風景などでも言葉を出しながら絵や写真を見せて「『言葉の風呂につからせる』ようにした」と話す。

子どもたちが小学校に行くようになると、中の町小学校の難聴教室の教師に。一九七八年、風疹による聴覚障害児の教育を集中的に行うために北城ろう学校が設立されると、仲本さんも同校へ。八四年、全生徒が高等部を卒業したことで閉校になった時点で仲本さんも退職した。

島袋義彦さんと嘉陽さんも幼稚部からの教え子である。嘉陽さんは「仲本先生と出会わなかったら、しゃべることをあきらめていたと思う」と語った。八〇代を迎えた母親たちも「復帰前の沖縄ではイチゴはとても高価だったが、イチゴを教えるにはちゃんと実物を見せないといけないと教えられていたので那覇まで買いに行った」「教育のおかげで立派な社会人になった姿がうれしい……」

教師時代の仲本さんの後輩・木村まち子さん(68)は凄まじい混乱の中で先輩教師の取り組んだ歩み、生徒や父母、教師らの体験などを本にまとめ記録として残そう、と聞き取りやアンケートを取り始めた。「親たちの要請活動から始まった風疹児教育は行政も医師も親たちも、誰もがどうすればいいかわからない状態の中で始まった。そういうところからの歩みの歴史を残しておかねば」と語る。「風疹聴覚障害児」を通してみる沖縄社会のありようと歴史をぜひ知りたいと思う。

2019.3

空を飛ぶのは鳥だけでいい

親川志奈子

「保育園」から着信があるたび、私は身体を強ばらせる。「お熱なので迎えに来てください」の言葉を聞くと不安が押し寄せ、可能な限りの速さで飛んでいく、あるいは夫がそうする。

二〇一七年一二月七日、宜野湾《ぎのわん》市の普天間《ふてんま》基地近くにある緑ヶ丘保育園に米軍ヘリの部品が落下した。ニュースを聞いた時の動揺を今でも覚えている。子どもが具合が悪いというだけで不安でたまらないのに、そのような連絡を受けた保護者の気持を想像すると今でも気が動転する。

一八年の秋、緑ヶ丘保育園の園長や保護者らでつくる「チーム緑ヶ丘１２０７」が、普天間基地の移設先と名指しされる名護《なご》市でトークイベントを行うと聞き、参加した。

園児の上を、鳥が飛ぶように米軍機が飛ぶ基地の街の日常。事故直後、沖縄県警が駆けつけ米軍機の部品とトタン屋根のへこみを確認するも、米軍の「部品の数はすべて揃っていて落下物は我々の物ではない」の回答で立件は困難に。保育園近くの騒音測定局では衝撃音が記録され、静止画カメラにCH53の機体が記録されているにもかかわらず、地位協定の壁に阻まれ捜査は叶わなかった。

屋根の下や園庭にいた子どもたち、一歩間違えると大惨事だった。必死で駆けつけ、涙を拭いながら子どもを抱きしめた保護者のことを知る由もないネット住人が「この事件は捏造だ」「自作自演かよ」とのデマを流し、ヤマトから誹謗中傷の電話が保育園に寄せられた。

宮城智子さんは、「市民に寄り添うと言った市長も、米軍と交渉するはずの国も冷たい対応だった」と語る。「一日も早い普天間の危険性除去」と言いながら、原因究明や保育園上空を飛ばさないでという最低限の要求さえ受け止めてもらえない。

「なんで空から落ちてくるの」という子どもたちの素朴な疑問は、これまで基地という非日常が日常化した沖縄に住む中で心を麻痺させてきた大人に感覚を取り戻させるものだったという。与那城千恵美《よなしろちえみ》さんは「魔法が解け、理不尽だらけの現状に気がついた」と語る。

事故から六日後には、普天間第二小学校に米軍ヘリの窓が落下した。緑ヶ丘保育園の神谷《かみや》武宏《たけひろ》園長は「国がきちんと対応していれば第二小の事故は起こらなかったのではないか」と指摘する。宮城さんは子どもが通う保育園と小学校の両方で事故を経験した。与那城さんの弟は〇四年のヘリ墜落事故当時の沖縄国際大生だという。会場からは一六年のオスプレイ墜落事故現場近くに住む方や、一九五九年の宮森小学校米軍機墜落事故を語る人もいた。私たちは何十年もの間、このゾッとするような環境に放置されている。県の統計によると「復帰」後の米軍機墜落は年に一回ペースだという。部品落下や緊急着陸はどのくらいのペースになるのか。そしてこの間、国は何をしていたのか。

一八年一一月二八日の『沖縄タイムス』によると、辺野古新基地建設の是非を問う県民投票をめぐり、宜野湾市の与党市議の一人が「普天間を抱える地元としての立場がある。緑ヶ丘保育園、普天間第二小学校で事故もあった。一日も早く飛行場を返還させたい。投票結果が普天間の固定化につながりかねない」と主張したとある。直接請求に必要とされる二万三〇〇〇を大きく上回る九万三〇〇〇筆の署名が集められ、宜野湾市だけでも四八一三人が署名したが、県民投票に参加しない理由として事故が政治利用された形となった。

チーム緑ヶ丘は緊急記者会見を開き、「園を思っての発言と感謝しているが、そのために宜野湾市民の投票権が奪われてはならない」と声明文を発表し、神谷園長は「辺野古移設か普天間の固定化かではなく、命の尊厳が軽視されている現状に向き合うべきだ」と述べた。

そもそも辺野古と普天間はリンクしていなかった。一三年に仲井《なかい》真《ま》弘多《ひろかず》元知事と安倍総理は普天間基地の「五年以内の運用停止」を確約し、その期限を一九年二月と説明してきた。その約束を反故にしたい安倍政権を追及するべき立場にある宜野湾市議が、移設反対の民意が示されたら普天間が固定化されるかもしれないと懸念し、市民から投票権を取り上げる方向で動くとは、一体どのような圧力がかかったのか。

一八年一二月、事故から一年の節目に「ことりフェス」が開催された。「お空を飛ぶのは小鳥さんだけがいいな」という願いを込め開かれた音楽&トークフェスだが、松川《まつがわ》正則《まさのり》宜野湾市長は「政治的なイベントになる可能性が懸念される」との判断で、市の後援を断った。不幸にも基地被害に遭ってしまった人々が、原因究明と再発防止を求めることは「政治的」か。被害者が声を上げることが政治的と捉えられる今の沖縄の悲劇を、ヤマトの人々は知っているだろうか。

実現不可能な新基地
沖縄の強さは増した

松元　剛

辺野古新基地計画の命脈は尽きる。終わりの始まりであろう。破綻が明らかな新基地計画が、限りなく実現不能の領域に達していることを沖縄の民意が補強した。

もう、何度目になるだろうか。自ら望んだわけでもない新たな米軍基地の負担の是非について、あらためて沖縄社会は結果を出した。二〇一九年二月二四日は、沖縄近現代史に刻まれる新たな節目となることは間違いない。

米軍普天間飛行場の代替の施設として、国が名護市辺野古に建設している新基地の埋立ての賛否を問う沖縄県民投票は、反対が四三万四二七三票(有効投票数の七二・二%)を占め、賛成の一一万四九三三票(同一九・一%)、「どちらでもない」(同五万二六八二票、八・八%)を圧倒した。

反対票は、県民投票条例で知事に結果を尊重する義務が生じる投票資格者総数の四分の一を大きく超えた。一八年九月の県知事選で、玉城デニー知事が獲得した過去最多得票の三九万六六三二票を、約四万票上回った。県知事選で、政権与党側が推す候補者を推薦した県政野党の自民、公明の両党支持層にも多い「反対票」がくっきり姿を現した。

辺野古新基地ノーの民意は、県知事選や国政選挙などを通じて幾度も示されてきたが、安倍政権側は「選挙の争点は辺野古移設だけではない」(菅義偉官房長官)と、結果を一顧だにしてこなかった。

それだけに、争点が新基地の是非に絞り込まれた上、曲折を経ながらも全市町村実施にこぎ着けた県民投票の結果には重い価値があり、安倍政権にノーを突き付ける意味合いが宿る。安倍政権は結果を軽んじ、矮小化に躍起となっているが、その意義は揺るがない。

投開票日は、先島《さき》を含む全域で雨模様が続いた。プロ野球のオープン戦四試合が何とか開催できたが、投票率が上がる傾向がある夕刻前から雨足が強まり、降り続いた地域が多かった。自民、公明、維新の三党が自主投票としたこともあり、住民投票の有効性の指標とされる投票率五〇%を割り込むのではという懸念が強まったが、投票率は五二%超となった。晴天なら六〇%近くまで上がったであろう。

投票日から一夜明けた朝、沖縄本島南部の建設会社のA社長と会った。生粋の自民党支持者である。県民投票について聞くためだ。A社長は開口一番、こう言った。「あなたの見立てと違うだろうが、今回は反対に入れた」

一八年末から安倍政権との親和性が強い保守系の五市長が、自民党県連と気脈を通じて賛否二択の県民投票の実施を拒む姿勢を示していた。同業者の忘新年会などでは、自民党県連に気を遣い、投票場に足を運ばないよう社員に促した、と話す同業者が多かった、という。

A社長の「反対」には伏線がある。昨年九月の県知事選で、A社長の下に、自民党幹部や党本部詰めの秘書団から「(玉城デニー知事の対抗馬だった)佐喜真淳《さきまあつし》氏に投票を」と促す電話が五度もかかった。「辟易を通り越した。安倍首相らに、一生懸命、知事選の運動をしていますよとアピールしたいだけの声音に聞こえた。私は長く自民党を支えてきたのに。沖縄の業者をコマとでも思っているのかと怒りが湧き、従業員には初めて自由に投票させた」と振り返る。

安倍政権への不信感が拭えないまま、県民投票を迎え、追い打ちをかけたのが、辺野古沖の軟弱地盤問題だった。大浦湾《おおうら》側の埋立て海域の約四分の一を占める海底にマヨネーズ状の軟弱地盤が深さ九〇mにまで存在する。一六年時点で想定外の軟弱地盤を把握していた安倍政権は隠し続け、県民に諦めを植え付けようと一八年一二月、辺野古沿岸から土砂投入を強行した。

翁長雄志《おながたけし》前県政が埋立て承認撤回の大きな要因として軟弱地盤を挙げたことで、外堀を埋められた安倍政権は一月末になって、ようやく設計変更を申請すると発表した。だが、玉城知事が認めることはないだろう。政権側は海底地盤を補強する巨大な砂杭を七万六〇〇〇本も打ち込むことを想定するが、世界で前例がない。九〇mの海底で作業できる船はない。政権が概算さえ弾き出せない建設費は、沖縄県が試算した二兆五五〇〇億円をはるかに超えることになるだろう。

A社長は「世界に例がない超難関工事を、黒四ダムのような美談に仕立てるつもりか。土建屋の勘だが、地盤改良はほぼ不可能。軟弱地盤を隠蔽しながら、安倍政権は土砂投入を強行した。ウチナーンチュはすぐに諦めると、決めつけている。問答無用の姿勢は、私が親近感を持っていた自民党とはあまりに懸け離れてしまった」と嘆いた。

投票の二日前、二〇人近い従業員に対し、A社長は「考え抜いて、賛否をはっきり投票してほしい」と呼びかけた。「沖縄の未来はウチナーンチュが決めないといけないさ」。「自己決定権」を説いたA社長に私は驚きつつ、沖縄社会の変化と強さを見た。

平和を一番望んでいるのは障がい者

山城紀子

三月二日、名護市辺野古のキャンプ・シュワブのゲート前で「障がい者辺野古のつどい」が開かれた。車いすや白杖を使って、あるいは外見ではわからない内部障がいやさまざまなハンディを持つ人たちがマイクを握り、「平和こそ障がい者が安心して暮らしていける基本条件。辺野古の新基地建設は絶対に許されない」と声を上げた。県内外から四〇〇人が参加、それぞれの思いを語った。

一五年にわたって両親と共に建設反対の活動に加わっている耳の不自由な渡具知《とぐち》和紀《かずき》さん(17)は「小さい時は親に連れられてという感じだったが、今は自分の気持で辺野古の海を守りたいと思い参加している。毎週土曜日の午後六時半から七時。走りすぎる車などに声をかけながらやっています。来て下さい」と笑顔で呼びかけた。

県民投票で新基地建設に対する圧倒的な反対の民意が示され、また軟弱地盤の問題が明らかになっているにもかかわらず「辺野古が唯一」「沖縄の基地負担軽減」を繰り返す政権の姿勢に怒りの声が続いた。沖縄県の試算による二兆五五〇〇億円を超える予算に対しては「税金の無駄遣い。すべての国民の生活のために使うべき」と強調された。

障がい者の自立支援プログラムやピアカウンセリングの活動を長年にわたって展開している車いすの長位《ながい》鈴子《れいこ》さん(56)は「人の命を削る基地はどこにも要らない。毎日(辺野古に)来ることはできないけれど、気持は毎日来ています」と語った。

京都から参加した聾者の永井哲《ながいあきら》さん(63)は「外国人とかＬＧＢＴの人たちが排除されている状況にあり、その中に障がい者も入っている。相模原障がい者施設殺傷事件もその表れだ。障がい者としても本土の人間としても、みなさんと共にあらゆる戦争のための基地をなくしていかないといけないと思う」と声を強めた。

集会には歌手の加藤登紀子さんや在日コリアンの辛淑玉《シンスゴ》さんらからのメッセージも寄せられ、歌や踊りも加わって予定の時間をはるかに超える盛り上がりを見せた。当事者と「健常者」が共に時間と場所を共有し「民意を無視した工事は、直ちに中止することを日本政府に求めます」とのアピール文を採択した。

障がい者が連帯して辺野古につどい、声を上げるのは、どういうことか。二三年に及ぶ辺野古での市民の活動の中でも「障がい者と辺野古」がテーマとなってきたのは、ごく最近のことである。この日の「つどい」は二回目。一七年一二月の最初のつどいでは、障がい者が辺野古につどうまでの険しい道のりと逡巡について、各自が自らの言葉で率直かつ真剣に語っていたことを鮮やかに思い出す。

障害者週間(広く障がい者の福祉についての関心と理解を深めると共に、障がい者があらゆる分野の活動に参加することを目的にした週間で期間は一二月三〜九日)の一日であった一七年一二月七日、障がい者自らが中心となって辺野古につどい米軍基地反対の声をあげた。まず呼びかけ文が読み上げられた。「戦争が起きると、真っ先に厄介者扱いにされるのが私たち障がい者。国は私たち障がい者の命を守らない。戦争に役に立たない障がい者は「役立たず、非国民、ごくつぶし」と非難され、排除された。ドイツでは、アウシュヴィッツの殺戮の前に、障がい者が二〇万人殺された」と、戦争と障がい者との関わりを述べると共に「私たちが辺野古に来るのは大変です。飛行機、バスでの移動。トイレ、風呂、介護等の確保。どれもしんどい。(…)声を出しにくい私たち障がい者。今回だけは思いっきり叫ぼうではありませんか。戦争につながる基地建設はいらない! 全国の障がい者、辺野古に集まれ!」とアピールした。

障がい者という視点から日本社会を、辺野古を、戦争との関わりをそれぞれが語った。

兵庫県から参加した大島秀夫さん(脳性マヒ、当時63)は「デモなどに参加してもヘロヘロになって脱落し、見捨てられる。やっぱり健常者中心の運動は参加しにくい。この辺野古の闘いも、今もって参加するのに躊躇する。僕が日本語で一番使う言葉は「すいません」です。家を出て、電車に乗って、伊丹の市バスに乗って、飛行機に。その間に何回「すいません」を言うか。健常者と折り合いをつけるために「すいません」ばっかり言います。参加しにくいという違和感は今もあるけれど、それでも戦争につながる基地建設を許さないために、これからも運動を続けます」と結んだ。

今年一二月には第三回「障がい者辺野古のつどい」を開催するという。女、子ども、高齢者、障がい者とすべての人が安心、安全に生きることのできるノーマライゼーションの理念は、新基地建設ノーの考えとぴったり重なっていることをリアルに体感させられた。

不都合な真実覆い隠す

ドローン規制法の改悪

松元　剛

政経部の基地問題担当記者だった一九九八年七月二三日夕刻、沖縄本島北部の米海兵隊キャンプ・ハンセン内で、米軍ヘリが大破したとの情報が入った。

基地内外の幾重もの情報源をたどり、夜になって、普天間基地所属のUH1指揮連絡ヘリ(四人乗り)が森に突っ込んで大破し、乗員にけが人が出ていることがわかった。奇妙なことに、在沖海兵隊は現場を抱える宜野座《ぎのざ》村に対し、「事故扱いはしていない」とわざわざ伝えていた。

社会部で基地問題を追っていた同期の松永勝利記者(現読者事業局特任局長)らと現場近くのゲートまでたどり着いたのは午後一〇時半頃。暗闇に目が慣れると、鉄製のゲートを束ねる鎖が緩み、大人が通れる隙間があった。

松永は「近くに墜落現場があるのに行かないわけにはいかない」と言い張った。私と彼は、米軍基地の環境汚染問題のキャンペーン報道を企画し、在沖米四軍との信頼関係を築きながら、基地内の汚染現場と浄化作業の取材許可を得たばかりだった。私は直感的に、無理すれば、特ダネになる基地内汚染の取材ができなくなると思い、リスクがある突入取材に反対した。激しく言い合ったが、「どうしても行く」という松永の説得を諦めた。若手カメラマンと二人が体を基地内にくぐらせようとした瞬間、ライフルを携行した憲兵二人が乗るジープが到着した。間一髪で、記者二人が刑事特別法違反の現行犯で身柄拘束されることを免れた。監視カメラが我々を捉えていたのだろう。

翌二四日付朝刊一面の腹位置で、「米軍ヘリ着陸失敗、大破／住宅地から1・5キロ／乗員2人けが」の五段見出しを取って報じた。『琉球新報』の独自ダネだった。

早朝、日本テレビの那覇支局長に連絡し、「現場を撮りにいきましょう」とお願いした。『琉球新報』には頻繁にヘリを飛ばせる財力がない。ヘリ会社と年間契約を結ぶ日テレに、〝コバンザメ作戦〟を願い出たのだ。快く基地上空まで飛ばしてくれたが、墜落現場がなかなか見つからない。那覇空港に戻るわずか数分前、両社のカメラマンが深い森に突っ込んで横倒しになり、無惨にひしゃげた機体を撮った。回転翼が吹っ飛んでいた。

その日の朝、在沖海兵隊報道部は事故発生を確認する他のメディアに対し、「『琉球新報』はミスリード。機体の損傷は軽微だ。事故(アクシデント)ではなく、インシデント(出来事)だ」と伝えていた。現場が墜落の事実を隠したか、県民の反発を招く重大事故の影響を抑える判断があったのだろう。「これでも墜落じゃないのか」。松永らが在沖海兵隊報道部で夕刊一面に六段で大きく掲載した写真を差し出すと、凝視した報道部長は二の句が継げなかった。一年後に出た海兵隊の事故報告書の表題は「墜落事故」だった。

もし、基地上空から事故機を撮影できていなければ、「墜落」の事実は伏せられていただろう。「墜落」と断定して報じ続ける『琉球新報』と海兵隊の関係は険悪になった。日を置かずに、基地汚染現場の取材許可は取り消された。

普天間飛行場に所属するMV22オスプレイが一六年一二月末の深夜、名護市安部《あぶ》の海岸に突っ込み、大破した事故で、海兵隊や防衛省は「着水」「不時着」と発表した。『琉球新報』は翌朝刊の第一報から「墜落」と報じた。米軍準機関紙『星条旗』、海兵隊の専門誌でさえ「墜落」と報じたが、日本の大手メディアは今も「不時着」で通している。

世界中でしばしば起きているオスプレイの墜落など、重大な機体トラブルをめぐり、米軍は「墜落」表記を極力避け、「ハードランディング(激しい衝撃を伴う着陸)」を用いることが多い。米軍ならではの矮小化ワードである。

小型無人機(ドローン)の飛行禁止区域に自衛隊や在日米軍施設・区域上空を追加した改定ドローン規制法が、六月一三日に施行される。在日米軍基地の七割が集中する沖縄は、規制区域だらけになる恐れがある。

名護市辺野古の新基地建設工事現場では、報道機関や市民団体「沖縄ドローンプロジェクト」が、ドローンを有効活用し、濁り水の汚濁防止膜外への流出など、沖縄防衛局の環境保全措置の不備を暴いてきた。だが、規制法改悪に伴い、日米両政府にとって不都合な事実を覆い隠す動きが加速している。

在沖米四軍は、『琉球新報』の取材に対し、基地上空周辺でのドローンによる撮影を原則的に禁ずる姿勢を示している。この春以降、飛行中のドローンに対する無線遮断など、何者かによる撮影妨害行為が相次いで確認されている。

多くの工事現場を撮影してきた土木技術者の奥間政典さんは「ドローン規制法は基地監視行動を狙い撃ちにし、辺野古新基地のずさんな工事の実態を隠してしまう。軟弱地盤の難工事も控える中、真実を知る権利を守らないといけない。沖縄だけの問題では決してなく、日本全体の問題だ」と警鐘を鳴らしている。

昭和天皇『拝謁記』「一部の犠牲」続く沖縄

松元　剛

沖縄を切り捨てた昭和天皇の判断は三度に及ぶ。

まず、太平洋戦争の戦局が悪化した一九四五年二月、「国体護持」を最優先する近衛文麿元首相から早期和平を進言された昭和天皇は、「今一度戦果を挙げなければ、粛軍の実現は困難だ」と退けた。近衛の「上奏」を受け入れていれば、翌三月の東京大空襲、三月末からの沖縄戦、広島、長崎への原爆投下による多大な犠牲は避けられた。

四五年七月、ソ連との和平工作に向け、天皇の特使として近衛に託すはずだった「和平交渉の要綱」には、「最下限沖縄、小笠原島、樺太を捨て、千島は南半分を保有する程度とする」と記され、終戦の材料としてこれらの島を差し出すことになっていた。「捨て石」の発想である。

そして終戦後には「天皇メッセージ」が続く。四七年九月、昭和天皇は「二五年から五〇年、あるいはそれ以上」沖縄を米国に貸し出す考えを伝え、二七年に及ぶ異民族統治に結び付いた。米側公文書は「(昭和天皇は)アメリカが沖縄を始め琉球の他の諸島を軍事占領し続けることを希望している」と記録している。

「象徴天皇」でありながら、昭和天皇が戦後まで外交、内政に深く関わり、なぜ、沖縄を米軍に差し出す方針まで示したのか。その手がかりとなる文書が公開された。

初代宮内庁長官を務めた故田島道治氏が、昭和天皇とのやりとりをつぶさに記録した『拝謁記』の一部が八月一九日、公表された。数日にわたって特報したＮＨＫとほぼ同様、大手メディアの報道の大勢は、独立回復を祝う一九五二年五月の式典で、昭和天皇が戦争への「後悔と反省」を表明しようとしたが、当時の吉田茂首相の反対で削除された経緯、改憲による再軍備の必要性に触れる記述に焦点を当てていた。すとんと胸に落ちない違和感が残った。

『拝謁記』は一八冊に上る。沖縄関連の記述が必ずあるとにらんでいると、遺族の意を受けたＮＨＫが公表することになり、東京報道部に入手を指示した。翌二〇日付『琉球新報』一面は「一部の犠牲やむを得ぬ」と横大見出しを張った。

一九五三年一一月の拝謁で、昭和天皇はこう語っていた。「基地の問題でもそれ〴〵の立場上より論ずれば、一応尤と思ふ理由もあらうが　全体の為に之がい〻と分れば、一部の犠牲は已むを得ぬと考へる事、その代りは、一部の犠牲となる人には全体から補償するといふ事にしなければ、国として存立して行く以上やりやうない話」

その頃沖縄では、米国民政府が「土地収用令」を公布し、「銃剣とブルドーザー」による民有地の強制接収が始まっていた。本土では米軍基地反対闘争が勢いを増し、本土に駐留していた海兵隊の大半が沖縄に押し出された。基地の存在が国全体のために必要なら、一部の犠牲はやむを得ないという昭和天皇の認識は「天皇メッセージ」と重なり、米軍基地が過剰に集中する源流として横たわる。それは、「一部(沖縄)の犠牲」を許容する為政者や大多数の国民の潜在意識にも影響しているだろう。昭和天皇の「戦争責任」と「戦後責任」は一層鮮明になった。

五二年三月、昭和天皇は「私は実は無条件降伏は矢張りいやで、どこかい〻機会を見て早く平和に持つて行きたいと念願し、それには一寸こちらが勝つたやうな時に其時を見付けたいといふ念もあつた」とも語っていた。

『琉球新報』に寄せた識者評論で、沖縄戦研究の重鎮である石原昌家《いしはらまさいえ》氏(沖縄国際大学教授)は、「米英軍に「出血」を強いて(戦果を挙げ)、天皇制存続の保証を引き出し、講和を結びたいという意味である。「戦果を挙げる」こと(天皇制存続)への執着が、未曽有の戦禍を拡大していったことを、「天皇自身のことば」で明白にした」と分析した。国体を護るためには、沖縄戦でのおびただしい住民の犠牲もやむを得なかったという天皇の認識が浮かび上がる。

『拝謁記』全体を読むと、国民や他国への謝罪ではなく、日本人全体が軍の暴走を許したことを「反省」しなければならない、という趣旨ではないかという疑念がわく。謝罪や反省が示されないまま、昭和天皇が地位に留まったことで日本全体の戦争責任がぼやけ、狭量と独善を宿した国家主義が再び強まる負の遺産になった側面は否定できまい。

八月二二日、学童疎開船「対馬丸《つしままる》」が米海軍の潜水艦に撃沈されて七五年の節目の慰霊祭があった。参列した生存者の平良啓子さん(84、大宜味村)は「一部の犠牲」の記述に対し、「沖縄に対する差別意識が出ている。米軍に差し出しても日本全体のためなら構わないという気持があるから、あんな言葉が出たのだろう」と推し量った。その上で平良さんは語った。

「もっと早く戦争を終わらせる決断ができた天皇が戦後に反省を示しても、犠牲者は帰らない。『拝謁記』を不戦の誓いを補強する資料として記憶に刻まねばならない」

2019.11

性暴力を許さない　フラワーデモに集う

山城紀子

「読んでみて」と押し付けるように友人、知人に貸しているうちに、いつのまにか失くしてしまった本がある。谷口優子という弁護士が書いた『尊属殺人が消えた日』(筑摩書房)。三〇年以上も前のことだが、読後の衝撃は今も鮮やかに記憶している。この本を通して、一九七三年四月、最高裁判所がそれまでの尊属殺人罪の規定が合憲であるという判例を変更、「尊属殺人罪は憲法違反である」という判断を示したことを知った。自身の親や養親など尊属に当たる人物を殺害した場合、死刑、または無期懲役という、きわめて重い法定刑が定められていることは知っていたが、私の驚きは変更のきっかけとなった事件にあった。

まだ一四歳であった娘が実の父親に性的な暴力を受け、母親に打ち明けても埒が明かず、家出をしても連れ戻され、結局父親の子どもを何人も産む羽目になり、ノイローゼ状態になって実父の殺害に至ったというものだった。

今でこそ「家庭」という密室の中で起きているパートナーや子どもに対する暴力や虐待は広く知られるようになり、大きな社会問題になっているが、当時、「家族」は安心や幸せの象徴のように捉えられていた。

「女から女へ」と女性たちが出会い、語り合い、エンパワーして、沈黙の中にあった性の問題や性暴力に「ノー」と声を上げるようになったのは九〇年代に入ってからである。セクシャルハラスメント、ドメスティックバイオレンスという概念、また「どんな服装をしていたのか」などと被害者の落ち度を問う「強姦神話」や、被害者を再び傷つける「セカンドレイプ」なども女性の尊厳に関わる重要な問題として、被害者に「あなたは悪くない」とメッセージを広げ、「性暴力ノー」の声を上げるようになった。

ところが一九年三月、性犯罪をめぐる裁判で無罪判決が相次いでいる。中でも三月二六日の名古屋地裁における判決は、尊属殺人規定の変更につながった事件をまざまざと想起させる。被告の父親は娘が中学二年生の時から抵抗する娘との性交を続けてきた。裁判では「娘の同意の下」という言い分は認められなかったものの、「(娘は)抵抗できなかった状態とは認められない」、いわゆる「抗拒不能」の状態ではなかったとして、無罪となった。

「ひどい判決」――、米兵の性暴力事件が後を絶たない沖縄でも女性たちがいろいろな場で話題にし、怒りの声を上げていた。四月以降、性暴力に無理解な社会に抗議し、全国各地で毎月一一日に花を片手に「性暴力を許さない」集いが開かれていることにも関心が集まっていた。「連帯しよう」と上野さやかさんと宮城《みやぎ》朋子《ともこ》さんが呼びかけ人となって、沖縄でも八月以降、那覇市の県民広場でフラワーデモが開催されている。

全国一八カ所でフラワーデモが開かれていた八月一一日が沖縄での初の集いとなった。司会進行を担当した宮城さんの呼びかけで、参加者の中から一〇人がマイクを持ち、被害体験や性被害を取り巻く偏見や無理解への怒り、連帯して支え合う必要性などを訴えた。

「(被害に遭って)心を病んだ友だちが何人もいる。「いやよ、いやよも好きのうち」などとよく言われるが、そういう思い込みが今も多い」と拒否していても合意と見なされることへの異議を。また、六〇代の女性は「一七歳の時に米軍の車に乗せられて山の中に連れていかれた。車が止まった時に命からがら逃げた。人に言っちゃいけないこと、と思って五〇年ぐらい黙っていた。やっと言葉にすることができるようになったのは最近」と被害者が沈黙を強いられる状況を。さらに「声をあげた人を守ってほしい。被害に遭った人は何年も苦しんでいる」「(被害に遭うのは)本人の落ち度とまだ日本中の人が信じている」「幼少の頃性被害に遭ったが、私のどこかに隙があったのだとずっと自分を責めていた。被害に遭った人に「あなたは悪くない」と言ってあげて。そして子どもたちにも性教育を」と訴える声もあった。

二回目の九月一一日も、前回と同じく午後七時スタートであったが、秋の気配を感じる夕闇の中で開かれた。最初に呼びかけ人の上野さんから、東京、大阪でのフラワーデモを立ち上げた北原みのりさんのメッセージが伝えられた。

「私たちが目指しているのは、性暴力被害者が怯えずに生きていける社会。声が否定されることなく届き、痛みに苦しむ人に寄り添える社会。語られる性暴力は過去に起きたことだが、それでも私たちが語るのは今の司法を変えたい。社会の空気を変えたい。性暴力をなくしたいから」

一人、また一人とマイクを手に、かつての被害体験が赤裸々に語られた。性犯罪に関する刑法改正を目標に、フラワーデモは全国の女性たちと連帯して二〇年三月まで続けられるという。

2019.12

琉球と先住民族の権利

開かれた議論を

親川志奈子

小中学校の同級生(沖縄島出身の友人たち)に「ね、あなたは日本人？　それとも琉球人？」と聞いて回ったことがある。

「日本人であることは間違いないけど、琉球人とか沖縄人とかって言われると、「はい、そうです」と言いたいような、でもしっくりこない気もする」という回答が圧倒的に多かった。

「じゃ、ヤマトンチュなの？」と聞くと「それはない、私はウチナーンチュ」と返ってきた。両親のどちらかが本土出身者の友人は「お父さんはヤマトンチュだよ」とか「私は「ハーフ」よ」と答えていた。

日本語の「日本人」がエスニシティ(民族)とナショナリティ(国籍)を区別しないため、私たちのような生まれながらに日本国籍を持つ復帰後世代のウチナーンチュは、「私たち日本人は」という主語を使うことにあまり抵抗がない。しかし同時に、琉球諸語で表現されるウチナー／ヤマトは明確に区別し、ヤマトンチュという他者に対しウチナーンチュというエスニック・アイデンティティを形成している。

西銘順治の「ヤマトンチュになりたくてなりきれない心」や翁長雄志の「ウチナーンチュ　ウシェーテー　ナイビランドー」など、歴代県知事の言葉を引くまでもなく、「日本人」という日本語にかき消されることなくウチナーンチュとしてのアイデンティティは、私たちよりももっと若い世代にも、ごく自然な形で継承されていると思う。

私はハワイで学んだ経験があるが、カナカマオリ(ハワイアン)が自らをインディジネス・ピープル(先住民族)という用語で表現していることに衝撃を受けた。植民地主義に直面し、政策決定のプロセスから除外され、搾取され、同化させられてきた人々。時にはアイデンティティを隠し、言語や伝統的な生活様式を捨てなければならなかった人々。しかしこれからは他のすべての人民と同様、先住民族の権利も保障すべきだという議論が国連を舞台に始まっていることを知った。先住民族という言葉を獲得した私は、すぐに先住民族の視点で沖縄を再考しようと考えた。

帰国し、すでに九〇年代から琉球・沖縄から国連の会議への参加を重ねている「琉球弧の先住民族会」というグループがあることを知った。彼らは「沖縄問題」に代表される数々の不条理をていねいにまとめ、国際社会に発信していた。国連は証言を検証し、歴史を顧み、特別報告者を派遣して実態調査を行なった。〇八年以降、国連の人種差別撤廃委員会や自由権規約委員会は複数回にわたり「琉球・沖縄の人々を先住民族と認めその権利を保護する」ことを勧告している。

対して日本政府は「沖縄県出身者は日本民族であり、社会通念上、日本民族と異なる生物学的または文化的諸特徴を共有している人々であるとは考えられない」ゆえ、「そこに人種差別は存在しない」という態度を取り続けている。

琉球国を解体し「琉球処分」という名の併合を行い、言語をシフトさせ、「捨て石作戦」の戦場にし、戦後は米軍基地を集中させ、現在も民主主義に反したやり方でさらなる軍事基地建設を進めている。植民地化し同化を強いた上で「同じ日本人なのだから人種差別じゃない」とは、なんとも奇妙な反駁ではなかろうか。

一六年、長野県出身の宮崎政久(比例九州)が衆院内閣委員会で「沖縄県民が先住民族だと思っている人はいない。誠に失礼な話だ。民族分断工作といってもよい。放置しないでほしい。私たち沖縄県民は紛れもなく日本人で、先住民族ではない」と発言し物議を醸した。

国連の勧告を理解していないのか、ナショナリティとエスニシティを混同させて、先住民族と認識されることは「失礼だ」と述べている。彼の発言をアイヌの人々はどう受け止めただろうか。

また今年六月には、日本沖縄政策研究フォーラムが、全国自治体の約一七〇〇議会に「沖縄の人々を先住民族とする国連勧告の撤回を求める意見書の提出を求める陳情書」を提出した。陳情書には、「これ(国連勧告)を放置していると、国連が認めている先住民族の土地の権利を根拠に自衛隊や米軍基地の撤去を求める声が上がったり、中国が琉球の独立を支援するという大義を根拠に沖縄に軍隊を派遣したり、さらには海外の沖縄県人が日本人学校に通えなくなるなど不要な紛争、差別を招くことになる」「このまま先住民族にされてはたまらない」と書かれていた。

国連は先住民族を、世界の最も不利な立場に置かれているグループの一つと説明している。先住民族の権利を議論する時代に逆行した言論が展開される日本。同化ではなく共生の発想が求められている。タブー視ではなく開かれた議論のために「先住民族の権利に関する国際連合宣言」を一読願いたい。

2020年

コロナ感染拡大
県経済へ打撃

4月　国は辺野古新基地建設で発覚した軟弱地盤対応のため設計変更を申請
〃　普天間飛行場から有機フッ素化合物(PFOS)を含む泡消火剤約23万Lが流出
8〜9月　安倍晋三首相が持病の悪化で退陣，菅義偉首相誕生
10月　沖縄初の芥川賞作家，大城立裕さんが死去
12月　県，コロナ禍による県経済の損失額が1年間で約6482億円に上ると発表

普天間飛行場から住宅地に流出したPFOSを含む泡消火剤(4月11日，宜野湾市，琉球新報)

2020.1

首里城焼失とアイデンティティ

松元 剛

編集局の中堅、若手記者たちに夜遅くつかまった飲み会を終え、寝付いてから一時間半足らずだった。一〇月三一日午前三時半過ぎ、編集担当取締役から二度、携帯電話に着信があった。起きていた娘が私を揺り起こそうとしたが、体と頭は起きない。業を煮やした娘が「これ見て」と、私の顔の前にスマートホンを差し出した。薄く目を開けると、画面いっぱいに炎が映っていた。寝ぼけまなこで「どこ」と聞くと、「首里城《しゅりじょう》が大変なことになってるよ」。ツイッター上の実況中継に驚き、バネのように跳ね起きた。

首里城から約一㎞南の高台にある自宅を飛び出し、首里城を一望できる墓地に走った。城壁の高さを上回る二〇m超の火柱が夜空を赤く染め、この時期にしては強く、乾いた北風に乗って無数の火の粉が頭上に押し寄せていた。その粒が異様に大きく、消防がしきりに避難勧告を発する首里城近くの住宅街への延焼が心配になった。

まだ酔いは覚めず、目の前の光景が悪夢のように感じた。編集局の三人の次長らに相次いで連絡し、「首里城が燃えている。社に上がって号外の準備を」と告げると、相手のくぐもった声が途端にしゃきっとした声音に変わった。

呆然としたまま、鎮火を祈ったが、正殿から延焼した南殿、北殿の火勢も強まり、幾度か響いた爆発音と共に火柱の高さと幅は増すばかりだった。

その光景は、琉球王朝以来の文化の象徴、沖縄県民の心のシンボルでもある首里城の威容が失われることを物語っていた。沖縄現代史に刻まれる世界遺産の大火に身震いし、沖縄県紙の底力が試される息の長い取材、報道が続くと覚悟した。

出勤の身支度をして、あの墓地へ三度目の足を向けた際、地域の自治会を長く盛り立ててきた男性(86)が立ち尽くしていた。首里城から片時も視線をそらさず、横にいた私にこう語った。「沖縄戦を思い出すさ。首里城が艦砲射撃で焼けた後、山原《やんばる》(沖縄本島北部)の東村有銘《ひがしそんあるめ》に逃れたが、米兵が火炎放射器で家屋を焼き尽くした。親に抱き締められていた一二歳の私は遠くから火を見ていたが、身動きできないほど怖かった。沖縄戦で焼けて、ようやく復元された首里城がまた燃えている。ウチナーンチュの魂が焼かれているようだ」。話すうちに涙声になっていった。凄惨な地上戦を体験したお年寄りにとって、沖縄戦と首里城焼失は線でつながっていると強く感じた。つらい話をしてくれたことに礼を言い、出社した。未明の現場に駆け付けた市民の反応を追っていた記者たちの報告からも、茫然自失、悲嘆に暮れる県民がいかに多いかが伝わってきた。

この日、『琉球新報』は午前七時に表裏の号外、火災の概要がわかった正午過ぎに二度目の号外を四ページ建てで発行した。一八年八月の翁長雄志《おながたけし》知事が急逝した日に二度号外を出したが、そんな大事はもうないと思っていた。首里城焼失の号外を二度も出すとは夢にも思わなかった。

電気系統トラブルとみられる原因の究明や県に移管されていた管理体制の検証が進む中、県民が切望する再建への道筋をどう描くかが課題になっている。焼失から間を置かず、安倍晋三首相ら関係閣僚は国の責任で取り組むと表明したが、国営公園とはいえ、「沖縄の象徴」の再建が国主導で進められることに違和感を抱く県民も少なくない。

首里城は一四世紀半ばに築かれた。琉球国王の為政と居住の場となり、王位継承をめぐる戦乱で三度焼かれ、そのたびに再建された。一九四四年、沖縄戦を前に第三二軍が首里城を軍事要塞化し、地下に司令部を構えたことで米軍の艦砲射撃の的となり、貴重な文化財ごと灰じんに帰した。

三〇年余をかけて復元が完了した今の首里城の焼失が報じられた後、『琉球新報』には喪失感を乗り越えて、首里城再建を図りたいと、前を向く読者の論壇や声がどっと届くようになった。その中には、国との関係性を鋭く見通し、辺野古《へのこ》新基地と首里城再建をリンクさせることを警戒する見方がいくつもあった。そこに、歴史を踏まえたウチナーンチュの民度の高さを見た思いがした。

沖縄は、経済の弱さを突かれ、国が基地負担を沖縄に押し込めるための財政措置が繰り返されてきた。安倍政権が首里城再建の財政拠出をまず前面に打ち出し、沖縄に寄り添う姿勢を印象付けた上で、予算確保に焦点が当たる時期に、辺野古新基地とリンクさせる可能性はぬぐえない。

沖縄県民の幅広い世代が党派を超え、失われて初めて首里城の価値を再認識している。沖縄の精神文化の支柱である首里城の再建への道のりは、ウチナーンチュとしてのアイデンティティの再確認にもつながる。沖縄経済の自立や地方自治、「沖縄の自己決定権確立」の観点から、県が所有や管理主体となるべきだとの指摘も出ている。歴史的な経緯も踏まえ、主体的な県民同士の議論がどう尽くされるかが焦点となるだろう。

2020.2

『島口説』の再演、再々演

山城紀子

沖縄戦を生き延び、戦後の米軍占領下にあっても巨大な権力に苦しみ、それでも泣いたり、笑ったりしながらしたたかに生き抜いた庶民の姿を描いた演劇『島口説《しまくどぅち》』が一九年、二〇年と立て続けに舞台化された。ある意味、まさかの公演であった。

というのも『島口説』は、一七年に亡くなった俳優の北《きた》島角子《じますみこ》さんが三〇〇回以上にわたって県内外、外国でも演じてきた一人芝居だったからである。二時間出ずっぱり、セリフの多さはもちろんだが、劇中で民謡を歌い、踊り、少女時代の回想では飛んだり跳ねたりと舞台を駆けまわる。多くの一人芝居を演じた北島さんだったが、『島口説』は体力的にハードなためか、八〇年代半ば以降、舞台化されておらず、三〇年以上のブランクがあった。

新たな『島口説』は、お笑いコンビ「泉&やよい」の喜《き》舎場泉《しゃばいずみ》さんと城間《しろま》やよいさんが二人で北島さんの演じた民謡酒場の女主人・山城スミ子を演じるという斬新なスタイルで展開された。北島さん独特のウチナーヤマトグチ（沖縄方言と共通語の交じり合った語り口）、迫真の演技を記憶する人は、誰しも疑心暗鬼の気持で会場の国立劇場おきなわに足を向けたことだと思う。私もその一人だった。しかし二人は、「笑い」と「涙」でしっかりと沖縄の庶民の女の歴史を伝えた。また、二人で一人を演じるという手法も、北島さんがウチナーグチでセリフを言った後、ヤマトグチに言い直して話すという一人での掛け合いを連想させ、違和感なく観る者を物語に誘っていた。

観ながら、聞きながら、物語に込められている沖縄の歴史にあらためて胸を突かれた。医者がいないために幼子を失う、という島チャビ（離島苦）、戦後の米軍基地内での労働に働く意味を見出せず苦悩するスミ子の夫は、解雇されたことで失意の中、自ら命を絶つ。後半ではスミ子の父親が米軍の土地取り上げに三線《さんしん》を弾きながら抵抗し闘っていく姿が伝えられる。

冒頭でスミ子が唄う、沖縄ではよく知られる『艦砲ぬ喰ぇー残さー』（艦砲射撃の喰い残し）の人生が、全編を通して描かれる。

　結婚を決めた時、夫が言う「戦争で一人になったが、これで二人になったなあ、家族ができた。にへえどう（ありがとう）」に沖縄戦で家族を失った者同士が戦後再婚して家族をつくった実際の夫妻の顔が重なった。コザ暴動を描く場面では、赤いムームーを着た女が飛び出してきて、「人殺しアメリカー」と叫んで石を投げる。女は久々に会うスミ子の島の友達。「沖縄の女が、アメリカーに買われていたさあねえ、島の友達トシちゃんも、もうきやー（儲ける人）になって、黒人街につとめていた。（…）トシちゃんのお父さんは、アメリカの射撃場に薬きょう拾いに行ってさあ、アメリカーに見つけられて、撃たれて死んだ。アメリカーはトシちゃんの敵でしょう。それなのによ、敵に体売ってさあ、島にお金送って、弟や妹を養っていたんだよ」（謝名《じゃな》元慶福《もとけいふく》戯曲集『島口説』ゆい出版）のスミ子の言葉に、戦後の沖縄の女の歴史を痛く感じる。

　三〇年以上のブランクを経て舞台化された『島口説』はエーシーオー沖縄の代表・芸術監督、下山久《しもやまひさし》さんの企画で進められた。今なぜ『島口説』なのか。

　下山さんは「四〇年前の作品（初演は一九七九年）だというのに、内容がまったく古くなっていない。（沖縄のおかれている）状況が怖いほど変わっていない。基地の問題も何もかも……。そういう沖縄の現実を演劇人としてちゃんと伝えなくてはと思った」と話す。

　東京出身の下山さんだが、沖縄との関わりは長く、一九九二年からは沖縄が活動の本拠地になっている。七〇年代には東京芸術座に所属していて、沖縄の文化、芸能にも関心があった。「沖縄の芸能文化シリーズ」に取り組むことになった時、当時、東京で勤務していた沖縄出身の劇作家謝名元慶福さんにオープンにあたっての作品を依頼、「北島角子さんを呼んでくれるなら」という条件でつくられたのが『島口説』だという。

「出演の交渉で首里に住んでいた北島さんを訪ねた際、「なんねー、一人芝居って。一人で芝居ってできるの？」と言ってましたね」と当時を振り返った。

　東京での初演では、神経性の脱毛症になるほどストレスを感じたようだったが、その後、北島さんは離島も含めて沖縄県内のほぼすべての中学校、高校で演じた。泉&やよいの城間やよいさんは中学生の時に観ていて、「ぜひ、やりたい」と手を挙げてくれたのだという。

　戦後七五年にあたる二〇二〇年。オリンピック一色になっているであろう七月の東京で『島口説』の公演を計画している。ぜひ、見てほしい。

2020.6

米軍基地とコロナウイルス

親川志奈子

新型コロナウイルスが世界で猛威を振るい、その波はついに沖縄にも到達した。二月一四日に沖縄に寄港したダイヤモンド・プリンセスの乗客を乗せたタクシー運転手の感染が確認されてから僅か二カ月で一二一人（四月二〇日現在）。那覇《なは》市医師会は「那覇市医療の緊急事態宣言」を発表、「県内の感染者数は人口比で見ると東京と変わらない深刻な状態だ」と指摘し、市民に外出自粛を求め病床確保や医療者支援を訴えた。状況が刻々と変化する中ではあるが、執筆時点の沖縄から見える景色を切り取ってみたい。

二月二七日に安倍総理が突然の臨時休校要請を出した際、沖縄にはまだ張り詰めた緊張感はなかった。我が家の小学生は学校の代わりに開所を余儀なくされた放課後児童クラブへ通い、下の子たちはあたりまえのように保育園へ通った。地域の状況を無視した全国一斉、調整なしの強引な休校「要請」であったにもかかわらず、公立の小中高の実に九九%が休校を決めた。

危機感のない不安が島を包み、大型ショッピングセンターや国際通りも、地元客や観光客が闊歩している状況だった。ふと気になって、米軍基地内の学校について調べてみると、嘉手納《かでな》基地のFacebookに「脅威は低い」ため通常通りとあった。

三月一六日、沖縄県は二月二〇日の三人目以降は感染者が確認されないことから、自粛していた県主催のイベントを再開。那覇市の小中学校も再開された。

しかし状況は一変。三月二一日から二六日の六日間で四人の感染が相次いで確認された。いずれも県外や国外で感染した「移入例」と見られた。この時点ではウイルスの経路は追跡できており、県内のクラスターは発生していない。二六日には沖縄県危機管理対策本部会議が開かれ「不急不要の県外への旅行についてはできるだけ自粛してほしい」との呼びかけがあり、積極的な感染拡大防止姿勢に転じた。

三月二八日、在沖米軍基地で初の感染者がでた。一人目のニュースは嘉手納基地のFacebookを通して、二人目は外務省沖縄事務所と沖縄防衛局からの情報により沖縄県からの発表であった。しかし年代、基地内居住者か、基地外居住者か、帰国後の行動履歴などは明らかにされていない。県はフェンスの中を調査するすべを持たず、基地内はブラックボックスである実態が浮き彫りになった。

地元紙によると三月二五日に米国防長官が米軍に「海外での移動を六〇日停止する」よう命じ、米軍基地内の一三校が臨時休校を決め、オンライン講義へ切り替わっているとのことだった。しかし、その停止命令以前は、日本政府の水際対策強化も虚しく、米軍基地に入国する米兵らを日本側が制限できていなかった。地位協定の壁をあらためて実感することとなった。小さな島に張り巡らされたフェンスのあちら側とこちら側、同じ空気を吸うあちら側の人たちは異なる国のルールで、情報の共有はなされない。

沖縄への脅威は米軍だけではない。SNSで「沖縄は安全」「離島は安全」という根拠のない情報が拡散され、「コロナ避難」や「コロナ疎開」という言葉で都会から沖縄へやってくる日本人観光客の問題がクローズアップされた。特に石垣島《いしがき》では空港利用者が増加し、三月三一日、中山義《なかやまよし》隆《たか》石垣市長が「体調の優れない方は来島を自粛していただきますようお願いします」と異例の記者会見を行なった。石垣市内の感染症病床は県立八重山《やえやま》病院の三床に限られており、医療体制が整っていない離島での感染拡大は住民にとって脅威であると危惧する声が相次いだ。

四月八日には、玉城《たまき》デニー知事が、国の緊急事態宣言で指定された七都府県を含め、県外から本県への旅行などを含む渡航を自粛するよう呼びかけた。デニー知事は「観光リーディング産業の沖縄県において渡航自粛要請が県経済に及ぼす影響は決して少なくないが、県民の命と健康を守ることが最優先」として理解を求めた。

県や離島が来県自粛を呼びかける少し前、実は那覇市内で不思議な光景が見受けられた。三月二九日、那覇空港第二滑走路の運用開始を記念したセレモニーに参加した菅官房長官が県内の観光業界や経済団体、金融機関と新型コロナウイルスの感染拡大による景況について意見交換し、国際通りを視察して歩いた。危機管理を担う官房長官が、来県・来島自粛をまさに呼びかけようとしている沖縄で、マスクをつけず、大名行列のごとく街を歩き県民に近づいていって両手で握手し言葉を交わす姿は、異様であった。

四月一三日、危惧していた悪夢が現実となり、石垣島で二人の感染者が確認された。島々を恐怖のベールが覆い尽くしている。日本政府と米軍の間にある沖縄が自己決定権を行使し、皆で生き延びて収束を迎えるには、どうしたらよいのだろうか。

2020.7

沖縄戦継承の場

コロナ禍が直撃

松元 剛

六月二三日、沖縄の島々が深い鎮魂に包まれる「慰霊の日」が巡りくる。とりわけ、今年は住民を巻き込んだ凄惨な沖縄戦から七五年の節目であり、あらためて愚かな戦争を二度と繰り返すまいと誓う日となろう。糸満市《いとまんし》摩文仁《まぶに》の平和祈念公園で開かれる「沖縄全戦没者追悼式」には、例年以上に多くの体験者や遺族、沖縄戦継承に取り組む幅広い世代が駆けつけると予想されていた。

だが、新型コロナウイルスの感染拡大が、沖縄戦の継承、平和教育の現場を直撃している。ひめゆり平和祈念資料館、県立平和祈念資料館、米軍の潜水艦に撃沈された学童疎開船対馬丸《つしままる》の児童らの犠牲を振り返る対馬丸記念館の沖縄戦関連三館で、今年三〜六月に平和学習目的で来館予定だった団体予約が三〇〇件もキャンセルされた。緊急事態宣言が発令された四月の入館者数は三館とも前年比九割以上の減となった。広島、長崎と並び、沖縄は平和を学ぶ修学旅行先となっているが、通年でキャンセルが相次いでいる。

一方、沖縄県は「全戦没者追悼式」の規模の大幅縮小を決めた。五〇〇〇人超の参列者が見込まれたが、玉城デニー知事や遺族会関係者ら県内招待者一六人程度に出席者を絞り込む。安倍晋三首相ら三権の長の出席も求めない。玉城知事は「県民がそれぞれの場所で戦没者を追悼し、平和を誓う日にしてほしい」と呼びかけている。

規模縮小に合せ、沖縄県は追悼式会場を平和祈念公園内の広場から、国立戦没者墓苑に変更すると発表した。昨年までは、「平和の礎《いしじ》」に連なる広場で催され、不戦の誓いと共に国際平和への願いが発信されてきた。金属探知機の検査を受けるだけで、誰でも参列できる追悼式は、米軍統治下から続く理不尽な基地重圧が沖縄戦と地続きであることを再確認し、沖縄社会にとって、その克服が重要課題であることを共有する場にもなっている。

こうした中、国立戦没者墓苑での開催をめぐり、沖縄戦や沖縄近現代史を研究する識者から異論が出ている。沖縄戦研究の重鎮である石原昌家《いしはらまさいえ》沖縄国際大学名誉教授は、「県民だけでなく、国籍、敵味方を超えてすべての戦没者の名を刻む平和の礎を背景に開催することに意義がある」と話す。戦争被害を受けた住民に援護法を適用する際、戦闘参加者として準軍人扱いしたことを挙げ、石原氏は「天皇や国のために「殉国死した」という遺族を絡め取る国のやり方を追認してしまうことにならないか」と懸念を深めている。

名護市教育委員会で市史編纂を担い、日本軍による県民監視の実態に詳しい川満彰《かわみつあきら》さんは、国立墓苑近くにあり、旧日本軍第三二軍司令官牛島満《うしじまみつる》中将と長勇《ちょういさむ》中将(参謀長)を祀る「黎明の塔」を中心に各都道府県の慰霊塔が集中し、その大半が戦没軍人を祀っていることを指摘する。その上で、「県民が違和感を覚える理由」に挙げた。

「軍官民共生共死の一体化」を掲げた第三二軍は、本土防衛の時間を稼ぐため、米軍が「ありったけの地獄」と表現した沖縄本島南部の凄惨な出血持久戦のまっただ中に住民を誘導し、盾にした。焦土と化した戦場跡で見つかった身元不明の遺骨と軍人が一緒に納められている国立墓苑での追悼式を懸念する声は、四人に一人が死に追いやられた沖縄の複雑な県民感情を照らし出している。

一年前の慰霊の日の追悼式に知事就任後、初参列した玉城知事は平和宣言の一部に、初めてウチナーグチと英語を加え、平和な世界構築の決意を示した。辺野古新基地の埋立ての是非を問うた同年二月の県民投票で、反対が七二％を占めた結果を挙げ、知事は「人間が人間でなくなる戦争は二度と起こしてはならない。県民投票の結果を無視して工事を強行する政府の対応は、民主主義の正当な手続きを経て導き出された民意を尊重せず、なおかつ地方自治をもないがしろにするものだ。県民の大多数の民意に寄り添い、辺野古が唯一との固定観念にとらわれず、沖縄県との対話による解決を強く要望する」と訴え、割れんばかりの拍手を浴びた。

宣言の締めで、知事は「幾世までぃん、悲惨さる戦争ぬねーらん、心安しく暮らさりーる世界んでぃし、皆さに構築いかんとーないびらん(いつまでも、平和で安心した世界をみんなで築いていかなければなりません)」と力を込めた。ウチナーグチを取り入れ、沖縄の未来は沖縄が決める自己決定権の確立を求める県民の心根、アイデンティティを反映した平和宣言であった。

「沖縄に寄り添う」という空虚な発言を連発する安倍政権は、新型コロナ禍で玉城知事が県独自の緊急事態宣言を発した翌日の四月二一日、辺野古新基地建設の障壁となっている軟弱地盤を補強する工法変更申請を提出した。沖縄の民意を凝縮した平和宣言を、安倍政権が一顧だにしなかった証左である。

2020.9

沖縄から見るBlack Lives Matter

親川志奈子

“Black Lives Matter”をどう和訳するか。さまざまな日本語メディアを見ていく中で、最も多いと感じたのは、「黒人の命は大切」という訳であった。そして「黒人の命は大切」を言葉通りに理解した人たちの中には、すかさず“All Lives Matter”「すべての命は大切だ」と被せてくる人たちや、それに賛同する人たちの姿が確認できた。そして、「すべての命は大切」というフレーズを見るたび、私たち沖縄人の多くはその既視感にモヤモヤさせられることとなった。

それはつまりこういうことだ。日本人により併合され、戦場となり、米軍統治下に置かれ、基地を集中させられた沖縄の人々が新基地建設を目の前に、「もうこれ以上、沖縄に基地はいらない」と叫ぶたび、沖縄人を支援していると自任するリベラルな日本人が被せてきた「基地はどこにもいらない」のコール。不条理(それも歴史的に構造的に続けられている相当ひどいやつ)を「是正せよ」と要求すると、大きな命題を背負わされてしまう。

倫理的に正しく一点の曇りもないこれらの言葉が、その正しさで差別問題の当事者の口を塞いできた事実について、どれだけの日本人が想いを寄せてきただろうか。

それでは、“Black Lives Matter”はどう和訳されるべきなのか。ネットサーフィンをしていると、いくつか良訳だと感じる表現を見つけることができた。たとえば「黒人の命を守れ」や「黒人の命を軽んじるな」だ。後者の訳は故翁長知事の「ウチナーンチュー ウシェーテー ナイビランドー(沖縄人をバカにするな)」という当事者性を表したメッセージを彷彿とさせた。

差別されている人々がいる、その差別をやめることは「優遇措置」ではない。“Black Lives Matter”や、「もうこれ以上、沖縄に基地はいらない」というメッセージが特定の人々に対する優遇措置に聞こえてしまう背景には、差別問題に対して知る権利を放棄し、その特権にあぐらをかいているマジョリティの怠慢がある。差別を経験している人々の声を聞くこと、差別者のポジションをどのように脱ぎ捨て手をつなぎ、まともな社会を作っていくことができるか、それを議論すべきではなかろうか。

六月一二日、沖縄でも黒人暴行事件に抗議し人種差別解消を訴える集会が開かれた。約三〇〇人の市民が集まったのは沖縄市胡屋《ごや》だった。今から五〇年前「コザ暴動」が起こった場所だ。米軍統治下の沖縄で発生した、米軍人が沖縄人を轢いた事故をきっかけに起こった「コザ暴動」。当時の沖縄では米兵による凶悪犯罪が毎年一〇〇〇件を超え、交通事故も三〇〇〇件を超えていた。それらはすべて米軍の憲兵が処理し、軍事裁判に持ち込まれた場合も多くが無罪となっていた。

「コザ暴動」について当時その場に居合わせた人たちの話を何度も聞いたことがある。不安と怒りが爆発し、石が投げられ米軍車両に火がつけられたが、騒動の中、「黒人の車はひっくり返すなよ」と確認し合ったと口々に語った。沖縄人と米軍人という圧倒的な差別構造、しかし沖縄人は、米軍人の中に存在する歴然とした差別構造について目を瞑ることはしなかったのだと学んだ。

少し前になるが、一六年にコザ暴動直後に「基地内の黒人から沖縄の人々へのアピール」というビラがコザの町で配られていたという『朝日新聞』の記事を読んだことを思い出した。ビラには沖縄がヤマトに支配されてきたのと同様の、アメリカでの黒人差別の歴史が綴られていたという。沖縄人がアメリカの黒人差別を見て取ったように、黒人米兵たちもまた沖縄人差別について知っていたのだ。

あれから五〇年が経つ。白人警察によって窒息死させられた黒人男性の映像をテレビで見て胸が締め付けられた。地面に倒された人間の首を膝で押さえるあの仕草は、私たちが辺野古で目にしているのと同じものだった。

「もうこれ以上、沖縄に基地はいらない」と声を上げ、辺野古に通う沖縄人は、警察権力によって日常的に力で排除される。不当逮捕された人、肋骨を折られた人、「息ができない」と涙を流した人を私たちはたくさん知っている。しかし「反対運動をしているのは過激派だから、そうされるのもしかたがないのでは」というのが大方の日本人の態度ではなかろうか。

私たちが求めているのは優遇政策ではない。特権を持つ人々が差別をやめる行為は「施し」ではない。沖縄人として“Black Lives Matter”を考えるとき、それが命の話なのだと痛感した。コザ生まれで沖縄市照屋《てるや》黒人街の研究と活動を行うKoza Xミクストピア研究室の池原えりこ代表は「Black Lives Matterは命どぅ宝だ」と語る。

「すべての命が大切」と思うならば、軽んじられている命にこそ向き合うべきだ。

2020.10

那覇軍港の浦添移設

変わる潮目

松元 剛

この夏、新型コロナウイルス禍にあえぐ日本列島を猛暑が襲った。南国・沖縄にも熱波が押し寄せていたと思われがちだが、実のところ、海に囲まれ、適度な風が吹く沖縄の最高気温は、三〇度台後半〜四〇度が続いた本土各地と比べるとかなり低い。夏の日差しは強烈だが、沖縄県内で気温が三五度を上回る日はまれだ。昨年、梅雨明け後の約一カ月半の平均最高気温は、沖縄は三一度台で、東京は三三度台、京都は三五度近くだった。毎年夏に沖縄を訪れるリピーターの中には「沖縄は避暑地だ」と言う人もいる。

与那国《よなぐに》島の南で発生した台風八号が沖縄本島をうかがい始めた八月下旬の週末、米軍那覇港湾施設（那覇軍港）の移設先である浦添《うらそえ》市西海岸に足を運んだ。台風の影響で濃い雲が垂れ込めていたが、県内最大級の大型商業施設前の海辺で、多くの家族連れやカップルが散歩や潮干狩りを楽しんでいた。二年半前までは見られなかった光景である。

コロナウイルス感染者の急拡大を受けた沖縄県独自の緊急事態宣言が延び、公営の公園などが閉鎖されていたことも相まって、自然が息づき、東シナ海に沈むきれいな夕日が見られる海岸を訪れる人が増えている。私が歩いた夕刻の気温は三〇度。少し強めに吹く涼しい風が心地良かった。

砂浜と干潟が残る海岸を訪れたのは、数日前、那覇市の北隣にある浦添市の松本《まつもと》哲治《てつじ》市長が、市の軍港代替施設の南側配置案を取り下げ、沖縄県や那覇市が推す北側案を受け入れたからだ。翌一九日、『琉球新報』は一面トップで、「軍港移設　北側案合意　浦添市長受け入れ　西海岸埋め立て加速へ」と報じた。

米軍側は、米軍艦船の航路や船だまりが民港部分と重なるなどとして浦添市の南側案に難色を示し、気脈を通じた防衛省が松本市長を説き伏せた格好だ。

一九七四年に那覇軍港の県内移設条件付き返還が決まってから、実に四六年がたつ。移設先は九五年の日米合同委員会で那覇港の浦添埠頭地区に決まった。在沖米軍の兵站基地である牧港《まきみなと》補給地区（キャンプ・キンザー）の海側に位置し、軍港と一体運用する軍事優先の論理があった。二〇〇六年には、広大な牧港補給地区(約二七〇ha)の全面返還が決まり、倉庫群の移設が進む。一八年三月には米軍も許容して、キンザー基地の海側を埋め立てて建設された臨港道路西海岸線(約四・五km)が開通した。それ以来、基地に取られて足を踏み入れることができなかった海岸線を多くの県民や外国人を含む観光客が訪れるようになった。豊かなイノー(礁池)が広がる憩いの海辺があることが広く知られ、県民に定着しつつあるのだ。

軍港と一体運用されるはずだった兵站基地の全面返還が決まったのに、機能強化が確実視される軍港だけを元の計画通りに造ることは合理性を欠いている。那覇軍港の寄港艦船をたどると、二〇〇二年は一九八七年の三分の一程度(三五隻)まで減った。〇三年以降、米軍が非公表としたのは「遊休化」の批判を封じ込めるためだ。今も低いとみられる使用頻度と軍港移設の必要性は反比例していよう。

在沖海兵隊の大半の歩兵部隊がグアムに移るのに、国が普天間《ふてんま》飛行場の代わりに輸送ヘリを置く辺野古新基地建設をごり押しする構図と似通う。県内移設条件付きの米軍基地返還の根源的な問題が、あらためて照らし出されている。軍港移設について、安倍政権は「沖縄の負担軽減の目玉」と喧伝しているが、最新の状況とずれまくっている。

臨港道路西海岸線の開通により、渋滞が深刻だった国道五八号を使わずに那覇空港から宜野湾《ぎのわん》バイパスへ抜けられるようになった。所要時間は二〇分余も短くなり、那覇、浦添、宜野湾の三市で、慢性的な交通渋滞が緩和されている。三人の子を連れ、潮干狩りを楽しんでいた那覇市の男性は「軍港移設のためにこの海を埋め立てれば、貴重な観光資源まで台なしだ。日米の古い合意があることは知っているが、突き進んでいいのか」と顔を曇らせた。西海岸道路の恩恵が享受され、県民の間にも「新たに軍港を造る必要があるのか」という声が広がり、潮目は変わった。

一三年に「軍港移設反対」を掲げて初当選した松本浦添市長は受け入れに転じた。一七年には軍港と民港を一体とする「南側」案を掲げて再選を果たしたが、再び公約を覆した。翁長雄志、玉城デニーの両県政は辺野古新基地とは一線を画し、現軍港の返還を求める那覇市と協調して「県全体の経済発展につながる」として軍港移設を容認し、国との対立を避けてきた。だが、県政与党の中に「基地機能が強化され、恒久化を招く」として浦添移設に反対する政党がある。「オール沖縄勢力」のアキレス腱を突き、自民党県連などが玉城知事の追及を強めることは必至である。軍港移設は、玉城県政が取り組む「ＳＤＧｓ(持続可能な発展)」の理念にも反しかねない。「県内移設なき返還」を模索すべきだろう。

2020.11

米軍基地と感染症

山城紀子

九月二二日、牧港補給地区とキャンプ瑞慶覧《ずけらん》で、それぞれ一人のコロナ感染が新たに確認されたとアメリカ軍から県に連絡があった。夕方のテレビのニュースが、そう伝えている。これで沖縄のアメリカ軍関係者で感染が確認されたのは四〇三人になるという。

どこまでも人数だけの発表だ。感染経路、基地外に出たのか。沖縄の住民との接触はあったのかなど、行動履歴はまるでわからない。

最初の発表は七月八日。沖縄県は米側から感染の人数の一報を七日に受けたが、八日になって公表した。米側が非公開の方針であったものを「了承がとれたため」公表に踏み切ったというのである。

フェンスの向こう側で感染症が確認されても、クラスター(感染者集団)が生じても、沖縄の住民には情報が遮断されていることを実感する。あの時はどうだったのだろうか。

「あの時」とは一九六四〜六五年、沖縄で風疹が大流行し、四〇〇人を超す先天性風疹症候群の子ども(以下、風疹児)が生まれた時だ(六〇〇人以上という説もある)。多くの風疹児には聴覚障害があった。当時私は中学生で、私の周囲でも風疹は流行していたが、あまり気にも止めなかった。

なぜなら「風疹」という正式の名称で語られることはほとんどなく、同級生や教師、私のまわりの大人たちも「三日はしか」と呼んでいた。はしかの軽いもの、という意味を表すその言葉の響きに、ごく軽い病気と受け取っていい雰囲気があった。妊娠中の女性がかかると胎児が先天性風疹症候群にかかるということなど知る由もなかった。

沖縄の風疹児の教育の始まりは一九六九年である。米軍統治下の沖縄に、日本政府総理府派遣沖縄学童検診団が一九六六年に来県、メンバーの一人だった九州大学医師(当時)の植田浩司《うえだこうじ》さんによって「風疹児」であることが明らかにされたと聞く。その後、日本政府と琉球政府が対策に乗り出すことになった。

なぜ、沖縄でこんなにも多くの風疹児が生まれたのか。そのことについては、当初から、沖縄に米軍基地があるので、アメリカから持ち込まれたのではないかという見方をする人が少なくなかったようだ。

というのは、沖縄で流行する直前にアメリカ本国で風疹の大流行があり、約二万人の風疹児が生まれたという報告や報道があったからである。しかし、日本政府が小児科、耳鼻科、整形外科など関係分野の専門家でつくった検診班(平山宗宏《ひらやまむねひろ》班長)が、沖縄での風疹の流行はアメリカから持ち込まれたのではないかという見方について、米軍の軍医に問い合わせたところ、米軍持ち込み説を否定した、と『朝日新聞』の記事は伝えている(一九六九年二月二二日)。

果たしてそうだろうか。当時はベトナム戦争(一九六〇〜七五)の真っただ中で、沖縄の米軍基地は出撃拠点にもなっていたため、米軍人の沖縄への出入りが激しかった時である。キャラウェイ旋風で知られる第三代キャラウェイ高等弁務官(一九六一年二月〜六四年七月在任)に象徴される米軍支配は強権、独裁で、民意の無視も甚だしかった時でもある。

五〇年以上経った今も、なぜ、沖縄で風疹が大流行したのか、原因を知りたい、と当事者や関係者は強く思っている。

沖縄市に住む門脇友三郎《かどわきともさぶろう》さん(85)は六四年に生まれた息子が先天性難聴と診断された。二歳の時である。

「(診断が出るまで)気づかなかった。まるで未知の世界に投げ込まれた気持だった」と振り返る。妻がかかった風疹もちょっと痒いというぐらいで、寝込むこともなく、さしたる症状はなかった。「何しろ情報がない。(風疹のことが)わからない」。聞こえのない子どもをどう育てればいいのか。

門脇さんは「風疹児親の会」の立ち上げから加わり、琉球政府や米国民政府(沖縄統治のための米国政府の出先機関。USCAR)に教育予算を陳情するなどの活動を始めた。米軍の兵隊が(風疹を)持ち込んだのではないかと噂が飛び交っていたが、調べようもなかった。

一八年、親戚の人を通して感染症の専門医から調べてみたい、との話を受けた。一縷の望みを託して息子のへその緒を送ったが、残念なことに保存状況がよくなかったようで、何もわからなかった。その後、他の親たちに声をかけ、二人の風疹児のへその緒を借り受けた。送ろうとした矢先にコロナ禍が起こったため、収束をまって送るつもりでいる。

今後のためにも、と門脇さんは言う。米軍基地内の閉ざされたコロナ情報は、まさに「あの時」の真実を問うべきであることを示している。

2020.12

首里城火災から一年

親川志奈子

二〇一九年一〇月三一日の明け方、ふと目が覚めてスマートフォンを手に取ると、世界中からたくさんのメッセージが届いていた。

「シナコ、これは本当の話なのか、それともフェイクニュースか」「どうしよう、こちらはまだ一〇月三〇日で世界のウチナーンチュの日を祝福しているというのに」「お願い、早く火を消して」「沖縄のために祈ります」

世界のウチナーンチュからのメッセージであった。

皆がなんの話をしているのかわからず、私は混乱した頭でネット検索し、「首里城火災」というフレーズを見つけた。まさかそんな、とテレビをつけると、暗がりの中、赤々と燃え上がる炎が映し出されていた。寝ていた私とは違い、世界のウチナーンチュの日を祝っていた海の向こうの同胞は第一報を目にし、驚いて、事の真相を知りたいとメッセージを送ってきたということだった。

その日からの沖縄は首里城火災の話題一色だった。老若男女、オフィスでもプライベートでも、子どもたちまで、首里城の話題を口にした。こんなにも多くのウチナーンチュがアイデンティティやナショナリズムを語る姿を、これまで見たことがなかったと思う。首里城の再建を願う人々の言動が連日紙面を賑わしていた。しかしそれは次第に「首里城再建のあり方」を問う視点が加わるものとなった。

火災の翌日、玉城デニー知事が上京し、官房長官や国土交通省、内閣府に首里城消失について報告し、復元への協力を求めると、「再建を国に頼むのは妥当なのか」と、少なくない疑問の声が上がった。御城が焼けて悲しんでいる人々を置いて、原因究明もされていない状態で政府の援助を取り付けることは、新基地建設問題をめぐり対峙する沖縄を懐柔したいと手をこまねいている日本政府からすれば、「棚ぼた」的な出来事ではなかったか。

同日、学問ツアーでたまたま沖縄滞在中だった、ハワイで沖縄の伝統芸能を継承している沖縄県系のグループ御冠《ウクワン》船《シン》歌舞団のエリック和田氏から電話があり、「私も参加者も居ても立ってもいられない、せめてもの思いで寄付を集めたので那覇市長に渡してほしい」と依頼を受けた。

せっかくの機会なのでと城間《しろま》幹子《みきこ》市長との面会をセッティングし、直接、手渡してもらった。城間市長が「国と一緒になってしっかり一日も早い復元をしていきたい」と述べたのに対し、和田氏は「市長、ワッター(私たちの)首里城は沖縄のウチナーンチュと世界のウチナーンチュの力で復元していきましょうよ」と伝えていたのが印象的であった。

首里城は単なる観光施設ではない。琉球という国が存在した証であり、先人たちがどのような思いで復元したか、首里城の歴史をもう一度学び直す機会にする必要があるのではなかろうか。

そして現代に首里城を復元する意義として、歴史の舞台として、奄美や宮古、八重山、与那国を含めた琉球のそれぞれの地域にとって首里城がどのような存在だったかを話し合う作業が求められると感じている。

このように指摘しなくてはならないのは、現在私たちが琉球の歴史を学ぶ機会が欠如していることを意味する。沖縄で生まれ育った私たちは、義務教育の中で日本の歴史を学ぶことが必須となっているが、必ずしも琉球の歴史を学べるわけではない。地域の歴史や文化などを学ぶ単元の中で触れる程度なのだ。

また、首里城が琉球併合の象徴として、日本への同化政策に利用された点も忘れてはならない。一八七九年から一九〇九年まで日本軍の営所とされた後、一九二五年には正殿が「沖縄神社拝殿」とされた。沖縄戦では日本軍の司令部が置かれたことで焼失した。

今度の復元は、日本国の道具を担う存在としての首里城ではない、本来の姿を求めていく方向に向かってほしい。龍柱の向きや第三二軍司令部壕など、前回の復元の際にはおざなりにされた新しい課題にも向き合うべきだ。

また、焼失前、沖縄県は国に対して、都市公園法に基づき年間二億三〇〇〇万円の国有財産使用料を四半期ごとに支払っていたということも驚きだった。さらには首里城の所有権移転を「国と協議せず」というところで止まっているが、所有権問題についても議論を深めてほしい。

夫が、「首里城復元は、サグラダファミリアのようにそのプロセス自体にも価値がある、だから国に金を出してもらってとにかく早く完成させるということではなく、資金調達、材料調達、技術継承、人材育成などすべてを吟味して実行したほうがいい」と言うのを聞いて、そのプロセス自体が力になるし、県外や海外の人たちにもそれを見てもらえばいいのだと思った。

2021年

終わらないコロナ禍
輝く県勢初の五輪金メダル

2月　航空自衛隊那覇基地から有機フッ素化合物(PFOS)含む泡消火剤が流出
7月　沖縄・奄美，世界自然遺産に登録
8月　東京五輪で空手形の喜友名諒，野球の平良海馬が県勢初となる金メダル
9〜10月　菅義偉首相が退陣，岸田文雄首相誕生
10月　第49回総選挙「オール沖縄」と自公が議席を分け合う

東京五輪，空手形喜友名諒が決勝の演舞(8月6日，共同)

大城立裕氏が照らした「自分ごと」

沖縄の不条理と戦後日本

松元　剛

米軍統治下の一九六七年、沖縄出身の作家として初めて芥川賞を受賞した大城《おおしろ》立裕《たつひろ》さんが逝った。一九二五年生まれの九五歳だった。二〇二〇年春に新作を発刊し、旺盛な執筆意欲を保っていた。沖縄の特異な歴史と文化の力を、沖縄社会の抱える不条理と矛盾を乗り越える力にしてほしいというメッセージに満ちた作品を残し、伝統芸能や琉球・沖縄語の継承発展にも尽力した。

大城さんの受賞作『カクテル・パーティー』を最初に読んだのは受賞から一五年後の八二年、私は高校二年生だった。その頃、複数の在沖米軍基地に、若い米兵の招きで、制服姿の女子高校生が英語を学びに通っている問題が明らかになり、県内メディアで大きく報じられていた。

多感な女子高校生と米兵が恋愛感情に発展する可能性や性被害に遭う恐れを挙げ、学校現場やPTA、保護者らが危惧していると報じられ、社会問題と化した。同級生の間で、どの高校の女生徒が出入りしているかが推測を交えて話題になっていた。県教育庁の実態調査があったり、各高校への指導が繰り出されたりして、問題は収束した。

米軍の長期駐留に県民が慣れ切ったことに遠因があるとの識者の指摘もあった。〝女子高校生を招く基地内語学教室〟がきっかけだったわけではなく、国語の先生に勧められて、私は『カクテル・パーティー』を手にした。

米軍統治下の沖縄を舞台とし、中国語サークルの中国人、米人、日本人記者、主人公である沖縄人がカクテル・パーティーに招かれ、親睦を深める。ある衝撃的かつ理不尽な事件をきっかけに「親善」の仮面がはぎ取られ、一人称の語りが「私」から「おまえ」に変わる。沖縄への抑圧がいかにごまかされているかを突き付ける後半の緊迫した展開に息をのみ、沖縄の置かれた状況に暗然とした思いが湧いた。日中戦争時の中国での「加害」経験が盛り込まれ、薄い知識しかなかった私は衝撃を受けつつ、むさぼるように読んだ。基地内語学教室がなぜ大きな社会問題になったかがぼんやりとわかったような気にもなった。

『カクテル・パーティー』が生まれて半世紀余がすぎた

が、沖縄を取り巻く状況はどれほど改善されたであろうか。

　大城さんの訃報が届いたのは、一〇月二七日の夕刻前だった。翌二八日付朝刊は、編集局を挙げて、沖縄文学を牽引した巨星の功績を多面的に報じる紙面展開となった。

　作家・詩人の大城貞俊《おおしろさだとし》さんの「沖縄戦後史　体現した重鎮」、芥川賞作家・又吉栄喜《またよしえいき》さんの「沖縄背負う意志の強さ」、作家・佐藤優さんの「「文化の力で勝つ」胸に」。この三本の追悼文・談話に加え、小那覇《おなは》安剛《やすたけ》編集局次長兼編集委員の評伝「異化と同化見つめて」を据え、沖縄から発信し続けた大城さんの魂、作品の普遍性を照らし出した。

　民主党の鳩山由紀夫政権が、普天間《ふてんま》飛行場の県外移設公約を覆し、辺野古《へのこ》移設を推進する方針に回帰して半年たった二〇一〇年秋、編集局に大城さんから連絡があった。

「普天間」をテーマに中編を書きたいので、基地問題のベテラン記者にレクチャーしてほしい」とのことだった。政治部長だった私が〝取材〟を受けた。こちらが出向くと申し出たが、大城さんはわざわざ足を運んでくれた。

　戦争に関して書いた作品をまとめて出版することになり、編集者から「渦中の普天間問題を作品にしてほしい」と依頼されていた。「大きな問題で躊躇したが、沖縄に根差す作家として挑戦しがいがある」と話していた。二週にわたり、計四時間ほど面談した。九五年に起きた少女乱暴事件以降の基地問題のうねり、基地整理縮小が進まない要因である県内移設条件の弊害、普天間飛行場の騒音被害、移設先の名護《なご》市辺野古海域の自然の豊かさなどについて説明すると、大城さんは要所をメモしながら、核心を突く質問を重ね、じっくりと説明に聞き入った。

「杖を突いて歩く年寄りには、いい運動になりますよ」など、自虐を帯びた柔らかい冗談を放って和ませてくれた。謙虚な人柄と温かい気遣いが忘れられない。

　琉球大学名誉教授の高良《たから》倉吉《くらよし》さん（元副知事）は沖縄史料編集所長だった大城さんの下で働いた際、入念な執筆準備を聞き、舌を巻いたという。『琉球新報』で『小説　琉球処分』の新聞連載を始めたのはコピー機もない五九年だった。大城さんは図書館で琉球処分官の松田《まつだ》道之《みちゆき》がまとめた史料を書き写す作業に没頭した。高良氏は「基礎的作業をしっかり行い、構想を練った」と語る。史実に真摯に向き合い、作品を織り成す姿勢は最後まで変わらなかった。

　大城さんが普天間問題を描いた作品は短編七編の『普天間よ』の表題作に収められた。政治とは一線を画し、文学を通して沖縄人に歴史と文化、アイデンティティの大切さを自覚すること、本土の国民に、戦後も変わらぬ沖縄の不条理に「自分ごと」として向き合うことを穏やかに求めた秀作群にぜひ触れてほしい。

2021.2

写真で追う、生まれ島の沖縄戦

山城紀子

写真家・大城弘明《おおしろひろあき》さんの写真集『地図にない村』（未來社）と『鎮魂の地図―沖縄戦・一家全滅の屋敷跡を訪ねて』（同）の著者略歴は「一九五〇年、沖縄県三和村福地《みわそんふくじ》（現糸満《いとまん》市）生まれ」という一行から始まる。

三和村は一九四六年に喜屋武《きゃん》、真壁《まかべ》、摩文仁《まぶに》の三村が合併して誕生した村で、六一年に糸満町に合併されるまでの一五年間存続した村である。沖縄戦終焉の地である糸満市の中でも旧三和村は、一家全滅が二五〇世帯、家族の半数以上が戦死した世帯は七八五世帯を数える。合併の理由も沖縄戦によって人口が激減し、廃墟と化したことで、独自で村を存続することができなくなったからである。合併の四年後に大城さんは生まれ、一一歳の時に村はさらなる合併によって消滅した。わずか一五年しか存在しなかった「三和村」という生まれ島に、これまでも、そして今もこだわり続け、撮り続けている。

大城さんと私は復帰後の同じ時期に新聞社に入社した元同僚だが、大学時代から沖縄戦をテーマに写真を撮り続けていたということを知ったのは数年前である。

二〇一五年に発刊した写真集『鎮魂の地図』、その直後に県立博物館・美術館で写真家の山城博明《やましろひろあき》さんと二人で「終わらない戦後」をテーマに開催した写真展で大城さんは一家全滅の屋敷跡を撮った作品を展示した。それぞれの家々にかつてあったはずの話し声や笑い声、食事時の団欒――、生活の営みが奪われた屋敷は写真を通してさえ、異様な静けさを感じさせた。人気のない屋敷に、六つも七つも香炉や位牌が並ぶ仏壇のある家もあった。

二〇年一一月、「ガマ～イクサバの記憶～沖縄戦から七五年」のタイトルで写真展を開催すると、大城さんから連絡をもらった。会場の那覇《なは》市民ギャラリーは、検温やマスクの呼びかけなどコロナ対策に気を配りながらも、多くの参観者が詰めかけていた。大城さんによれば『糸満市史』には二四〇のガマ（沖縄本島南部に多く見られる洞窟）の名前が掲載されているという。実家近くにあったンタヒーアブ（アブは壕のこと）の写真は、一九七二年に撮影されたものだった。一升瓶、割れた皿やマカイ（お碗）、水を入れたと思われる甕などが散らばっているガマには、そこで「暮らした」生活の品々と同時に十数体の遺骨、軍靴、ガスマスクなどもはっきりと写っている。

対比するように、二〇年三月、四八年ぶりに入ったンタヒーアブの写真もあった。ガマの中から入り口を撮った写真を見ても相当深さがある。ロープを使って三ｍほど降りて入ったという。かつてあった日本兵と思われる遺骨は収骨されていて、壕の中での暮らしを思わせる生活用品も片付けられていた。

写真をみるそばで、大城さんが母親や祖母から繰り返し聞かされた住民とンタヒーアブの関わりを話してくれた。

「（四五年の）三月末からここでの生活が始まった。一〇〇人ぐらいいたらしい。早朝に家に戻り、食事を作ってガマに戻る生活。じめじめした壕の中だから、汗や体臭、汚物の悪臭。それにノミやシラミもわくような状況。水汲みは一㎞ほど離れたアガリンカーまで行った。でも六月中旬頃、十数人の日本兵が来て「ここは軍が使うので出て行くように」と、全員追い出された」。捕虜になるのを拒んだ兵隊らは壕の中で全滅したとも聞いた。

一家全滅の屋敷跡をテーマにした写真展の後に、現場を案内してもらったが、今回もンタヒーアブなど撮影の足取りを見せてもらえないかとお願いした。

二〇年一二月初め、旧三和村福地の大城さんの実家周辺から案内してもらった。母親がイモを掘りながら出てきた遺骨を拾っていった畑。生活する身近な場所にもあった遺骨とそれを運んでいった場所。ンタヒーアブは数年にわたって探していたもののなかなか見つからず、二〇年にやっと撮影できたという。実家からそう遠くない場所だが、うっそうと草木が茂り、長年探せなかったということがよくわかった。以前案内してもらった一家全滅の屋敷跡なども、売却されたのか、工事が始まっているところもあれば、樹木にすっぽり覆われてすっかり風景を変えている所もあった。沖縄戦の傷痕を写真に撮り、記録し、記憶することの大切さを実感した一日だった。

大城さんの作品で見るたびにハッとする写真がある。祖母ウシさんの肖像写真だ。米軍機の機銃弾に左目と鼻を抉られたため、顔の真ん中に大きめの眼帯をつけている。撮影は七二年。復帰前に、戦争で受けた傷の補償で国に書類と写真を出すので撮ってほしい、と頼まれたそうだ。

「あんただけだよ。こんな醜い顔を見せるのは」。ウシさんはそう言って眼帯を外した。公表しているのは眼帯を外す前のウシさんの写真である。哀しみの記憶と記録が胸を衝く。

2021.6

人道上許されない絶対的愚行

親川志奈子

琉球はかつてアジア諸国と貿易をし、欧米諸国と条約を結ぶ、南海の島国だった。しかし一八七九年、武力により日本の一部、沖縄県となった。そして私たちは、先祖代々受け継がれてきた琉球の言葉を手放す形で日本語を習得し、皇民化教育を受けた。そして戦がやってきた。

一九四五年、沖縄戦。沖縄県民の四人に一人が戦死した。「鉄の暴風」といわれた砲弾の嵐が降り注ぎ、その不発弾は今でも地中に埋まっていて、工事のたびに住民は処理のため避難を強いられる。埋まっているのは砲弾だけではない。戦没者の遺骨もまた、沖縄のいたるところに埋まっている。地上戦を経験した人たちは沖縄人も日本人もアメリカ人も、そして朝鮮半島から連れて来られた人々も、みな逃げ場のない地獄をさまよった。死んだ家族を葬ることもできず、逃げまどった沖縄の人々は、戦後、家族とはぐれた場所、家族が死んだと思われる場所に行き、骨を探した。骨が見つからない場合は小石を三つ拾って墓に入れた。

家族をなくし、骨さえも回収できなかったという事実は、生き残った人たちを苦しめた。戦後生まれの私たちが想像もできない「生き残ってしまった」という苦悩。それでも立ち上がり田畑を耕し、歯を食いしばって命をつないだ。平和な沖縄を作りたい、二度と戦争は御免だという気持は、後の世代にも広く受け継がれてきたと思っている。

しかし現実には、戦後七五年が過ぎた今でも、広大な米軍基地と自衛隊基地が広がっている。そして、新たな軍事基地が琉球の島々のあちらこちらで造られてしまっている。

名護市辺野古に新しい基地を造るという計画に、日本政府は一度振り上げた拳を下ろせなくなったかのごとく執着している。世界最大級のアオサンゴの存在を知っても、そこが世界最北限のジュゴンの住処であっても、そこに活断層があり軟弱地盤があって技術的に困難であっても、県民投票で七割の投票者がNOを突きつけても、辺野古新基地建設反対という政治家が選ばれるたび、彼らに公約違反をさせ、民主主義を愚弄する形で辺野古新基地建設を進めようと頑張っている。

埋立て土砂の総量は東京ドームの約一六・三個分、採取予定地は本部《もとぶ》、名護、国頭《くにがみ》、宮城《みやぎ》島、八重瀬《やえせ》、石垣《いしがき》、宮古《みやこ》、南大東《みなみだいとう》、そして糸満と、沖縄全域にわたる。外来種の侵入を防止する県条例に反することから県外からの土砂搬入は難しいということで、県内で採取しようとの魂胆だ。

沖縄戦を学んだ者なら誰もが、沖縄全域に戦があったこと、そして糸満市のある沖縄南部が激戦地であったことを知っている。若い日本の兵士たちは、彼らが生きて暮らした一生よりももっともっと、何倍も長い時間、沖縄の土の中に埋まっている。戦争を起こしたのが国ならば、その戦争で亡くなった人々を国の責任で家族のもとに返すべきだが、日本政府は遺骨が混じっている可能性が高い土砂を採取し、辺野古新基地建設に利用する計画を立てている。

四〇年もの間、うっそうと茂った山の中に、あるいは誰も立ち寄らない防空壕跡に入りコツコツと戦没者の遺骨を収集している人物がいる。具志《ぐし》堅隆松《けんたかまつ》さん。糸満の土砂が辺野古新基地建設に使われると聞き、あらゆる手を尽くしたが止められず、ハンガーストライキを決行した。戦没者の遺骨をその人間たちが命を落とした戦争の、まさにその戦争の準備のための基地のために使うということは、人道上許されることではないと訴えた。

多くのウチナーンチュが具志堅さんに呼応した。辺野古新基地建設の是非を超え、保革を超えた、人道上の問題だと感じた人々が動いた。大きなうねりとなりたくさんの人がハンストの現場を訪れ、ネット上で署名を寄せた。世界中のウチナーンチュは、先祖の問題、つまり当事者の問題として署名を翻訳し、世界中で集めた。蝶の研究者宮城《みやぎ》秋《あき》乃《の》さん、トマト農家の金城博俊《きんじょうひろとし》さんも具志堅さんに続きハンストを決行した。官邸前でも東京在住のウチナーンチュ金武美加代《きんみかよ》さんが二三日半のハンストを行なった。それでも日本ではなかなか声が上がらない。メディアがあまり取り上げないし、記事を読んだことがある人も「沖縄頑張れ」と他人事のような態度でやりすごそうとしている。戦争当時、日本という国がかき集めてきた若者は、今もなお沖縄の地中に埋まっている、そしてその骨は彼らが戦った相手が次の戦に備えるための軍事基地として使用されようとしている。これは日本人の問題でもあるのだ。

先祖の墓に手を合わせに行ったことがある者なら、神仏に祈った経験のある者ならば、このような愚かな計画が進められようとしていることに目を瞑っていられるはずがない。

具志堅さんは言った。「世の中には絶対と言えることはそんなに多くない、けれどもこの計画は絶対に間違っている」

サンマデモクラシー　獲得した民主主義

松元　剛

一九七二年に沖縄の施政権が返還されて五〇年目に入った。満四九年の五月一五日、沖縄テレビ制作のドキュメンタリー映画『サンマデモクラシー』の完成披露試写会に出向いた。この日にふさわしい作品に心を揺さぶられた。

「帰るべき祖国だったのか」というもやもやが消えず、「本土復帰」「日本復帰」と記すたび、何がしかのためらいがわく。私を含め、そんな県民は少なからずいるだろう。沖縄の民意を抑え込む為政者の姿は沖縄返還前とさほど変わっていない――という疑念があるからだ。ドラマチックな作品の余韻に浸りながら、その思いを強くした。

監督は、沖縄発のドキュメンタリーの代表的な作り手である山里孫存《やまざとまごあり》さん(57、沖縄テレビ報道制作局次長)が務めた。二七年に及ぶ米軍統治下の圧政と果敢に闘った魅力あふれるウチナーンチュに光を当て、民衆が自らの力で民主主義を勝ち取る意義を照らし出している。民間放送教育協会のスペシャル企画に脚本が採用され、二〇年二月に系列局の枠を超えて全国放送された『サンマデモクラシー』の劇場版として衣替えした。

多くの賞を受けた四七分の番組が九九分の映画になった。描き尽くせなかった素材が盛り込まれ、登場人物の姿が「嘘みたいなほんとのエピソード」と共にみずみずしく描かれ、作品の熱量が増した。「沖縄の帝王」と呼ばれた高等弁務官は「沖縄を民主主義のショーウィンドーにする」と喧伝しながら、試合の途中でルールを統治者優位に変え、「アメリカファースト」の布令を連発する。米軍統治に盾突く政治家の追放を画策したり、敗色濃厚な訴訟を米側の裁判所に移送したりする行状を鋭く描写し、絶対権力者に挑む人々が活写されていく。

祖国復帰に突き進む当時の沖縄の世相、庶民の暮らしぶりを伝える映像や証言、資料がうまく融合し、思わず笑みがこぼれる娯楽エンターテインメントの要素もちりばめられている。ストーリーを展開する「うちなー噺家志ぃさー」こと藤木《ふじき》勇人《はやと》さんの落語調の語りがピタリとはまり、俳優の川平《かびら》慈英《じえい》さんのナレーションが彩りを添えている。

沖縄を描くドキュメンタリーに新たな地平を拓いた。

少しあらすじをたどる。六〇年代に入った沖縄では、マグロ漁のえさとして本土から入ってきた大衆魚のサンマが「栄養豊富でおいしい日本の味」として人気を博した。貧しい家庭が多かった食卓に定着したが、サンマは割高だった。米軍統治下だったため、琉球政府を下部に置く「琉球列島米国民政府(USCAR)」による高等弁務官布令によって、高い関税がかけられていたからだ。

税がかかる魚の項目にサンマがないことを知った魚卸業を営む女将・玉城《たまき》ウシは怒りに駆られる。六三年、ウシは琉球政府を相手取り、未記載のサンマに関税がかかるのは不当だと訴え、納付した四年半分の税金の還付を求めた。請求額は今の貨幣価値で七〇〇〇万円に上った。

沖縄戦後史に刻まれる「サンマ裁判」のもう一人の主役は、ウシの代理人弁護士で立法院議員の下里恵良《しもざとけいりょう》だった。戦前のモンゴルに職を得て、終戦後に密航で沖縄に帰ってきた下里の生き様はまさに破天荒。「ラッパ」と呼ばれた弁舌で、こじれた裁判の主導権を握る。「真の敵」は琉球政府のバックにいる高等弁務官・キャラウェイだった。沖縄の反米世論を組み敷く狙いもあり、一九五七年から六人の高等弁務官が派遣された。三代目のキャラウェイは、高まる祖国復帰運動に「沖縄の自治は神話である」と冷や水を浴びせるなど、「キャラウェイ旋風」を吹かせた。

下里は米軍統治と気脈を通じた保守系与党の重鎮だったが、「米軍が最も恐れた男」と称され、復帰運動を牽引した革新系の大物政治家と親交を結んでいた――という展開も観客をぐいぐい引き込む。玉城ウシは一八九九年、沖縄本島南部の漁師町の糸満生まれ。戦前、戦中に一人娘や妹を失う悲しみを乗り越え、沖縄戦も生き抜いた。気丈なウシは戦後、糸満から魚でいっぱいのたらいを頭に載せて、県都・那覇まで売りに歩き、生計を立てた。戦後の沖縄をたくましく支えた女性の代表格とも言えるウシの人生の終幕に迫るラストの展開は感動的だ。

山里監督は「沖縄の戦後史を動かした人物が織り成す群像劇を目指し、面白い作品に仕上がった。米軍統治下の沖縄、今の沖縄に民主主義は息づいているのか考えてもらえれば幸いだ」と語る。沖縄返還五〇年の節目に向け、沖縄県民はあるべき自画像を探り、民主主義を獲得する当事者として何をなすべきか、自立への道しるべはどうあるべきかを模索するだろう。

『サンマデモクラシー』は、本土の国民にも沖縄の不条理と民主主義のありかたを考えてもらうインパクトがある。七月には沖縄と東京で上映が始まる。ぜひ劇場に足を運んでほしい。

若年妊産婦を支える「まりやハウス」の開設

山城紀子

「ひとりぼっちで悩まないで、私たちに連絡を。あなたの秘密は守られます」と、携帯番号やメールアドレスを公開し、「若年にんしんSOS沖縄」事業を展開する一般社団法人「おきなわ子ども未来ネットワーク」(山内優子代表)。もしかして妊娠しているかもしれない、と不安に思いながらも誰にも言えず、妊娠検査や受診をするお金もなく、どうしたらいいのかわからない一〇代の女性に具体的な支援を提示する。「妊娠検査薬を届けます(無料)、産婦人科の病院に付き添います(自己負担なし)、産む・産まない・育てられない……すべての命によりそいます」と。

「リングキャンペーン」事業も展開している。望まない妊娠を繰り返す女性、パートナーが避妊に対して協力的でないため悩み苦しんでいる女性らを対象に「自分では経費を捻出することができない女性たちにリングを送る」というキャンペーンだ。

五月初め、同ネットワークは、新たな事業として若年妊産婦が安心、安全に出産を迎えられる宿泊型居場所として「まりやハウス 風のいえ」を開所した。

これらの事業は代表を務める山内さんが、県の職員として児童相談所や婦人相談所など福祉の現場で三〇年にわたって勤務した経験に裏打ちされている。山内さんに初めて出会ったのは一九八六年三月、県主催の児童福祉施設等職員研究発表会だった。中央児童相談所の心理判定員として山内さんが行なった、「被虐待児症候群の実態について」と題する研究発表を取材した。

沖縄では初めての児童虐待の調査だった。フライパンやアイロンなどで手足にヤケドを負わされた子など、身体的虐待の事例や、当時まだ関心を向けられていなかった「保護の怠慢ないし拒否」(今でいうネグレクト)の多さに目を見張ったが、最も表面に出にくい虐待として語られた「性的暴行」にはショックを受けた。

子どもにとって安心・安全の場であると思われている家庭の中で多くの被害実態があることも、ほとんど知られていなかった時だった。

虐待の背景の一つとして、気づいた時には産むしか選択肢がない若年女性の妊娠・出産の問題があった。妊娠が知られると学校からは「来ないでいい」と退学を促され、学業が途切れる状況……。貧困と孤立。「一〇代女性の妊娠・出産割合も全国の二倍強。若い女性が妊娠して子を産む、あるいは産まざるを得なくなった時、寄り添い、安心して出産できる場所があれば」という山内さんの思いを繰り返し聞いた。長い公務員生活を終えた彼女は、母子ともに安心して暮らせる社会を目指して、県内の大学で児童福祉論を教えながら、講演、セミナーなどを開催するなどしていたが、二〇一八年二月同法人を立ち上げた。

那覇から車で約一時間。中部の静かな住宅地に、まりやハウス（當山恭子《とうやまきょうこ》施設長）はある。二階建てで、中に入ると白を基調とした明るい雰囲気の二人一組の居室が三部屋と、談話室などがある。平日は看護師である施設長と社会福祉士が常駐。助産師が週二回勤務し、産婦人科への同行や生活支援、体調管理などにあたる。陣痛の緊急時などには夜間・休日でも看護師や助産師が駆け付ける「オンコール体制」で対応する。運営資金は、日本財団などから助成を受けたり、クラウドファンディングを活用したりした。

すでに入居者もいる。現在、妊娠二七週のAさん(20)がその人で、取材にも応じてもらえると聞き、会いにいった。

若く、溌溂としていて、笑顔が印象的な彼女は、抱える問題や現在の心境を屈託なく話した。まりやハウスを知ったのはネットの記事。生活保護の申請前で、シェアハウスに身を寄せていたが、落ち着かない日々だったという。お腹の子の父親でもある恋人の家で一緒に住んでいたが、妊娠したことで状況が変わった。産むなら一緒に育てると言っていた彼は、しばらくすると「子どもは要らない」と言うようになり、彼の家族にも「（子どもは）堕ろしなさい」と言われるようになった。実家の母や祖母らも「産むなら帰ってくるな」と、出産に猛反対だった。

しかし、「産む」という決意が揺らいだことは一度もないという。どうすればお腹の子と共に自立して生きていけるかが、目下の大きな課題のようだ。通学していた看護学校を休学、生活保護の申請も済ませ、当面は出産に備える。

妊娠して思ったことは、「産んだ後の母子の支援は、児童扶養手当や母子手当、母子寮への入寮などがあるけれど、妊娠中の支援がない」ということだった。それだけに安心・安全な居場所が得られたことに安堵の表情を見せた。出産後は母子寮への入寮を計画していて、すでに申し込んでいる。看護学校には来年一〇月、二年生の後期から復学の予定だ。その前向きな生きる姿勢に、まりやハウスのニーズと大きな可能性を感じた。

2021.9

「水は洗って飲めない」

多発するPFOS流出事故

親川志奈子

二〇二一年七月七日、沖縄県宜野湾《ぎのわん》市の米軍普天間基地内に保管してある有機フッ素化合物PFOSを含む汚染水を、米軍が「国の暫定指針値まで薄めて基地周辺の川に放出したい」と日本側に伝えているというニュースが流れた。PFOSは「フォーエバー・ケミカル」と呼ばれる残留性汚染物質で、環境中でほぼ分解されず残留し続け、体内に取り入れられると蓄積する。発がん性が疑われ、国内でも国際的にも使用が禁止されている化学物質だ。

沖縄ではこれまでに何度もPFOSを含む泡消火剤の流出事故が起きている。二〇年四月には、米兵たちが格納庫付近でBBQを行い、センサーが反応して泡消火剤が噴出する事件が起きた。自動車ほどの大きさの無数の泡が基地と民間地を隔てるフェンスを飛び越え道路や民家を浮遊し、付近の川に流れ込むニュース映像は衝撃的だった。二一年四月、那覇で運転していた私は、道を歩く人たちが不思議そうに空を見上げているのに気がついた。信号待ちで視線を上げると、たくさんの泡が風に乗って飛んでいるのが見えた。航空自衛隊那覇基地からの泡消火剤流出事故だった。泡は保育園の園庭や民家にたどり着き、手で触った子どももいた。事故直後、自衛隊は「PFOSは含まれていない」と発表したが、のちに最大で国の暫定指針値の約一二八倍のPFOSが検出された。六月には、うるま市の米陸軍貯油施設でPFOSを含んだ汚染水の流出事故が起きている。軍事基地あるゆえの汚染問題が相次いでいる。

米軍基地周辺の水源からは高濃度のPFOSが検出され、伝統的に人々の暮らしを支え信仰の対象にもなってきたいくつもの湧水(ウチナーグチで「カー」と呼ばれる)にはいま、「この湧き水は飲めません」と看板が設置されている。基地から流れ出すフォーエバー・ケミカルはPFOSだけではなく、PFOAやPFHxSも確認されている。一九年の京都大学と京都保健会、沖縄医療生協による調査では、水道水を飲む宜野湾市民のPFOSの血中濃度は全国平均の五倍、PFHxSに至っては五三倍にも上った。

思い出すのは〇九年、映画『アメリカばんざい』の日米交流ツアーに通訳として参加した際に出会った、ディアナ・ロペスとジル・ジョンストンのことだ。テキサス州サンアントニオの旧ケリー空軍基地周辺はもともとメキシコ領で、米領となったのは一八四八年。メキシコ系住民の住む周辺地区は、米軍によりトリクロロエチレンやテトラクロロエチレンなどの有害化学物質が投棄され、地下水が汚染された。政府と米軍は「安全だ」と言ったが、住民の多くが、がんや出産異常、甲状腺異常、小児糖尿病などの健康被害を経験し、最終的に七〇以上の井戸が閉鎖されたという。ジルが「アメリカにある数百もの軍事施設は、先住民族の土地を強奪した地域に集中している」と言い、ディアナが「子ども時代は汚染されていると知らず、いつも川遊びをしていた。米軍に憧れていたが、彼らが地域を軍事化しながら環境汚染を行なっていることに気がつき愕然とした」と言った言葉は、今でも耳に残っている。

ツアー終盤に彼女たちと沖縄入りした時、二人は深刻な顔で、「アイムソーリー(気の毒に)」とハグを求めてきた。「国内」であるサンアントニオでもこれだけの環境汚染があり健康被害があるのだから、「国外」である沖縄には同じかそれ以上の環境汚染があるだろうと彼女たちは言った。二人からは、環境負荷が不平等に分配される状況を不正義とする「エンバイロメンタル・ジャスティス(環境正義)」という言葉を学んだ。

七月一四日の『琉球新報』によると、PFOSを下水道に放出する理由について、在沖米海兵隊政務外交部長のニール・オーウェンズ大佐は、「焼却処理には高額な費用と時間がかかる」からだとしている。七月一八日の『沖縄タイムス』社説は、「いくら濃度を低減してもPFOSは残留性が高く、放出される量によっては人体や環境への影響が懸念される」と指摘。玉城《たまき》デニー知事も「私としては絶対に認めるわけにはいかない」と強い不快感を示した。県議会も「繰り返される米軍の汚染水流出事故に対し、県民の憤りや不信感が高まっている」とし、PFOSを含む有機フッ素化合物の貯蔵や使用、保管を中止し、貯蔵施設の撤去を求める意見書と抗議決議文を全会一致で可決したばかりである。PFOS流出事故に苦しむ沖縄の川に「安上がりだから」とPFOS放出を企み、それを「安全」だとする米軍の傲慢さに胸が押しつぶされそうになった。

沖縄には「ミジェー　アラテー　ヌマラン」という言葉がある。直訳すると「水は洗って飲めない」。小さな島で、サステナブルに生きてきたウチナーンチュが語り継いできた思想だ。福島原発事故による高濃度放射能汚染水の海洋放出をよしとする日本に米軍が持ちかけた今回のPFOS放出計画。彼らの愚行にNOを突き付ける。

沖縄空手の奥深さ究める

「金」獲得した子弟の絆

松元 剛

空手愛好家は世界で一億三〇〇〇万人いるとされる。相手を倒す技を競う武道の中で、空手は技を究めるための心の鍛錬に軸足を据える。空手家は人に浴びせる拳よりも己を律する心を優先して鍛え上げる。沖縄で「空手に先手なし」「平和の武」と呼ばれるゆえんだ。

開催の是非を問う議論はなお続くが、東京五輪で空手発祥の地・沖縄から初の金メダリストが生まれた。男子形決勝で、沖縄市出身の喜友名《きゆな》諒《りょう》選手(31、劉衛流《りゅうえいりゅう》龍鳳会《りゅうほうかい》)が優勝を果たした。「全競技を通じて金メダル最有力」というプレッシャーをものともせず、「沖縄空手の誇り」を宿した圧巻の演武を平常心でこなし、二年前に逝った母に約束した金メダルを獲得した。別次元の強さが光った。

芥川賞作家の又吉栄喜さんは『琉球新報』に大型談話を寄せ、「いろんな不条理の中にある沖縄の人たちに勇気を与えた。琉球王国時代からの歴史の力、文化の粋が凝縮した演武」とたたえた。対戦相手らすべての関係者への礼節を尽くした美しい座礼を含め、鍛え上げられた心の豊かさをも示した喜友名選手のたたずまいは鮮烈な印象を残した。

世界大会で無敵の連勝を続ける喜友名選手を一六年間指導してきた、師匠の佐久本《さくもと》嗣男《つぐお》さん(空手形監督、劉衛流龍鳳会会長)は東京五輪で初めてセコンドに付き、偉業を成し遂げた愛弟子を間近で支えた。

「敵に一瞬のすきを見せた途端、死に直結するという緊張感を保ち、命懸けで稽古すること」を弟子たちに課してきた。沖縄の多様な文化の一翼を担う空手の精神性を深め、柔らかい動きを会得するため、琉球舞踊、太鼓なども稽古に取り入れた。伝統を大切にしつつ、技を進化させた子弟は、沖縄空手の最高峰の演武に五輪本番で到達した。佐久本さんは「相手を蹴り砕く強さと心の奥深さが表現されていた。判定は二八点台だったが、私は三〇点満点をあげたい」と目を細め、語った。

高校の体育教師だった現役時代、佐久本さんは一九八四年から世界選手権三連覇など世界大会七連覇を果たし、ギネスブックに登録された。空手界で「生きる伝説」と称される。七三歳になった今も毎日、道着を着て弟子の前に立ち、形を実践する。喜友名選手に「佐久本先生のような形の域にはまだまだ達しない」と言わしめる存在である。

佐久本さんは沖縄戦から二年後の四七年、沖縄本島北部の恩納《おんな》村で生まれた。校庭や海辺に不発弾が残り、日々の食べ物にも事欠く環境で育った。はだしで学校に通ううちに足の裏が角質化して硬くなった。砂利道でも歩けるほど頑丈になり、幼少期から空手に親しんだ。

陸上選手としてならし、生徒会長も務めていた石川高校二年生の時、東京五輪の聖火ランナーとして地元恩納村を走った。祖国復帰運動が盛り上がる中、沖縄のおばぁたちが手にした日の丸やティーサージ(手拭い)が翻る沿道の様子、海辺の道路に吹いた潮風の香りが今も忘れられない、という。

沖縄から渡った聖火が本土を駆けた後、最終ランナーが東京・国立競技場の聖火台に点火したシーンを、高校の白黒テレビで見た。「自分がつないだ沖縄の火が見え、私はスポーツ、空手の道に進むと決めた。七三歳になって弟子が金メダルを獲ってくれて感無量だが、選手として出場できた喜友名がうらやましくてしかたない」と笑う。

劉衛流は沖縄空手の源流の一つである「那覇手《なはて》」の流れをくむ。日本体育大学を卒業後、体育教師として赴任した名護の地で、一子相伝を厳しく保ってきた劉衛流四代目の仲井間憲孝《なかいまけんこう》師が住む小中学校校長官舎に通い詰めて直訴し、しごきに近い稽古に耐え抜き、弟子入りを果たす。

三〇代の遅咲きで形の世界王者になった佐久本さんは、八七年に沖縄で開かれた海邦国体のポスターに起用された。ところが、劉衛流は少数派の流派だったこともあり、世界王者が県予選で落選する悲哀を味わう。本人は今も多くを語らないが、当時の悔しさが負けん気に火をつけ、国外勢二人を含め劉衛流から世界王者九人を輩出した指導力の源泉になったことは間違いないだろう。

モットーとする生き様「媚びず、恐れず、妥協せず、挑み続ける」を踏まえ、佐久本さんの指導は沖縄の独自性にこだわり続ける。稽古では、むちのような体のしなり、粘りを意味する「むちみ」、無駄な動きを戒める「わーばぐとぅ(余計な動き)」などのウチナーグチが頻繁に発せられ、指導を受ける弟子たちに緊張が走る。

佐久本さんは「喜友名は沖縄空手の気高さを世界に発信した。心技体の強さはすごいが、まだまだ伸びしろがある」と話す。飽くなき探究心で結ばれた子弟の次の目標は一一月にある世界選手権ドバイ大会で、師匠を抜く四連覇を達成することだ。

＊喜友名選手は見事に四連覇を果たした。

「命の選別をしないで」

新型コロナウイルスと精神障害者

山城紀子

　敬老の日の九月二〇日夕、テレビの全国ニュースでは、東京都の新型コロナウイルスの新たな感染者が三〇二人確認された、という都の発表を伝えていた。四〇〇人を下回るのは七月五日以来だという。沖縄でも同日の新規感染者は八〇人で、一〇〇人を下回るのは七月二四日以来、約二カ月ぶりだった。人口一〇万人当たりの新型コロナ感染者数では相変わらず全国ワーストだが、全国同様、減少傾向を見せている。これを第五波のピークアウトとの見方を示す多くの専門家は、第六波が来るはずだ、と異口同音にコメントしている。そうであれば減少傾向にある今こそ、これまでの感染状況を検証すると共に、浮かび上がった問題に対し、備えを始めるべきだろう。

　特定非営利活動法人沖縄県自立生活センター・イルカ（長位《ながい》鈴子《れいこ》代表）と公益社団法人沖縄県精神保健福祉会連合会（山田圭吾会長）は八月三〇日、沖縄県知事と県議会議長宛てに「新型コロナウイルス対策におけるトリアージ実施に関する緊急要望」書を提出した。

　八月二三日に開かれた沖縄県の新型コロナウイルス対策を議論する専門家会議では、県内の医療状況が医療崩壊の危機の域にあるとの共通認識のもと、「患者の治療の優先順位を判断する「トリアージ」の指針を議論する方針を確認した。感染拡大で医療資源が不足する中、現場の医師ら個人に「命の選択」に関わる判断が委ねられる現状に強い危機感が示された」とする報道（『沖縄タイムス』八月二四日）を受けての取り組みである。

　要望書ではこの報道に、「私たちはこれが障害者の命の選別に繋がるのではないかと大変な危機感を抱いています。感染症対策は、予防と予測を進めることができ、感染者への対応も数日の猶予のある点などから、突発的な自然災害やテロなどとは根本的に条件が異なります。これまでの経験を総動員し、迎え撃つためのあらゆる方策を行い、優生思想につながる障害を理由とした命の選別が推進されることがないようにして下さい」と訴え、具体的に一二項目の要望を挙げる。

「精神科病院や入所施設(障害児・者、高齢者)でのクラスターに対し、原因の究明と公表をし、速やかで適切な対応をすること」「クラスターの激化、新しいクラスターの発生を防ぐため、全精神科病院・入所施設の職員および出入りする全員への抗原検査(簡易検査、PCR検査)が徹底されるよう検査キットの配給」「アクセシビリティの確保と徹底(手話、字幕、点字印刷、音声対応、知的障害者などにもわかりやすい形の情報提供)」などである。

トリアージとは、災害、事故などの発生で多くの負傷者を治療する際に、どの患者を優先するか医師が判断するものとされている。医師としての「プロの目」が問われる、と聞いていた。しかし、コロナのパンデミックで医療崩壊した国や地域で、人工呼吸器や医療従事者の不足が深刻化し、より若く、治療効果のある患者を優先せざるを得なかった、という実態が明らかになった。障害者が後回しになる、あるいは放置されるという懸念がリアルに響く。

全国の精神科病院でコロナに感染した患者の割合は、市中感染の三〜四倍に上ることがNPO法人大阪精神医療人権センターの調査でわかったという(『神戸新聞』三月二八日)。精神科の医師から聞いていた問題の一つに、患者が精神疾患以外の病気になった場合でも受け入れてくれる病院が非常に少なく、転院もできないまま精神科病院で亡くなる、ということがあった。精神疾患の症状が安定していても、である。

日本精神科病院協会は九月一五日、精神科病院に入院中にコロナ感染が確認され、転院を要請してもできずに死亡した患者が二三五人に上ったとの調査結果を発表した。

沖縄ではうるま市、浦添《うらそえ》市、那覇市など県内の精神科病院でコロナのクラスターが相次いで確認された。

国内のクラスターの中でも最大規模となったうるま市の老年精神科の病院では、入院患者の六割以上に当たる一七四人がコロナに感染、六九人が亡くなった。九月一六日、県内二紙はこの病院のクラスター収束を伝えているが、亡くなった入院患者は計七一人になった。

精神障害者の家族らで構成する県精神保健福祉会連合会の高橋年男理事は、精神科病院特有の問題点を挙げる。

「ほんとうは一般病棟よりもっと多くのスタッフが必要なはずなのに、精神科特例(医師は他科の約三分の一、看護師は他科の約三分の二でよい、という特例)で真逆な状況。人生の中で誰でも心のバランスを崩すことはあるはずなのに……」と指摘する。

「私や私の大切な人が心病んだ時」、どういう扱いを受けるのかが示されている。一人ひとりが考えねばならないことだと思う。

2022年

「復帰」50年
変わらない日本，変えていく沖縄

1月　南城市長選で前職の古謝景春氏が返り咲き
〃　名護市長選で現職の渡具知武豊氏が再選
2月　ロシア，ウクライナに侵攻
4月　沖縄市長選で現職の桑江朝千夫氏が3選
5月　沖縄の施政権返還(日本復帰)から50年

1972年10月26日

2022年1月26日

左：グアム島から台風避難を理由にB-52戦略爆撃機約90機が飛来(嘉手納基地，琉球新報)
右：国道58号上空を通過し，嘉手納基地に着陸する米軍機(北谷町砂辺，琉球新報)

有銘政夫のこと

親川志奈子

私の祖父、有銘《ありめ》政夫《まさお》が他界した。サイパン生まれ、九〇歳だった。通夜の席で彼の妹たちが「サイパンから引き揚げる時ね、沖縄は寒いところだよ、と聞いていたわけ。私たちは半袖さーね、本当に寒かったよね、ガタガタ震えたよね」と話していて、私が南の端と捉えていた沖縄は実は寒い北国でもあるのだと、認識を新たにした。悲しく、切ない、別れの時間を過ごした。

一八七九年、琉球が日本に併合されると、有銘家の人々は国を失い、首里《しゅり》を離れた。「ソテツ地獄」といわれる第一次大戦後の不況の中、政夫の父、有銘《ありめ》政松《まさまつ》はサイパンに渡り、「北の満州、南の南興《なんこう》」と呼ばれた国策会社で働き、家族を呼び寄せた。一九三一年、政夫が誕生。政松は汗水流して働いて、沖縄に残る弟に送金し、故郷に小さな土地を買い求めた。帰国準備を進めたが、サイパンの要塞化が進められ引き揚げがストップし、政夫たち家族は「玉砕の島」サイパンで戦争を体験した。戦は政夫から父親と弟を奪った。

一年半ほどの捕虜収容所生活を経て、四六年、残された家族は沖縄に戻った。しかし、政松が残した唯一の財産であり、生きた証でもある家族の土地は、基地に取られ、立ち入ることさえできなくなっていた。政夫の母ツルは、頭に商品を載せて売り歩く「カミアチネー」で行商し、家族を養った。政夫はコザ高校を卒業し、沖縄外国語学校英語速成科を経て小学校の教員となり、青年団に入る。米兵による強姦事件が頻発する中、集落の人々を守るため、青年団で夜間パトロールをした。彼のアクティビズムの原点だ。五五年には越来《ごえく》村青年会長となり、「プライス勧告反対・軍用地四原則貫徹県民大会」に汗を流した。記録には一六万人が結集したとある。六七年には教公二法阻止闘争に参加。六九年、中部地区教職員組合専従役員となり、全軍労闘争を支援する。政夫の運動への参加の記録をなぞると、近代沖縄の歴史を振り返ることになる。聞きかじった沖縄近代史を祖父の視点で追体験することは、私にとって何より楽しい時間だった。休みのたびに出かけていき、コーヒーを飲みながらユンタク（おしゃべり）を重ねた。

政夫は、イデオロギーを前面に押し出す強い言葉を好まなかった。ヤファヤファ（やんわり）と、時にウチナーグチやジョークを折り込みながら、自分の言葉で飄々と語った。

ある時、七〇年の毒ガス撤去闘争の話を聞いていると、残念そうな顔をした。聞けば、毒ガス撤去の大集会開催後の打ち上げには参加せず、自宅で寝て朝を迎えたら、なんとその夜に「コザ暴動」があったのだという。すぐ近くにいたのに家で寝ていたとは一生の不覚、その場にいたら、自分の心がどう動いただろうと想像せずにはいられないと語り、「次ある時は僕も呼んでね」と笑った。

「百聞は一見に如かずというが、戦争だけは体験させるわけにはいかない」も口癖だった。彼は戦世《いくさゆ》を見た者として「一切の戦争準備と戦争につながる基地、軍隊は認めない。軍事基地としての土地の提供はしない」という強い信念のもと、反戦地主となった。復帰運動では「日本国憲法の下へ」との思いで旗振りをし、米軍統治下の不条理からの離脱を願った。しかし、ウチナーンチュが望んだ形での復帰は叶わず、為政者に都合のいい「世替わり」となった。

政夫は、沖縄支配を強行する日本よりもアメリカよりも正しく日本国憲法と民主主義を理解し、実践して見せた。復帰後は、CTS闘争に参加、七六年には沖縄県教職員組合中頭《なかがみ》支部委員長兼中部地区労働組合協議会議長に就任。サンフランシスコ講和条約発効日にちなんだ「四《よ》・二八《つや》会」を結成し、日本が自らの独立のため沖縄を質草としてアメリカに差し出した「屈辱の日」に向き合い続けた。

八二年、嘉手納《かでな》爆音訴訟に原告として参加。八六年には「日の丸、君が代反対住民会議」を結成。地元紙のデータベースで「有銘政夫」を検索すると、たくさんの抗議集会と学習会の記録が表示される。九二年に中部地区労議長を退任すると、九四年、違憲共闘会議議長に就任、九七年からは米軍用地強制使用公開審理に参加、地籍不明地の使用裁決の取り消しを求めて控訴し、改訂特措法違憲訴訟で上告した。戦のため、ウチナーンチュの土地を使うために、なりふり構わず拳を下ろしてくる国に対し「憲法に照らせば一点の曇りもない」と、毅然として争い続けた。〇七年には中頭青年団OB会を結成、〇八年沖縄恨之碑《はんのひ》の会の理事に就任、八〇代になってからも運動を退くことはなかった。週に一度は辺野古《へのこ》に通い、クバ笠姿で座り込んだ。

辺野古で会うと「運動仲間」と、孫の私を友人たちに紹介した。九〇年の人生の実に七〇年余を平和運動に捧げた彼だが、ついに「故郷」に帰ることなく「戦争難民」として生涯を閉じた。託されたバトンを、しっかり握り走っていきたい。

「夫婦別姓制度」の導入を強く望む

山城紀子

二〇二一年一〇月末の衆院選と同時に実施された最高裁裁判官の国民審査で、沖縄では特に夫婦別姓に対する関心が高いことがわかった。一九四七(昭和二二)年の改正民法で「夫婦は、婚姻の際に、夫または妻の氏を称する」とされているが、実際は九五・五%が夫の姓を選択している。仕事をしている女性にとって結婚で名前を変えることの不都合、不利益から「通称別姓」にしている人も少なくないが、書き分けなどが煩わしいことは容易に想像できる。

対象となった最高裁裁判官は一一人。結果としては一一人全員が信任されたが、辞めさせたいと「×」をつけて罷免を求める率が沖縄は平均一四・八%と、全国(六・八%)の二倍以上に達した。罷免率の上位には辺野古新基地建設の訴訟で県に不利な判断をした裁判官が並んだが、夫婦別姓を認める判断をした三浦守、草野耕一、宇賀克也の三氏は罷免率が低かった。「選択的夫婦別姓」を認めないという考えは実情や時代にあまりにもマッチしないことに沖縄県民は敏感に反応したのだと思う。

夫婦別姓が高い罷免要求の判断材料になったというニュースを繰り返し見聞きしていた一一月初め、沖縄県女性団体連絡協議会主催の「連続講座パート① 選択的夫婦別姓制度の実現のために」が那覇《なは》市内で開かれた。県内二一の女性の団体が加盟する同協議会は、夫婦別姓について国、県に対しても要請行動を続けているという。

講師を務めたのは弁護士の林千賀子さん。林さんは、導入が求められているのは「選択的」夫婦別姓制度であることを共通認識にしよう、と呼びかけた。つまり、婚姻に際して「別姓」にするか「同姓」にするかは選択できるというもので、それがまだ共通認識になっていないとの考えを示した。法務省が行なった調査では夫婦同氏と別氏の選択を認めている国としてイギリス、ドイツ、アメリカ(ニューヨーク州)、ロシアなど。夫婦別氏を原則とする国はカナダ(ケベック州)、韓国、中国、フランスなど。婚姻の際に夫の氏は変わらず妻が結合氏となる国として、イタリア、トルコなど。「婚姻後に夫婦いずれかの氏を選択しなければならない夫婦同氏制を採用している国は、我が国以外には承知しておりません」という二〇年一一月の国会参議院予算委員会での上川陽子法務大臣の発言も紹介された。

欧米社会でもかつては夫の姓に変えることが一般的だったが、「女性差別撤廃条約」(一九七九年採択、八一年発効)を機に徐々に変化してきたのである。同条約は日本も八五年に批准している。国連の女性差別撤廃委員会からは夫婦同姓規定を「差別的」だとして、たびたび勧告を受けてもいる。いかに国際情勢や時代の流れに逆行しているか。はなはだしいジェンダーギャップの存在に唖然とする。

林さんが特に強調したのは「個人の尊重」という点だった。憲法一三条の幸福追求権や二四条の個人の尊厳と両性の本質的平等を挙げ、自己決定権、人格権、平等の問題として選択的夫婦別姓制度を捉えるべきだと語った。

講演終了後も参加者から活発な意見が続き、切実さがリアルに伝わってきた。別姓を通しているという女性は「夫が病気で入院した時、家族として認められず困った。七〇代、八〇代で別姓でがんばっている人がいる。そういう人を見ると私もがんばらねばと思う」と。また、「三〇年前に結婚した後、夫婦別姓を加えた民法改正が国会に出される動きがあって、近く実現すると思った。通称別姓を通しているが書類の書き換えなど、とても面倒」など、遅々として進まない制度の改正に焦りや憤り、諦めの声も出た。

結婚、離婚、再婚など人生の節目で、多くの女性が自らの姓に向き合うはずだが、これまで日本の社会では暗黙の内に「(姓は)女性が変える」ことが常識のようになっていた。考えてみると、男性は姓で呼ばれることがほとんどだが、女性は名前で呼ばれることが多い。それも女性は姓が変わる、という現実を反映しているように思える。

私自身も戦後に生まれ、平等教育を受けてきたはずだが、結婚した時、あたりまえのように夫の姓に変えた。社会人になる手前だったので、ちょうど区切りがいいとさえ思ったほど、問題意識がなかった。しかし、その後離婚した時には「名前を変えたくない」という明確な意思があった。十数年の新聞記者生活を送ってきた姓を失いたくなかったし、小学校に通う家族にも「名前が変わる」という負担をかけたくなかった。七六年の民法改正で採用された、離婚後も改姓せずにすむ「婚氏続称制度」を迷わず使うことにした。

女性の仕事や自立の面でも、選択的夫婦別姓制度の実現は譲れない女性の強い主張である。沖縄社会は、それぞれの夫婦が望む姓を選択できる制度の実現に、最も前向きなスタンスを持っている地域ではないかと思っている。

2022.3

ウチナーグチを学び、つなぐ

親川志奈子

二〇二一年、世界のウチナーンチュの間で流行った曲がある。「コロナ節」だ。八《や》重《え》山《やま》民謡の有名な教訓歌「デンサー節」にアメリカに住むウチナーンチュ「オハイオ沖縄友の会」の里子・コートランドさん、節子・ランニングさん、秀子・ムーアさんが歌詞をつけ、「シカゴ沖縄県人会」の米子・ケーブルさんがアレンジした。「コロナブシ　ウタティ　ンナシチムアワチ　マムティイチュシドゥ　チトゥミドーヤー　ウニゲーサビラ　タゲーニチバラヤー(コロナ節歌って皆で心合わせ守っていくことこそが務め、お願いしますよ、互いにがんばろうね)」と歌い上げた。アメリカ各地のウチナーンチュが練習し、SNSにその動画を載せたところ瞬く間に広がり、逆輸入で沖縄にも入ってきた。のちに地元紙が取り上げ、若手民謡歌手の仲宗根《なかそね》創《はじめ》さんの歌でレコーディングされ、「沖縄ユーモアソング決定盤」にも収録された。

四番の歌詞はこうだ。「ワラビンチャーン　ヤーグマイティシミガクムン　ワシンナヨー　ウヤクスリトーティマナブシン　ウヤヌチトゥミヤンドー(子どもたちも家にこもり勉強、学問を忘れないで、親子揃って学ぶことも親の務めだよ)」。この歌を聴きながら、私はシンガポール在住のウチナーンチュ夫婦と打ち合わせを重ねていた。沖縄に生まれ育った田中真理子さんと、幼少期をアメリカで過ごした大《おお》嶺《みね》勲《いさお》さん。世界の若いウチナーンチュが集い、学び合う「世界若者ウチナーンチュ大会」での経験を経て、ウチナーンチュネットワークを構築し、特に若い世代同士で沖縄と向き合い問題意識を共有し、アクティブに動いている。学生だった彼らは社会に出て、子育てをしながら、沖縄について、自分たちのルーツについて考える中で、自分たちの継承言語であるはずのウチナーグチを学ぶ機会を持てなかったことに引っかかりを感じていると語った。

ウチナーンチュは世界に羽ばたき、現地の言語を習得し生きてきた。しかし彼らの母語であったはずのウチナーグチは、三世、四世と世代を追うごとに居場所を失い、一世や二世の記憶の中に留まってきた。もちろん、「コロナ節」

がそうであるように歌三線《さんしん》の中には息づいているが「生きた言語」としての地位を失いつつあり、それは残念ながら沖縄においてもそうなのだ。『琉球新報』が今年元日に発表した県民意識調査によると、しまくとぅば(ウチナーグチ)を「聞くことも話すこともできる」と答えた割合は二五・四%に留まり、〇一年の調査と比較すると半分以下に落ち込んでいることがわかった。年代別では、七〇代以上では五七・二%が「聞くことも話すこともできる」と回答したのに対し、二〇代では五%。若い世代への継承ができていないことは火を見るより明らかだ。

大嶺さんは、アメリカで幼少期を過ごした際に日本語補習校に通った経験があり、海外に住む日本人はあたりまえに日本語を継承言語として捉え、継承するための仕組みを有しているのに対し、ウチナーンチュは母語を学ぶ機会が与えられていないことを不思議に思い、ウチナーグチ補習校のようなものが作れないかと発想した。若者大会で知り合った沖縄にルーツのある子育て世代で話し合い、子どもたちと一緒にウチナーグチを学んでみたいと考え、私に話を持ってきた。私はウチナーグチのネイティブスピーカーではなく、大人になってから学び始めた発展途上の学習者であることを断った上で、ウチナーグチの復興をライフワークと考えていると話し「私でよければ」と快諾した。奇しくも時代はコロナ禍、保育園や小学校が休みになり、家に籠ること、ウチナーグチでいうところの「ヤーグマイ」が推奨されている。私も非常勤をしている大学で、これまで対面で行なっていた講義をオンラインに切り替え教えている。いきなり学校を作るのは無理でも、親子で学び合うバーチャルな空間を作るには絶妙なタイミングであった。

しかしスタートまでの道のりは険しかった。沖縄、シンガポール、アメリカ、ブラジル、四つの地域で暮らす親子が一堂に集える時間帯を探した。どの言語で教えるかも悩んだ。英語と日本語を織り交ぜながら、とりあえず始めてみようとスタートさせた。十分なカリキュラムも教材もないまま、手探りでのスタートだ。沖縄のこと、挨拶の言葉、自己紹介、数の数え方、野菜や動物の名前、童歌、毎回少しずつ学びながら、ウチナーグチの響きを楽しんだ。親子での参加を条件としたので、「食卓を囲みながら親子で復習しました」など、うれしいフィードバックがもらえた。

時には一世の皆さんが参加してくれることもあった。「孫が私の言葉を勉強してくれるのでうれしいよ」と、ウチナーグチで話す姿を子や孫が尊敬の眼差しで見つめていた。無事に三カ月のトライアルコースが終わり、二期目も成功することができた。細々とではあるが、親子揃って学び続けたい。

2022.4

「変わらぬ基地　続く苦悩」
痛み帯びた復帰五〇年の現実

松元　剛

二〇二二年五月一五日、沖縄は、施政権返還(日本復帰)から満五〇年の節目を迎える。一九七二年の五月一五日付『琉球新報』一面は、横二段ぶち抜きの「変わらぬ基地　続く苦悩」の大見出しに、紙面中央に縦八段の「今、祖国に帰る」の見出しが付いている。

絶妙のバランスでT字型に大見出しを据えたインパクトある紙面は、新聞の整理(レイアウト)の定石からしても異色だが、沖縄県民の心情を端的に表した紙面として、日本の新聞史に刻まれている。沖縄近現代史やジャーナリズムを研究する多くの書籍に紙影が引用されている。

あれから五〇年が経とうとする今、「変わらぬ基地」に伴う「苦悩」は続き、沖縄社会にのしかかっている。米軍普天間《ふてんま》飛行場の移設を伴う名護《なご》市辺野古への新基地建設は強行の度を増し、二二年二月には、政府が唱える「沖縄の基地負担軽減」と逆行する動きが相次いで報じられた。

まず、本土ではほとんど知られていない問題である。『琉球新報』中部支社報道部は、沖縄本島中部の沖縄市とうるま市にまたがる米軍の保養施設「タイヨーゴルフクラブ」で、日本人による利用が常態化していると報じた。県内の民間ゴルフ場の半額以下でプレーできることもあり、観光客らが足を運んでいる。二〇年には利用客が年間五万人を初めて超え、その八～九割を日本人客が占めている。

タイヨーGCは、米軍の既存施設の返還に伴い、日本が一三四億円を拠出し、一〇年に一八ホールのロングコースとして整備された。米軍施設にもかかわらず、出入りのチェックはない。ゴルフ場利用税や消費税は納められず、沖縄のゴルフ業界団体は「民業圧迫」「脱税行為」として是正を訴え続けてきた。対照的に、嘉手納基地内にある米軍専用ゴルフコースは厳格な入場規制が敷かれ、米軍関係者の同伴がなければ、日本人は一切利用できない。

タイヨーGCの整備費・日本人従業員の給与にも日本の国税が注がれているが、米軍の法的地位を定める日米地位協定に基づき、米軍の「排他的管理権」が認められ、課税対象外となっている。腹立たしいことに、プレー料は米軍の収益となっているのに、どのような会計処理がなされているかはわからず、ブラックボックス化している。

　沖縄では古くて新しい問題であり、米軍にほとんど異を唱えない外務省でさえ、これまで「日本人客の利用は想定していない」との見解を示し、是正を求めたいとしていた。

　だが、今回、『琉球新報』の取材に対し、外務省は「「米軍との友好親善」を理由とする日本人による使用を認めても、地位協定上問題があるとは考えない」とする解釈を初めて示した。

　民間ゴルフ場が誠実に払っている税金を免れている〝治外法権ゴルフ場〟に日本人客を安価な料金で招き入れ、米軍側がもうける構造を唯々諾々と追認する姿勢を打ち出したのだ。米軍に物言えない、言わない「日本」の開き直りと見なすしかない。

　さらに、自衛隊員や海上保安庁の職員が身分証を示すと、米軍関係者と同じ約二〇〇〇円の料金でプレーできることも明らかになった。外務省は日本人客数などを「承知していない」と返答し、理不尽な状況の放置を決め込んでいる。

　タイヨーGCを本土の取引先の接待に使っている県内企業の役員は「後ろめたい気持はあるが、基地内のプレーは客人に喜ばれるので使ってきた。だが、「米軍との友好親善」はどう見てもまやかしだ。特別待遇を受けている自衛官や海上保安官を含め、米兵や軍属が日本人をエスコートしているのを見たことはほとんどない。報道を機に、今後は利用を控えたい」と話した。

　タイヨーGCの報道があった三日後、在沖米海兵隊が、沖縄の玄関口である那覇空港にほど近い那覇港湾施設(那覇軍港)で、県民が安全性に懸念を抱く垂直離着陸輸送機オスプレイなどを用いて、非戦闘員の避難誘導などの訓練を実施した。県や那覇市の強い中止要請を無視し、強行した。夜には銃を携えた兵士が巡回し、ものものしい雰囲気が漂った。

　広大な米軍基地を抱える沖縄が日本の施政権下に返るのに際し、日米両政府は在沖米軍基地の使用条件を定めた「5・15メモ」を定めた。那覇軍港の使用目的は「港湾施設および貯油所」と記されている。「目的外使用」との指摘に対し、日本政府は「航空機の着陸を排除しておらず、使用目的に反しない」(防衛省)と強弁し、なし崩し的に米軍の訓練を正当化するばかりである。こんな理屈が通れば、どんな訓練でもできることになる。

　沖縄の民意を押さえ込み、新基地建設をごり押ししてきた「日本」の強硬姿勢は、県民感情を無視した在沖米軍の歯止めなき訓練拡大を後押しする形で作用している。痛みを帯びた日本復帰五〇年の現実である。

2022.5

第32軍司令部壕の保存・公開

山城紀子

ロシアがウクライナを軍事侵攻する映像を日々見ている現実。戦争の世紀といわれた二〇世紀——、過去の過ちから学びを獲得することはかくも難しいものなのか。さらに驚くのは侵攻に乗じるかのように「米国の核兵器を日本に配備し共同運用する「核共有政策」を議論すべき」との声が上がっていることだ。

心して過去の歴史からしっかり学ばなければならないと思う。沖縄戦を体験した人たち、体験者や犠牲者を身近に持つ人の多い沖縄では、復帰後も米軍基地が集中する現状に強い懸念がある。それだけに今こそ歴史を見直そうという気運が高まり、広がりを見せている。

その一つが旧日本軍の第32軍司令部壕の保存公開である。ここ一年余の間にも「なぜ保存・公開をもとめるのか」をテーマにしたシンポジウム、「沖縄戦を知るピースウォーキング〜第32軍司令部から見える沖縄戦〜」、「第32軍司令部壕跡を歴史・平和学習の場に」を演題にした講演会等々が立て続けに開かれている。現在も沖縄県公文書館では第32軍壕の模型や資料が展示され(二月八日〜四月一〇日)、ミニ勉強会も開かれている。

そうした催しの一つで、二一年三月、フィールドワークのガイドを担っていた慶佐次興和《けさしこうわ》さん(84)に出会った。二〇年九月、菅内閣が誕生した時に、「拝啓　次期総理さま」と題して「首里城復興、建前でなく、着実な再建を」との手紙が写真付きで新聞に掲載されていたのを覚えていた。その中で「城の地下にある旧日本軍第32軍司令部壕の存在も忘れないで下さい。住民を巻き込み、犠牲を強いた沖縄戦の中枢を負の遺産として後世に残す必要があります」「県が保存・公開の検討委員会を始め、方針を決めた時は後押しをお願いします」と書いていた。

慶佐次さんは那覇市観光協会が実施する「ガイドと歩く那覇まちまーい」のガイドとして首里城を中心に首里のまちを案内してきた。現在は二〇年三月に発足した「第32軍司令部壕保存・公開を求める会」の理事も務めている。同会は首里城地下にある司令部壕の公開を目指し、平和学習などで活用できるよう県や国に働き掛けること。そして沖縄戦の記憶を語り継ぎ、不戦の誓いを後世に伝えることを目的にしている。会長に瀬名波栄喜《せなはえいき》さん(93)、副会長に垣《かきの》花豊順《はなほうじゅん》さん(88)と高山朝光《たかやまちょうこう》さん(86)。慶佐次さんが理事を引き受けたのは、会の目的に対する強い共感と、活動の中心にいる知人たちからの声かけだった。

大田昌秀《おおたまさひで》県政の九〇年代にも保存公開に向けた気運はあった。保存・公開を目的に調査もしているが、壕内部を掘り進めていくなかで落盤の危険性があり、工事は止まった。瀬名波さんはその後県が設置した「第32軍司令部壕保存・公開検討委員会」の委員長、高山さんは、大田県政下で県知事公室長も歴任している。

首里城が焼失して再興に関心が集まる中、地下にある司令部壕を戦争と平和の象徴の場に、という活動は広がりを見せている。関連する催しで必ず語られることは、米軍が首里に迫った一九四五年五月二一日、壕内で作戦会議が開かれ、南部撤退が決定されたということである。その結果、多くの住民が戦闘に巻き込まれ、犠牲になった。沖縄戦を語り継ぐうえでこの壕のことは避けて通れないというのが保存公開を目指す軸にある。

慶佐次さんは現存する唯一の出入口である第五坑口のすぐ近くに住んでいる。「坑道の全長は約一〇五〇m――。壕内には約一〇〇〇人がいたようだ。五つの坑口と二つの喚起口がある。坑内には炊事場や便所、浴場などもあって、発電機が設置されていた」など、壕内の様子などは、近隣住民でさえまだ知る機会は少ない。

「知らせる」という活動においても、慶佐次さんは独自の取り組みを地道に続けている。ハガキの送付で、私もこの一年の間に九枚いただいた。「旧盆前なので第五坑口の土地所有者に手紙を出して了解を得、雑草・雑木等の掃除をしました」と掃除後の写真や32軍壕関係の新聞記事を載せて。またある時は、那覇市内で開かれた保存・公開を求めるシンポジウムの報告。四枚の写真を組み合わせ、隙間にはシンポの盛会ぶりや自身の感想を添えている。

二二年二月、県が第五坑口周辺の土地を取得する方針を示した。「ほんとうによかった。(土地が)売られたら困るなあ、と思っていたので」と笑顔を見せた。報道によれば玉城《たまき》デニー知事は「(保存公開が)できるだけ近く形になるよう調査を進める」と強い意欲を示し、必要な財源についても「国に予算要望し、四月に新設される「首里城未来基金」からも活用したい」との考えを明らかにしている。

実現すれば平和学習で沖縄を訪れる児童生徒や観光客、戦後生まれの沖縄県民にとっても大切な「負の遺産」になるのは間違いない。

大和の世からアメリカ世、ひるまさ変わたるこの沖縄

親川志奈子

一九四五年三月、アメリカ軍は沖縄に上陸すると「ミニッツ布告」を公布し、日本の行政権の停止を住民に通告した。「鉄の暴風」と呼ばれるほどに艦砲射撃が降り注ぎ、米従軍記者をして「この世の地獄をすべて集めた」と形容するほどの凄惨な地上戦が行われた。沖縄県民の実に四人に一人が命を落とす苛烈さだった。ポツダム宣言が受諾された翌月、九月になってようやく現地軍同士による降伏文書調印式が行われ沖縄戦が正式に幕を閉じたとされた。それは、「琉球処分」から約七〇年続いた大和世が終わり沖縄にアメリカ世が到来したことを意味していた。

米軍政府への諮問機関である「沖縄諮詢《しじゅん》会」が設置され、女性にも参政権が与えられ、戦後初めての選挙も行われた。米軍部は当初、太平洋地域の安全保障の確保のため、沖縄をアメリカの信託統治にするべきだと主張していた。しかし、一九四六年、マッカーサーは北緯三〇度以南を日本から分離する決定を下し、四七年には、人間宣言をして象徴となったはずの天皇が「天皇メッセージ」で、米国による琉球諸島の軍事占領の継続を望み、日本の主権を残存させた形で長期(二五年から五〇年ないしそれ以上)の貸与をする、と言って沖縄を差し出した。アメリカ政府は沖縄を「半永久的」に使用する方針で米軍基地建設を本格化させていき、一九五二年、「対日平和条約」と「日米安全保障条約」が発効した。

新型コロナウイルスが世界を包み込む前、沖縄県平和祈念資料館に、グアムの元上院議員でグアム政府の自己決定委員会の委員を務めたマリリン・マニブサン氏を含め、グアムで自己決定権について研究し活動する友人たちを案内する機会があった。沖縄戦の記録をじっくり見た後、戦後の米軍統治の沖縄の様子が展示されたコーナーで、彼女は首を振り、小さい、けれどもはっきりした声でこう言った。「違う、間違っている」と。マニブサン氏は「グアムがそうであるように、琉球もまた国連の非自治地域リストに登録されているべきだが、なぜそうなっていないのか。これはアメリカの傲慢であり、怠慢であり、今からでもその不

正義は解消されるべきだ」と続けた。

資料館を出た後、グアムの友人たちは「一九四五年にアメリカによって批准された国連憲章は、世界の植民地化された領域が植民地主義から解放されて当然であると国際社会が認識するための画期的な道具であった。サンフランシスコ講和条約にはアメリカが沖縄を国連の信託統治理事会の下に置くことが明記され、予定されていたはずだ。しかしながら、一九五三年にダレス国防長官が米国の直接支配で沖縄を維持すると決定している。一九五七年から「施政権返還」の一九七二年までの間に沖縄には六人もの高等弁務官が就任している。高等弁務官を配置しておきながら、批准した国連憲章を無視しているということだ。国際社会、それも沖縄と同じように植民地主義の煽りを受け苦しい立場にあるグアムから見て、沖縄がこのように扱われていたということは驚きであり、すぐに是正されなければならないと感じる」と丁寧に解説してくれた。

一九六〇年の植民地独立付与宣言には、「信託統治地域、非自治地域、その他まだ独立を達成していないすべての地域において、これらの地域人民が完全な独立と自由を享受できるようにするため、いかなる条件また保留もなしに、これらの地域人民の自由に表明する意思及び希望に従い、人種、信仰、または皮膚の色による差別なく、すべての権力をこれらの人民に委譲する迅速な措置を講じなければならない」と書かれている。そして、①独立国家との自由な連合、②独立国家への統合、③独立、の三つは、完全な自治を達成するための正当な政治的地位についての選択肢であると定義されていた。グアムは現在、国連の「植民地と人民に独立を付与する宣言が現在も適用される地域」という十数のリストに名を連ねており、前記の三つの選択肢について学び、議論し、選択するための住民投票の準備を進めているという。

二〇二二年は「本土復帰五〇周年」の年であるとし、NHKの朝ドラをはじめ数多くの企画が組まれ、お祝いムードが醸し出されているが、私はそれに強い違和感を覚えている。「勝ち取った復帰」や「望んだ復帰ではなかった」というフレーズはどれも「復帰」を正確に表していない。住民投票は行われず、密約によって果たされた「復帰」の後も基地は残り続け、五〇年経ったいま、さらなる軍拡が進められている。そもそも「復帰」とは「宗主国を充てがわれること」などではなく、「従来の形に戻る」ことを言うのではなかろうか。歴史に「もしも」を突きつける余裕はないが、過去から学び、未来へ向けて「三つの選択肢」をテーブルに並べ議論したい。

山城紀子

1949年那覇市生まれ．ジャーナリスト．1974年沖縄タイムス社入社．学芸部，社会部を経て学芸部長，編集委員，論説委員を歴任後，2004年退社．医療，介護，ジェンダー．著書に『老いをみる』『心病んでも』(以上，ニライ社)『〈女性記者〉の眼』(ボーダーインク)『人を不幸にしない医療』(岩波現代文庫)『沖縄が長寿でなくなる日』(岩波書店，共著)他．

松元 剛

1965年那覇市生まれ．琉球新報社常務広告事業局長．1989年琉球新報社入社．社会部，政経部基地担当，政治部長，論説委員，編集局長などを経て現職．基地問題，安全保障．共著に『徹底検証 安倍政治』(岩波書店)『検証 地位協定　日米不平等の源流』『観光コースでない沖縄(第4版)』(以上，高文研)他．

親川志奈子

1981年沖縄市生まれ．Office Weegaa代表，琉球民族独立総合研究学会共同代表，沖縄大学非常勤講師，一般社団法人マッタラー代表理事．言語復興，脱植民地化．共著に『沖縄発新しい提案――辺野古新基地を止める民主主義の実践』(ボーダーインク)『私にとっての憲法』(岩波書店，共著)他．

沖縄《シマ》という窓 クロニクル 2008-2022

2022年6月28日　第1刷発行

著　者　山城紀子《やましろのりこ》　松元《まつもと》　剛《つよし》　親川志奈子《おやかわしなこ》

発行者　坂本政謙

発行所　株式会社 岩波書店
〒101-8002 東京都千代田区一ツ橋 2-5-5
電話案内 03-5210-4000
https://www.iwanami.co.jp/

印刷製本・法令印刷　カバー・半七印刷

ISBN 978-4-00-061541-9　Printed in Japan

沖縄は未来をどう生きるか　大田昌秀　佐藤優　四六判二九五頁　定価一八七〇円

琉球諸語と文化の未来　波照間永吉　小嶋洋輔　照屋理　編　A5判二八〇頁　定価三八五〇円

シリーズ　日本の安全保障4
沖縄が問う日本の安全保障　島袋純　阿部浩己　編　四六判三三四頁　定価三一九〇円

沖縄の基地の間違ったうわさ
検証34個の疑問
佐藤学　屋良朝博　編　岩波ブックレット　定価　六三八円

沖縄の歩み　国場幸太郎　新川明　鹿野政直　編　岩波現代文庫　定価一四五二円

私の沖縄現代史
―米軍支配時代を日本《ヤマト》で生きて―
新崎盛暉　岩波現代文庫　定価一〇七八円

岩波書店刊

定価は消費税10%込です
2022年6月現在